U0719953

金陵全書

甲編・方志類・縣志

光緒續纂句容縣志（三）

（清）張紹棠　修
蕭　穆　等纂

南京出版傳媒集團
南京出版社

圖書在版編目（CIP）數據

光緒續纂句容縣志 /（清）張紹棠修；（清）蕭穆等纂
. -- 南京：南京出版社，2020.10
（金陵全書）
ISBN 978-7-5533-2807-2

Ⅰ. ①光… Ⅱ. ①張… ②蕭… Ⅲ. ①句容 - 地方志
- 清代 Ⅳ. ①K295.34

中國版本圖書館CIP數據核字（2020）第018744號

書　　名　【金陵全書】（甲編・方志類・縣志）
　　　　　光緒續纂句容縣志
編 著 者　（清）張紹棠修；（清）蕭穆等纂
出版發行　南京出版傳媒集團
　　　　　南　京　出　版　社
　　　　　社址：南京市太平門街53號　　郵編：210016
　　　　　網址：http://www.njcbs.cn　　電子信箱：njcbs1988@163.com
　　　　　聯系電話：025-83283893、83283864（營銷）　025-83112257（編務）

出 版 人　項曉寧
出 品 人　盧海鳴
責任編輯　嚴行健　余世瑶
裝幀設計　楊曉崗
責任印製　楊福彬

製　　版　南京新華豐製版有限公司
印　　刷　南京凱德印刷有限公司
開　　本　889毫米×1194毫米　1/16
印　　張　153.75
版　　次　2020年10月第1版
印　　次　2020年10月第1次印刷
書　　號　ISBN　978-7-5533-2807-2
定　　價　3200.00元（全四册）

南京出版社
圖書專營店

上海東方圖書館

續纂句容縣志卷十三上

邑人　陳汝恭 張瀛 同纂

列女 節婦 孝婦 孝女 烈婦 烈女 貞女 賢淑 才媛

虞集題榮國夫人之墓唐阜唫常城節婦之橋斯邦節義先哲表揚由來舊矣洎乎　國朝尤重名節或旌門以額或揭地而祠　褒錫殊榮備載前志道光間彙集千人總建一坊俄經寇亂官舍民居盡投烽火琳宮梵宇同化刼灰獨此坊矗立道旁超絕塵表夫銘勒瀨江祠留淮水豈無光靈翳然陰爲呵護者乎乃采貞孝節烈著於篇以賢淑才媛附之或亦劉更生氏所不棄也若捐軀殉難另著貞烈附表於後作續列女志

節婦一

趙商玉妻尙氏　趙聖徽妻周氏　趙文鑣妻楊氏　趙允誠

商務印書館藏

妻張氏　監生柏銓繼妻張氏　王原泗妾張氏　楊繼昇妻王氏　許世熊妻葛氏　許善楏妻趙氏　庠生許志存妻沈氏　笪素珂妻楊氏　監生沈在和妻馮氏　經恆濬妻程氏

庠生劉國柱妻徐氏　朱兆芳妻經氏　譚世鶴妻王氏

庠生王兆熊妻駱氏　包善慶妻王氏　朱殿颺妻王氏　黄如陵妻謝氏　陳祖錫妻王氏　陳德景妻周氏　李啟廉妻陳氏　李日潢妻俞氏　周章輪妻王氏　周章厚妻經氏

周恆肇妻張氏　朱元寄妻周氏　朱之祥妻楊氏　朱之瑑妻陳氏　張仁雪妻王氏妾章氏　監生張仁偉妻裴氏　王聖禮妻毛氏　王善熙妻李氏　蔣益超妻孔氏　蔣聯芳妻李氏　戴維師妻章氏　戴艮堦妻居氏　楊時忠妻朱氏

張逸斯妻楊氏　王榮禮妻黄氏　劉啟賢妻樊氏　許樂讓

妻趙氏　胡德輝妻曹氏　毛彬士妾馬氏　笪潛修妻丁氏
庠生許霖妻周氏　石世昌妻李氏　戴儒雅繼妻周氏
戴儒進妻王氏　許江表妻王氏　許樂嶟妻阮氏　庠生裴
玕妻許氏　武生楊玉澍妻許氏　方朝禮妻陳氏　朱相齊
妻周氏　笪素鎮妻朱氏　笪素錦妻丁氏　孔繼昌妻黃氏
監生駱耀先妻吳氏　張正吾妻王氏　張延蘭妻宋氏
孔毓增妻陳氏　雍立朝妻沈氏　王定鋼妻吳氏　吳尙臣
繼妻濮氏　周恆珮妻王氏　居艮友妻戴氏　衛家棟妻胡
氏　戴楷妻吳氏　吳正德妻周氏　宋天寵妻朱氏　朱之
貴妻欒氏　朱之璉妻宣氏　朱元芳妻戴氏　朱本德妻張
氏　庠生許榜妻張氏　許文耀妻戴氏　許廷松妻王氏
鄭起學妻尙氏　柏宏浩繼妻許氏　居永書妻衛氏　陳國

棟妻朱氏　戴繼順妻張氏　庠生魏江妻許氏　劉於湛妻王氏　梅作法妻章氏　裴安志妻許氏　裴功銘妻王氏　裴功至繼妻經氏　裴祖驤妻戴氏　倪榜妻胡氏　倪桐妻胡氏　紀遠堃妻許氏　王士順妻許氏　監生張毅繼妻阮氏　孫開基妻韓氏　葛繼坤妻湯氏　監生金光第妻孔氏

孫邦枚妻孔氏　陳正壽妻謝氏　許震妻徐氏以上俱雍正年旌見呂府志　尙常秉妻徐氏　周岳峰妻余氏坊建東陽　監生李秉均妻雍氏　周憲鉅妻王氏坊建五潛邨　劉大興妻魯氏　戴甯侯妻朱氏

王名登妻周氏坊建上葛邨　監生朱貞妻魏氏　楊士錫妻王氏

劉士陞妻竇氏　庠生裴于發妻周氏以上俱乾隆年旌見呂府志　許尙恕妻傅氏坊建戴巷　蔡祉妻王氏　庠生許尙懲妻尙氏坊建戴巷　尙徵仕妻張氏以上俱嘉慶年旌見呂府志　趙東錢妻許氏　趙國珍妻方氏

趙繼燦妻李氏　趙學易妻王氏　趙國輔妻王氏　趙廷烈妻陳氏　趙名世妻徐氏　文生趙樹聲妻高氏　文生趙杏林妾尤氏　趙立坤妾馬氏　趙愉如繼妻周氏　趙起愼繼妻許氏　趙年傳妻雍氏　趙廷鈞妻房氏　趙成祜妻許氏　趙士誼妻熊氏　趙賢徵妻戴氏　趙逢傑妻尙氏　趙士董妻李氏　趙玉金妻邵氏　趙元義妻朱氏　趙士高妻孫氏　趙定方妻倪氏　趙廷貴妻張氏　趙家振妻周氏　趙廷槐妻武氏　趙正悠妻張氏　趙家福妻黄氏　趙尙獻妾楊氏　錢枝益妻王氏　錢萬選妻王氏　孫恩壽妻吳氏　孫國鼎妻仇氏　孫開方妻邵氏　孫宜綱妻高氏　孫開選妻洪氏　孫林元妻雷氏　孫長新妻袁氏　孫國有妻李氏　孫天祚妻郭氏　孫璠妻吳氏　李廷淦妻陳氏　李士舍

妻張氏　李世鏞妾胡氏　李文權妻酈氏　李明琇妻許氏
李明球妻王氏　李立增妻沈氏　李家儉妻蔡氏　李允
祺妻張氏　李厚亮妻韓氏　李開平妻朱氏　李興源妻宋
氏　李朝鋆繼妻戴氏　李正坤繼妻劉氏　李存和妻蔣氏
李惟盛妻趙氏　李亮葵妻戴氏　李承楨妻周氏　李繼
楷妻許氏　李賢瑛繼妻周氏　李正泰妻徐氏　李揆百妻
許氏　李茂聖妻周氏　周明元妻袁氏　周儀表妻張氏
周玉瑛妻成氏　周爾明妻王氏　周文妻吳氏　周篤璋妻
王氏　周榜繼妻陳氏　周基順妻吳氏　文生周章嶷繼妻
駱氏　周應元妻蔡氏　周履鼎妻趙氏　周基德妻何氏
周基海妻吳氏　周基瑛妻楊氏　周恆彩妻楊氏　周道洪
妻胡氏　周仲遷妻劉氏　周恆琚妻江氏　文生周南繼妻

黃氏　周貞璭繼妻端木氏　文生周載陽繼妻龍氏　周天茂繼妻夏氏　周貞瀛妻趙氏　周貞瑚妻范氏　周夢鯤妻趙氏　周貞治妻張氏　周恆有妻吳氏　周加賓妻徐氏　周貞濬妻王氏　周本仕妻王氏　周基宏妻尙氏　周恆潮妻黃氏　周章傑妻張氏　周章治妻孔氏　周聖宇妻芮氏　周憲瓚妾袁氏　周章繼妻趙氏　周履士妻王氏　周克岐妻毛氏　周章琳妻王氏　周章鐏妻王氏　周玉棋妻龎氏　周章維妻程氏　周貞荷妻王氏　周尙義妻王氏　周貞冕妻許氏　周恆敘妻張氏　周基鳳妻劉氏　周恆書妻夏氏　周恆址妻經氏　周章鎔妻俞氏　周貞元妻李氏　周基瑄妻陳氏　周履鑑妻王氏　周恆佑妻趙氏　周基停妻吳氏　周貞元妻郜氏　周天成妻陳氏　周基燿妻李氏

周恆棠妻王氏　周恆舉妻王氏　周恆鑾妻王氏　周基祿妻劉氏　周基鼐妻朱氏　周得貞妻許氏　周章鎡妻湯氏　周世用繼妻竇氏　周綸音妻杜氏　吳宏起妻周氏

吳國幹妻王氏　吳世賢妻華氏　吳玉麟妻夏氏　吳安家妻楊氏　吳傳啟妻趙氏　吳言晟妻王氏　吳亨興妻朱氏

吳朝璞妾闞氏　吳德源妻濮氏　吳士潔妻方氏　文生吳鑑繼妻竇氏　吳儒鴻妻經氏　吳傳模妻賈氏　吳贊熙繼妻王氏　吳文煌繼妻周氏　吳學濟妻魏氏　吳畢志妻胡氏　吳重芳妻笪氏　吳顯堂妻郜氏　吳尊家妻周氏

吳澐妻郭氏　吳世珩繼妻高氏　鄭邦元妻紀氏　鄭國運妻夏氏　鄭賢麟妻吳氏　鄭保林妻張氏　王同栐妻楊氏

王世滄妻蔣氏　王大棪妻許氏　王龍翰妻俞氏　王起

龍妻徐氏　王凝坦妻胡氏　王晉城妻巫氏　王家樂妻金
氏　王禮卓妻姚氏　王艮珠妻徐氏　王祚祥妻曹氏　王
祚松妻曹氏　王繼鵬妻步氏　王用六妻席氏　王用章妻
許氏　王同忠妻巫氏　王卜椿妻倪氏　王奇科妻歐陽氏
王福恆繼妻楊氏　王汝誠繼妻吳氏　王德根繼妻陳氏
王宏艮妻周氏　王凝程妻阮氏　王國榮妻汪氏　王欽
吾妻趙氏　王克夫妻陳氏　王宜家妻胡氏　王兆元妻韓
氏　王聰文妻吳氏　王宏裕妻柏氏　王應元妻戴氏　王
俊瑜妻許氏　王養吾妻周氏　王君佩妻裴氏　王邦儒妻
巫氏　王懷義妻高氏　王世政妻李氏　王守浩妻陳氏
王福丞繼妻蔡氏　王智本妻趙氏　文生王遇恩繼妻蔣氏
王政楹妻周氏　王朝乾妻宋氏　王餘桂妻徐氏　王艮

佐妻經氏　王濟妻劉氏　王南昭繼妻楊氏　王凝圻妻汪氏　王壽田妻許氏　王國柱妻石氏　王文秀妻徐氏　王善淮妻于氏　王應炳妻徐氏　王邦文妻尙氏　王善嵩妾嚴氏　王憲成妻程氏　王永聖妻周氏　王允明妻宋氏　王兆熊妻駱氏　王定山妻陳氏　王博熊妻胡氏　王元阜妻賈氏　王厚鈺妻胡氏　王鴻柱妻趙氏　王加職妻皇甫氏　王道元妻歐陽氏　王年有妻朱氏　王永念妻周氏　王德階妻羅氏　王正賢妻劉氏　王錦堂妻趙氏　王啟椿妻曹氏　王祥學妻馮氏　王利富妻陳氏　王肇壇妻倪氏　王正賢妻謝氏　王國有妻郭氏　王汝恭妾顧氏　王天爵妻張氏　王國安妻雍氏　王祚湖妻張氏　王廷椿妻朱氏　王道範妻萬氏　王雲衢妻袁氏　王邦詔妻朱氏　王

利和妻汪氏　王起麟妻許氏　王凝忠妻傅氏　王善佑妻曹氏　王正禮妻許氏　王昭璉妻周氏　王禮孔妻趙氏　王世榮妻張氏　王顯猷妻朱氏　王凝祚妻吳氏　王福泰妾姚氏　王善屋妻湯氏　王元煒妻朱氏　王善忱妻周氏　王知錡妻張氏　王安鎮妻柏氏　王興鈺妻張氏　王禮超妻謝氏　王漢章妻袁氏　王亨積妻趙氏　王華章妻汪氏　王治妻蔣氏　王祥瑾妻凌氏　馮德起妻趙氏　馮守炎妻周氏　陳炳之妻劉氏　陳如榮妻劉氏　陳元瑜妻朱氏　陳宏驄妻朱氏　陳允高繼妻何氏　陳泰盛妻張氏　陳大賢妻譚氏　陳隆兆妻歐陽氏　陳道倫妻黃氏　陳道涫妻趙氏　文生陳茂建妻蔡氏　陳明良妻郭氏　陳隆富妻巫氏　增生陳士元妻笪氏　文生陳廷貴妻郜氏　陳宏

清妻唐氏　陳廷選繼妻張氏　陳宏政妻趙氏　陳光廷妻王氏　陳宏悅妻董氏　陳隆球妻施氏　陳常槐妻梅氏　陳金鰲妻程氏　陳正健妻郭氏　陳德皓妻傅氏　陳宏駒妻戴氏　陳益彩妻徐氏　陳嘉璘妻周氏　陳慶楠妻楊氏　陳德和妻楊氏　陳常彥妻王氏　陳蕚堂妻施氏　陳春華妻巫氏　陳上鳴妻朱氏　陳泰智妻楊氏　陳八德妻鄒氏　陳孝遵妻吳氏　陳世域妻趙氏　陳世德妻曹氏　陳憲國妻戚氏　陳宏恆妻吳氏　陳應意妻王氏　陳世榮妻濮氏　衛昭達妻王氏　蔣維翰妻張氏　蔣步瀛妻楊氏　蔣崧年妻湯氏　蔣明機妻孔氏　蔣文浵繼妻唐氏　蔣協萬妻趙氏　蔣明楨妻吳氏　蔣景榮妻邱氏　蔣文梃妻王氏　蔣文棋妻戴氏　蔣興仁妻吳氏　蔣明順妻朱氏　蔣

維城繼妻馮氏　蔣明松妻孔氏　蔣明華妻王氏　蔣天元妻巫氏　沈業洪妻魏氏　沈在仁妻徐氏　沈秉仁繼妻章氏　沈懋仁妻楊氏　沈昌璉妻湯氏　沈昌成妻尙氏　韓啟耀妻周氏　韓昌爵繼妻陳氏　韓維模繼妻趙氏　韓元明妻言氏　韓昌美妻王氏　楊朝岳妻華氏　楊時寅妻戴氏　楊朝紳妻吳氏　楊毓美妻胡氏　文生楊俊元妻李氏　楊恒柏繼妻朱氏　楊履亨妻王氏　楊朝士妻唐氏　楊振州妾李氏　楊之賢妻吳氏　楊有恒妻吳氏　楊禹傳妻魏氏　楊國勳妻夏氏　楊大鈺妻石氏　楊芳祥妻曹氏　楊道田妻喬氏・楊大坤妻戴氏　楊禮周妻郜氏　楊禮榮妻陳氏　楊興聖妻汪氏　楊承艮妻呂氏　楊士艮妻戴氏　楊子德妻王氏　楊時忠妻朱氏　楊明崑妻張氏　楊聚

英妻張氏　楊元昭妻吳氏　朱煥章妻張氏　朱萬資妻茅
氏　朱映桂妻王氏　朱起忠妻張氏　朱之業妻李氏　朱
正福妻劉氏　朱道遠妻趙氏　朱克誠妻黃氏　朱邦超妻
戴氏　朱逵敬妻樊氏　朱宜琴妻戴氏　朱萬育妻姜氏
朱家東妻謝氏　朱明玉妻王氏　朱元瀛妻杜氏　朱尙龍
妻楊氏　朱明學妻李氏　朱之蘭妻趙氏　朱德成妻陳氏
朱宣桐妻謝氏　朱揆庭妻孔氏　朱孔陽妻糜氏　朱宇
平繼妻李氏　朱綿清妻潘氏　朱元韜妻戴氏　朱宜銜妻
姜氏　朱榮燦繼妻陳氏　朱魁源妻徐氏　朱顯爽妻劉氏
朱天壽妻周氏　朱富學妻趙氏　朱之標妻趙氏　文生
朱天益妻王氏　朱甡章妻許氏　朱之芬妾邱氏　朱應彬
妻史氏　朱宜祉妻戴氏　朱茂玖妾陸氏　朱元燕妻張氏

朱之彥妻華氏　朱渫修妻陳氏　朱雄文妻張氏　朱元益妻陸氏　朱遐調妻孫氏　朱茂昌妻張氏　朱仲輔妻許氏　朱守義妻李氏　朱本法妻董氏　朱全達妻韋氏　朱廷標妻姬氏　朱宣札妻孫氏　朱相成妻張氏　朱俊生妻湯氏　朱善科妻夏氏　朱濬妻姚氏　朱裕侯妻任氏　秦甯貴妻張氏　秦世旺妻時氏　秦世珍妻侯氏　許烇妻胡氏　許維瑾妻周氏　許樹埰妻張氏　許尙寬妾朱氏　許尙誠妻陶氏　許繼東妻桂氏　許洪玉妾俞氏　許家洲妻胡氏　許懋迦妻倪氏　許仕達妻李氏　許維灝妻胡氏　許明及妻孫氏　許正紳妻朱氏　許萬廉繼妻蔡氏　許樹業繼妻裴氏　許維鈞妻張氏　許熾妻孫氏　許章崑妻王氏　許慶聚妻楊氏　許懋煓繼妻駱氏　許文周妻趙氏

許艮雄妻程氏　許維忠妻曹氏　許佐妻蔡氏　許家海妻
鄒氏　許基長妾蔡氏　許銓妾張氏　許宗懋妻張氏　許
艮增妻王氏　許文明妻劉氏　許宗鈺妻張氏　許勝宗妻
王氏　許勝統妻張氏　許宗通妻蔡氏　許賢彌妻張氏
許聖纕妻蔡氏　許師湧妻王氏　許貞儀妻戴氏　許廷翰
妻傅氏　許桃繼妻王氏　許文慰妻高氏　許宗友妻曹氏
許煌妻裴氏　許文理妻王氏　呂玉文妻陳氏　呂德從
妻湯氏　呂煥文妻孫氏　呂星源妻李氏　施棋妻丁氏
施元臻妻張氏　施啟裕妻莊氏　施啟錦妻巫氏　施恆財
妻丁氏　施梅妻吳氏　張餘金妻陳氏　張明演妻許氏
張長啟妻湯氏　張宏相妻言氏　張德中妻王氏　張餘龍
妻陳氏　張德忠妻陸氏　張升元繼妻萬氏　張嘉盛妻竇

氏　張宏興妻梁氏　文生張汾妻吳氏　張廷高妻嚴氏
張德松妻許氏　張承暄妻李氏　張天錚繼妻梅氏　張慶
盛妻蔣氏　張昭禮妻方氏　張正統妻劉氏　張存柯妻許
氏　張金翰妻許氏　張學海妻潘氏　張世福妻闞氏　張
美秀妻許氏　張承董妻方氏　張長明妻曹氏　張得玉妻
朱氏　張能孝繼妻戴氏　張汝彭妻陳氏　張元楷妻胡氏
張友蘭妻焦氏　張朝楷妻郭氏　張恆榮妻石氏　張保
會妻曹氏　張延正妻李氏　張朝林妻笪氏　張天燕妻柏
氏　張學三妻欒氏　張德恆妻夏氏　張起綱妻魏氏　張
師楷妻周氏　張才棟妻陸氏　張履剛妻章氏　文生張汝
木妻何氏　孔毓富妻許氏　孔傳智妻周氏　孔傳珊妻王
氏　孔傳譜妻胡氏　孔興壽妻楊氏　孔傳穀妻徐氏　孔

毓朝妻許氏　孔毓葵妻朱氏　孔昭柯妻陳氏　孔廣沖妻夏氏　孔毓光妻陳氏　孔傳鏞妻陳氏　孔毓仁妻徐氏
曹施玖妻高氏　曹家恆妻呂氏　曹國先妻朱氏　曹鳳池妻韓氏　曹施永妻沈氏　曹施富妻陳氏　曹施模妻張氏
曹政淮妻李氏　曹家普妻梁氏　曹施伯妻李氏　嚴起安妻夏氏　華孝禮妻雍氏　華功纘妻蔣氏　華思齊繼妻楊氏　魏可源妻吳氏　魏嘉棨繼妻張氏　魏思堂妻華氏
魏祥和妻經氏　文生魏元庚妻吳氏　魏一熊妻經氏
陶大熙妻戴氏　陶哲先繼妻朱氏　陶宗銘妻唐氏　陶大受妻張氏　陶艮玉妻夏氏　謝重錩妻鍾氏　謝重鎬妻朱氏　謝東曉妻潘氏　謝光燦妻朱氏　謝世鳴妻蔡氏　謝光祥妻周氏　謝重鎮妻朱氏　鄒我寅妻陳氏　鄒昭果妻

張氏　柏宏熙妻郭氏　柏士質妻戴氏　柏士益妻戴氏
柏維喬妻倪氏　柏維炘妻戴氏　竇啟瀛妻魏氏　竇忠華
妻王氏　章有蛟妻茅氏　章大秋妻陳氏　章於事妻徐氏
章朝統妻賈氏　章志善妻成氏　章芳庭妻王氏　章啟
鉅妻任氏　章安學妻朱氏　蘇道雲妻張氏　蘇之信妻高
氏　蘇明芳妻徐氏　蘇明貴妻戴氏　蘇正榮妻石氏　潘
紹基妻趙氏　潘其政妻戴氏　潘繼修妾張氏　潘自企妻
笪氏　潘民寬妻戴氏　潘明芳妻蘇氏　葛文賢妻侯氏
魯公輔妻毛氏　魯宜瓚繼妻蔡氏　魯廷爵妻謝氏　魯希
坤妻王氏　方東陽妻趙氏　方志儒妻欒氏　方倫聖妻朱
氏　俞士溢妻戴氏　俞文傑妻戴氏　俞正燿妻王氏　俞
東第妻阮氏　俞修五妻張氏　俞掄先妻王氏　俞宗洛妾

沈氏　任乾富妻欒氏　任乾貴妻唐氏　袁美瑲妻徐氏
袁文魁妻劉氏　袁世蕙妻俞氏　袁凝友妻成氏　史文麒
妻陳氏　史廣成繼妻汪氏　史瀛士妻紀氏　史元廣妻紀
氏　史大觀繼妻王氏　唐宜千妻趙氏　唐宣諤妻巫氏
唐士倫妻高氏　唐序仁妻戴氏　唐景範妻譚氏　唐尙俊
妻陳氏　唐世行妻徐氏　唐賡發妻姚氏　唐定楷妻周氏
雷長林妻嚴氏　雷茂祥妻李氏　倪書成妻俞氏　倪信
宏妻包氏　倪有泰妻王氏　倪信盤妻戴氏　倪家鶴妻凌
氏　倪開明妻曹氏　倪信燁妻許氏　倪光夏繼妻王氏
文生倪允中妾宋氏　倪鈺妻蔡氏　倪科妻何氏　倪開春
妻許氏　倪家適妻許氏　倪有國妻趙氏　湯萬增妻宮氏
湯紹全妻宮氏　湯世良妻謝氏　湯紹元妻黃氏　湯在

中妻魏氏　湯紹美妻魏氏　文生湯進元妻李氏　湯世寬妻張氏　湯克桐妻戴氏　湯世科妻蔡氏　湯紹愷妻高氏　湯文英妻吳氏　湯昌椿妻習氏　湯彥如妻潘氏　湯士宣妻王氏　湯朝栻繼妻經氏　湯家亨妻邱氏　湯元朝妻竇氏　湯聘學妻楊氏　湯紹溥妻杜氏　傅奇繡妻裴氏　傅奇泰繼妻劉氏　傅爲坦妻許氏　傅奇淮繼妻蔡氏　傅爲湘妻許氏　傅德周妻趙氏　高本泉妻段氏　高正梁妻雍氏　高明遠妻宮氏　高鑑魯妻王氏　高正祿妻李氏　高熙翀妻金氏　高增量妻趙氏　高賢澗妻糜氏　高勳妻張氏　徐明儒妻袁氏　徐政元妻陳氏　徐正綱妻張氏　徐加友妻孫氏　徐廷宣妻潘氏　徐宗雲妻藺氏　徐明賢妻趙氏　徐元興妻王氏　徐廷安妻笪氏　徐國嘉妻陳氏

徐世禮妻巫氏　徐日麒妾須氏　徐德羹妻王氏　徐士英妻薛氏　徐世鳳妻陳氏　徐士喜妻袁氏　徐思賢妻方氏　徐佝宋妾吳氏　徐士魁妻袁氏　徐重發妻張氏　徐瑛賢妻張氏　徐克堂妻張氏　徐逢雲妻謝氏　徐廷富妻雷氏　徐柱賢妻張氏　徐得賢妻張氏　徐文宋妻王氏　徐某妻尹氏　薛祚健繼妻張氏　薛長慰妻俞氏　薛復朝妻趙氏　紀長永妻王氏　文生紀宏銘妻趙氏　紀宏式妻陳氏　紀延法妻陳氏　紀其翰妾蔣氏　紀和彝妻蔣氏　紀用直妻湯氏　紀存富妻曹氏　紀朝滿妻韋氏　紀復晉妻筤氏　紀存立妻王氏　駱椿繼妻劉氏　駱淑宗妻朱氏　駱正冠繼妻黃氏　駱綏昌妻張氏　駱舒繼妻沈氏　駱壽唐妾劉氏　駱夢彪妻張氏　駱春元妻王氏　駱三組妾

陳氏　駱正組妾朱氏　巫天貴妻鄭氏　巫俊文妻唐氏
巫暹妻項氏　巫天爵妻陸氏　巫毓瑾妻陳氏　巫偉煥妻
沈氏　巫肇禎妻許氏　經鑑如妻俞氏　經祖齡妻劉氏
經洪愷妻吳氏　經世珮妻張氏　經正定妻楊氏　經榮階
妻楊氏　經崙山妻楊氏　經恆惺妻俞氏　經朝勳妻楊氏
裴成瑚妻曹氏　裴功冉妻吳氏　裴功性妾張氏　裴功
起妻許氏　裴成建妻顧氏　裴功洵妾王氏　裴映圖妻王
氏　裴功根妻柏氏　裴子喬妾丁氏　裴暢妻駱氏　裴功
性妾王氏　裴銘妻蔡氏　裴祖誠妻許氏　裴治妻張氏
裴銜妻駱氏　文生程世淮妻笪氏　程盛經妻歐陽氏　程
志雄妻董氏　程士順妻宣氏　程盛音妻徐氏　丁繼旺妻
李氏　丁中富妻趙氏　丁有祿妻柳氏　丁起源妻王氏

丁士壽妻劉氏　丁繼慍妻笪氏　丁正邦妻夏氏　笪樹勤妻丁氏　笪嘉文妻樊氏　笪于鐶妻段氏　笪開有妻包氏　笪朝信妻朱氏　笪知德妻巫氏　笪試庸妻沈氏　笪守模妻紀氏　笪成容妻譚氏　笪道治妻歐陽氏　笪從庚妻趙氏　笪安敦妻尹氏　笪開泰妻王氏　笪三舉妻孫氏　笪允漢妻李氏　笪士用妻沈氏　雍繼涵妻李氏　雍正會妻楊氏　雍正禮妻張氏　雍正心妻施氏　雍仁統妻石氏　雍朝明妻張氏　雍圻妻朱氏　雍克周妻戴氏　雍芳美妻耿氏　雍家本妻楊氏　雍嗣彬妻周氏　雍裕三妾王氏　胡德鉦妻王氏　胡世佐妾唐氏　胡其章妻王氏　胡日才妻尙氏　胡本立妻裴氏　胡之熠妻許氏　胡世芹妻嚴氏　胡時盛妻孔氏　胡有枋妻倪氏　胡奐若妻周氏　胡

文煦妻戴氏　胡承遜妻王氏　戴國亮妻胡氏　戴武揚妻李氏　戴道一妻張氏　戴金培繼妻張氏　戴李妻許氏　戴光前妻林氏　戴時貞妻徐氏　戴懷珍妻李氏　文生戴鴻妻周氏　戴沅妻蔡氏　戴秉芳妻雍氏　戴其模妻魏氏　戴世忠妻袁氏　戴元槐妻楊氏　戴序東妻朱氏　戴世嵩妻張氏　戴道行妻李氏　戴臣繡妻吳氏　戴德坤妻經氏　戴正厚妻劉氏　戴清妻蔡氏　戴良高妻方氏　監生戴甫亭繼妻王氏　文生戴炳華妻朱氏　戴至如妻湯氏　戴世鎬妻傅氏　戴道祖妻王氏　戴世正妻張氏　戴儒維妻陳氏　戴天發妻郜氏　戴禮恭妻潘氏　戴志高妻唐氏　戴佩玉妻石氏　戴蔭三妻魏氏　戴道炳妻孔氏　戴道基妻李氏　尙守勤妻陳氏　尙永言妻經氏　尙徵善妻周

氏　文生尙昌暹妻胡氏　文生尙徵适妻周氏　尙永舉妾
陳氏　尙昌賢妻王氏　萬永科妻駱氏　萬家閑妻蔣氏
萬永文妻王氏　蔡德寅妻華氏　蔡士功妻王氏　蔡宗恭
妻趙氏　蔡支溢妻裴氏　蔡宗良妻許氏　蔡尙琦妻戴氏
劉顯椿妻王氏　劉玉崗妻華氏　劉興旭妻張氏　劉德
懷妻曹氏　劉之才妻趙氏　文生劉秉衍妻徐氏　劉文抬
妻鄒氏　劉隆本妻趙氏　文生劉應元妻魏氏　劉道俊妻
錢氏　劉明耕妻錢氏　劉際釧妻趙氏　劉顯椿妾王氏
劉震泰妻王氏　夏國朝妻朱氏　夏大士妻丁氏　夏宜榮
妻高氏　夏正琬妻熊氏　夏明牆妻陳氏　夏尊祿妻戴氏
夏大德妻丁氏　夏時謙妻趙氏　夏鴻儀妻羅氏　文生
夏鍾妻華氏　夏國全妻蔡氏　歲貢夏洛書妾張氏　夏誠

福妻張氏　夏可發妻陳氏　樊允祺妻丁氏　樊可景妻巫氏　樊允範妻王氏　梅相讓妻陶氏　樊緒粲妻史氏　梅藎臣妻葛氏　樊益邦妻胡氏　樊清妻葉氏　姚永長妻朱氏　姚宏慶妻朱氏　姚尙全妻徐氏　文生姚樊元妻孫氏　姚肇得妻王氏　姚宏聲妻李氏　欒愼修妾朱氏　欒傳行妻陶氏　欒繡彰妻邱氏　譚世榮妻尹氏　文生譚步雲妻嚴氏　譚守演妻歐陽氏　梅承惠妻朱氏　梅述舉妻朱氏　梅作仁妻李氏　梅有貴妻李氏　梅履中妻經氏　濮永銓妻王氏　濮永琤妻戴氏　杜元福妻孔氏　杜成釗妻劉氏　杜勝先妻張氏　杜全邦妻趙氏　石餘三妻谷氏　石顯榮妻倪氏　石世宗繼妻潘氏　石世宏妻戴氏　石顯智妻洪氏　石有常妻孫氏　居於階妻許氏　居永康妻戴

氏　居國忠妻江氏　凌家盛妻張氏　凌餘東妻吳氏　凌象之妻吳氏　汪宏㕓妻高氏　汪元增妻陸氏　汪宏義妻吳氏　汪九如妻呂氏　包善彩妻經氏　包敦賢妻王氏　包孝宗妻曹氏　包勝凡妻王氏　畢元祥妻駱氏　畢繼仁妻潘氏　翁永源妻劉氏　翁秉春妻巫氏　翁時茂繼妻楊氏　田立恭妻凌氏　戎秉倫妻湯氏　戎常懷妻詹氏　黃松年妻曹氏　顏運東繼妻居氏　江鼎元妻劉氏　毛國楨妻周氏　步嘉潤妻唐氏　增生裴于喬妾吳氏　裴洵妾張氏　裴功垠繼妻柏氏　步成柏妻汪氏　毛宏亮妻徐氏　郭珩妻李氏　郭裕明繼妻蔡氏　尹德隆妻李氏　龔明禮妻王氏　房開椿妻高氏　房思興妻陳氏　邱秉和妻戴氏　黎啟玉妻殷氏　喬餘文妻姚氏　郃道興妻林氏　席知

盛妻王氏　牟昌啟妻丁氏　端木賢維妻戴氏　歐陽世連
妻陳氏　董某妻蔡氏　成元敏妻王氏　阮賢貞妻傅氏
糜志滄妻朱氏　糜彰任妻樊氏　糜國麟妻李氏　阮家功
妻俞氏　魯希坤妻王氏　馬從周妻張氏　宋秉智妻郭氏
文生芮鏜妻凌氏　芮天饋妻尹氏　宮孟恆妻陶氏　宮
法嵩妻華氏　喬慈富妻譚氏　陸成山妻王氏　耿學朱妻
經氏　段某妻金氏　武崇忍妻佴氏　桂學辛妻柳氏　洪
明遠妻陳氏。以上列總坊見續府志周玉英妻張氏　倪瞻淇妾俞氏
周湧川妻黃氏　陳德隆妻何氏　趙建樓妻劉氏　尚揚舉
妻趙氏　裴功洵繼妻張氏　李昌耀妻孔氏　張某妻程氏
王蔭統妻宣氏　王輻妻聞氏　蔡瑞妻裴氏　李昌魯妻
雍氏　曹施嘉妻張氏。以上嘉慶年旌見續府志文生經蘭堂妻孫氏

雍旭陽妻宮氏　楊敬熹妾方氏　雍延正妻朱氏　雍孝志妻華氏　雍毓芝妻張氏　雍立培妻潘氏　雍松年妻高氏　周章巍妻余氏　周恆榜妻成氏　王聲揚妻姚氏　張春林妻梅氏　張某妻陶氏　楊元勳妻濮氏　楊元漢妻潘氏　朱家稱妻謝氏　朱家穀妻魏氏　朱某妻張氏歲貢生朱步雲母　朱道愷妻劉氏　朱道澄繼妻李氏　朱銑妻李氏　楊某妻戴氏　張某妻劉氏張朝榮母　趙克平繼妻周氏　趙鳳翔妻王氏　吳懿模妻劉氏　朱克川妻孫氏　寶昌鍾妻任氏　周玉英妻成氏　周玉琦妻龐氏　監生阮孝坤繼妻金氏　王德有妻趙氏　李春華妻嚴氏　楊世榜妻吳氏　陳忠祥妻朱氏　監生吳坦妾胡氏　戴某妻張氏　楊啟榮妻某氏戴家邊人　雍艮繼妻李氏　周某妻王氏　周長源母李氏　周恆儒妻

張氏　王某妻紀氏王明遠母　趙有垠妻周氏　李傳芹妻楊氏
楊永盛妻周氏　朱禮萬妻樊氏　張朝松妻田氏　竇昌鋆
妻經氏　耿倫超繼妻許氏　耿學朱妻經氏　濮德昌妻朱
氏　濮元溥妻張氏　陳憲順妻孫氏　陳憲合妻王氏　陳
宏達妻朱氏　陳元琯一作綰妻朱氏　陳時芳妻朱氏　陳宏
武妻王氏　王宏釗繼妻趙氏。以上見續府志○已旌　蔡遵親繼妻
王氏　俞宗沅妻許氏　倪懷琮妻戴氏　胡承渭妻勞氏守節
撫孤戴尚栒妻俞氏　戴祥之妻張氏　姚復讓妻宋氏　姚行
溥妻趙氏　趙明講妻唐氏　唐序信妻陳氏　王龍彩繼妻
沈氏　王在榮妻華氏　朱佑同妻許氏　萬祝三妻王氏
萬光興妻濮氏　萬光順妻俞氏　沈德銀妻吳氏　沈立盛
妻張氏　華仁之妻朱氏　華一鼎妻張氏　華爾昇妻施氏

華爾全妻李氏　華乾文妻李氏　華鳴玉妻孫氏　華元耀妻張氏　華元昌妻潘氏　華東陽妻張氏　華文燦妻端木氏　華元全妻張氏　華嵩年妻史氏　魏思周妻高氏　魏元謙繼妻楊氏　魏一棻妻王氏　魏元和妻戴氏　魏昌仁妻吳氏　魏元盛妻吳氏　魏元信妻朱氏　魏元成妻華氏　蔡遵餘妻章氏　王肇妻劉氏　王龍蒼妻戴氏　魏思寶妻戴氏　魏學浩妻某氏　魏元綏妻周氏　魏一桂妻孔氏　魏振洪妻章氏　魏思焯妻戴氏　魏振楷妻張氏　魏振樸妻戴氏　魏應權妻王氏　魏振玉妻戴氏　魏振懋妻楊氏　朱宜培妻陶氏　蔣聯某妻李氏　蔣時章妻楊氏　湯克盛妻章氏　張美妻宣氏　程某妻宣氏　蔡之沛妻呂氏　宣鳴萊妻潘氏　宣德岐妻朱氏　華長連妻王氏　華

容川妻程氏　魏開先妻某氏　吳尙臣繼妻濮氏　吳德振妻李氏　吳鳳翔繼妻周氏　吳鼎三妻戴氏　吳峻明妻華氏　沈玉崗妻吳氏　華一梧妻蔣氏　楊家才妻趙氏　湯時宜繼妻沈氏　湯時貴繼妻楊氏　湯登泰妻趙氏　華澄妻朱氏　華怡泉妻曹氏　華鈇妻朱氏　華雲橋妻蔣氏　華其大妻戴氏　華升侯妻湯氏　華武侯妻丁氏　楊翰魁妻華氏　楊維周妻經氏　楊汝會妻唐氏　楊朝昌妻李氏　楊德熙妻戴氏　楊兆臨妻徐氏　楊政典妻經氏　楊德超妻戴氏　楊耀三妻戴氏　楊星年妻陳氏　楊右亭妻茅氏　楊炳華妻許氏　趙章榮繼妻孫氏　趙皆炯妻陶氏　戴儒恆妻朱氏　戴臣喜妻趙氏　戴朝洙妻顧氏　楊兆昌妻華氏　楊贊文妻吳氏　楊兆安妻張氏　楊玉衡妻王氏

楊五尊妻華氏　朱馨谷妻趙氏　朱彩生妻趙氏　朱宏祖妻李氏　朱月軒妻陳氏　朱允翔妻戴氏　朱時昊妻祁氏　朱子任妻劉氏　朱宗彝妻宣氏　朱永和妻楊氏　朱坦菴妻華氏　朱涵遠妻周氏　朱宗周妻陶氏　朱崑源妻陶氏　朱楓原妻戴氏　宣顯祖妻王氏　楊時中妻米氏　朱鳴珂妻孔氏　朱敏頴妻石氏　朱步階妻杜氏　朱灝妻戴氏　朱益繁妻張氏　朱濬川妻戴氏　曹順傑妻某氏　朱居馨妻湯氏　朱宜吉妻姚氏　朱攸訓妻張氏　朱攸譙妻雍氏　濮克敬妻穆氏　俞世永妻朱氏　俞天喜妻濮氏　俞世元妻蔣氏　俞明玉妻王氏　朱起憲妻張氏　朱君祥妻王氏　朱茂之妻楊氏　石其生妻經氏　石正壽妻濮氏　石爾璽妻朱氏　石殿隆妻高氏　石世梅妻陳氏　楊

鈞衡妻石氏　石天祿妻朱氏　石其五妻李氏　石恆廣妻
戴氏　石某亭妻潘氏　石秀儒妻張氏　石曉峯妻俞氏
雍繼彬妻戴氏　雍紹元妻高氏　雍嗣峻妻孫氏　雍嗣栢
妻樊氏　雍繼原妻魚氏　雍克光妻俞氏　雍繼蕃妻宮氏
　吳文士妻華氏　吳楚玉繼妻高氏　吳智洋妻濮氏　附
貢生雍繼韶妻王氏　周某妻雍氏　雍乾所妻魏氏　雍載
虞繼妻王氏　雍度遠妻李氏　雍禹範妻李氏　雍桐山妻
張氏　經君昇妻莊氏　經君傑妻俞氏　經奏平妻陳氏
經立齋妻華氏　經岐山妻沈氏　經一士妻俞氏　楊選之
妻束氏　楊吉士妻高氏　楊其昌妻王氏　楊訓昌妻李氏
　楊宗愼妻周氏　楊延昌妻俞氏　楊彥翔妻許氏　王維
中妻邱氏　王君受妻戴氏　王愼庵妻沈氏　王維錦妻耿

氏　王肇香妻經氏　王宗誠妻華氏　經銘臺妻石氏　戴
艮士祖母張氏　端木朝庚妻陶氏　端木巨川妻張氏　端
木親榮妾王氏　端木親瑩妾陳氏　吳世位妻戴氏　端木
體中妻潘氏　端木廣生妻欒氏　端木標母李氏　端木德
錦妻章氏　端木秉衡妻李氏　端木成楨妻李氏　端木艮
麟妻劉氏　端木元盛妻周氏　端木廉夫妻徐氏　端木履
敬妻徐氏　端木聲遠妻劉氏　端木儉妻朱氏　端木偉士
妻陸氏　端木履采妻章氏　端木履位妻王氏　端木太和
妻齊氏　端木君取妻王氏　端木廣如妻甘氏　端木紹基
妻張氏　端木有亮妻周氏　端木有聚妻張氏　端木明燦
妻毛氏　端木大功妻章氏　端木吉如妻劉氏　端木孔喆
妻蔣氏　陶忠勤妻蔣氏　竇序生妻孫氏　竇明旭妻韓氏

竇尙彭妻王氏　竇商舜妻戴氏　吳于鶴妻某氏　王坦妻戴氏　王敏德妻徐氏　王民材妻徐氏　王一鐵繼妻劉氏建坊　朱近天妻談氏旌表總坊　戴某妻張氏建坊　戴臣善妻朱氏建坊神巷　潘起鳳妻欒氏建坊長嶺頭　徐永懷妻戴氏　妾袁氏雙節建坊大里巷口　周恆立妻尙氏嘉慶辛酉旌坊建劉巷村　尙某妻周氏乾隆乙巳旌坊建下山地邨　王知徽妻衛氏乾隆年旌　王善騶妻曹氏坊俱王家邊　文童吳榮博妻王氏嘉慶年旌坊建張壋村　趙懿模妻劉氏道光戊戌旌坊建圩塘頭　張熙轍妻許氏乾隆年旌坊建西城邨　監生朱繹思妻許氏已旌　張某妻夏氏　經世鐸妻湯氏　妾蔣氏　吳順成妻芮氏　駱重才妻周氏　黃開榮妻雍氏　文生吳焱繼妻華氏　曹宗恆妻吳氏　蔣有康妻孔氏　蔣有瑤妻孫氏　杜成益妻竇氏　杜起達妻王氏　杜朝棟妻孔氏　杜茂叔妻劉氏　杜克儉妻某氏　余厚培妻

王氏　胡有敦妻王氏　許象珍妾宋氏　韓某妻陳氏　梅
秋圃妻張氏　朱光宇母欒氏　朱恩元妻姜氏　朱君宣妻
尹氏　朱綿咸妻戴氏　朱和仁妻潘氏　朱厚罩妻范氏
朱祚奇妻陳氏　朱祚煦妻張氏　朱祚美妻任氏　朱棉滂
妻張氏　朱棉顯妻戴氏　張照金妻戴氏　陳玉和妻陶氏
　陳蔭培妻葛氏　陳常槐妻梅氏　張承悅妻朱氏　張承
思妻朱氏　張閣臣妻韓氏　張拱宸妻欒氏　張石溪繼妻
楊氏　張聚三妻陳氏　張永錫妻陶氏　張思山妻湯氏
張鷗浦妻何氏媳何氏　張漢傑妻胡氏　張錦園妻李氏
張素尊妻楊氏　張滄亭妻潘氏　張上納妾崔氏　張康侯
妻韓氏　張天培妻蕭氏　張慕橋妻姜氏　張廣順妻夏氏
　張錦湘妻朱氏　張子瓊妻湯氏　張國彥妻戴氏　張太

渼妻邱氏　郭培元妻芮氏　郭德明妻樊氏　王玉珮妻駱
氏　王景前妻史氏　王善揚妻胡氏　孔毓湘母包氏　張
爾晉妻袁氏　張爾正妻周氏　張爲堯妻王氏　張培玉妻
王氏　張道統妻趙氏　張存嶺妻許氏　張存珏妻戴氏
張鳴玉妻許氏　張某妻孔氏　裴德泮妻許氏　許世渼妻
王氏　許世屋妻朱氏　柏守約妻周氏　許宸晉妻王氏
張延瑤妻孫氏　文生張餘銘妻蔡氏　衞明煥妻朱氏　衞
峻勳妻王氏　王承詔妻許氏　趙惟妻許氏　姚東啟妻謝
氏　周文有妻呂氏　姚行祿妻孫氏　張德義妻顧氏　柏
某妻許氏陳岡人　薛榮本妻張氏　李德俊妻曹氏　姚行選妻
王氏　蔡明旺妻馬氏　蔡道珍妻潘氏　蔡明翰妻王氏
蔣廷慶妻王氏　王壽章妻徐氏　汪興發妻朱氏　武生蔡

永定妻任氏　監生蔡志誠妻王氏　張美璜妻甘氏　夏啟
壽妻尉遲氏　夏承東妻王氏　文生倪學海妾張氏已旌　楊
正隆妻王氏已旌　尹德良妻劉氏　王錦燦妻華氏
文生王青岑妻黃氏年二十七夫亡守節五十三年卒
王貞一妻吳氏年十九適王二十八歲夫故守節卒年六十七
乾隆五年　旌
文生王涫揆妻裴氏年十九歸王二十歲夫故守節乾隆三十
七年　恩准旌表四十二年崇祀節孝祠坊建後栢墅
王者香妻范氏年二十八夫亡守節終身見呂府志
文生朱兆滋妻巫氏夫故守節乾隆癸亥年　旌
王士夔妻孫氏守節三十六年邑令白公督學許公均叠旌匾
額

朱趙氏夫故守節善事孀姑撫二子成立邑侯林公旌節操冰霜匾額

倪信夏繼妻王氏青年矢志皓首完貞乾隆五十一年　旌

孫瑞琬妻朱氏年十七歸孫三年夫故氏奉孀姑曲盡孝道撫幼子天涿成立乾隆壬寅　旌

凌延宿妻王氏年二十二夫故子甫周歲事姑撫孤孝慈兼盡守節終身見呂府志

張餘坦妻蔣氏年二十夫故守節撫孤成立見府志

張延舉妻袁氏年二十四夫故家貧以針黹養姑撫孤成立守節終身見府志

張餘燕妻蔣氏年三十夫故家貧誓不他適守志五十二年卒見府志

趙明良妻張氏年三十夫故守節終身乾隆年　旌弟明觀妻丁氏見前志

尙永璋妻趙氏夫亡時年二十餘家貧日不再食惟閉戶刺繡以給饘粥終身苦節人敬慕之

戴光槐妻楊氏夫死矢志不二撫孤儒炳成人儒炳娶婦楊氏亦以節著

戴儒炳妻楊氏靑年守節事孀姑孝嘗侍疾衣不解帶者累月病篤焚香割股以療之

李世法繼妻祁氏世法歿遺前室子日成甫數齡祁抗志守節撫如己出旣長娶婦成氏而日成又死成孝養孀姑亦以節聞

尙徵遠妻王氏守節撫孤事孀姑以孝著

孔繼德妻張氏與妾唐氏同守節三十餘年繼德字作求事見妾唐氏傳

徐永懷妻戴氏妾袁氏同苦志守節以終
蔡瑛妾楊氏皋氏同志守節四十四年以上均見呂府志
劉登瀛妻竇氏年二十八守節撫孤乾隆乙巳　旌
王耀文妻衛氏乾隆乙未年二十六夫故守節卒年八十二己
旌
劉時敏妻徐氏年二十六守節家貧無子孝養翁姑嘉慶甲戌
旌
趙華國妻楊氏年二十五守節持家勤儉孝奉姑嫜嘉慶時
旌
衍聖宮典籍王本厚妻李氏年三十夫亡守節四十年乾隆時
旌
朱道瑛妻張氏年二十四守節撫孤五十三年卒

張美永妻樊氏夫亡子幼哀毀骨立矢志撫孤紡績課子不辭
勞瘁鄉里稱之乾隆時　旌建坊
張德鋼妻糜氏年三十守節撫孤嘉慶時　旌建坊
張斯麟妻譚氏守節五十餘年乾隆時　旌
文童張美瑗妻徐氏年二十二苦志撫孤終身茹素嘉慶三年
旌建坊
張延蓮妻陳氏政仁鄉石樓岡人夫亡遺孤幼忍死撫之奉姑
極孝姑病常侍牀褥夜不解衣者兩閱寒暑
張美荷妻王氏青年守節茹苦撫孤卒能成立
張美輔妻徐氏年少夫亡矢志不二冰清玉潔鄉黨稱之邑令
贈以旎美松筠額
張美霱妻鍾氏夫亡守節撫孤治家勤儉人咸稱其姆範

張明琮妻楊氏青年守志撫孤成立邑候旌以松柏堅貞額

張明球妻鄒氏年二十六守節撫孤邑候獎以冰心矢節

張明鋆妻駱氏年三十夫亡矢志撫孤人稱賢淑邑候張公旌以操若松筠

張美洛妻王氏青年厲節撫孤成名

張德彩妻某氏年二十八守節冰玉自凛不二其操撫孤成立邑候給以積善流芳額

張延勤繼妻青年守節治家有道教子甚嚴里人稱頌以上皆乾隆時人

曾艮榮妻戴氏年二十二夫故守志五十一年道光　旌總坊

朱善濬妻潘氏年二十六夫出不歸潘苦守撫孤已　旌

張德崇繼妻龔氏青年守志苦節撫孤已　旌建坊

張慶楠妻徐氏年三十守節　旌表總坊
張才庚妻汪氏青年苦志里鄰稱賢
張餘瓏妻陳氏守節堅貞撫孤裕後均嘉慶時人
張美玉妾徐氏青年守節順事姑嚴教子勵志清貞持家勤儉
張德洽妻王氏青年守節清潔白無瑕
張餘良妻何氏年三十守志撫育四孤卒能成立以上三人道
光間　旌建總坊
周召貽妻王氏年二十八守節四十七年　旌總坊
張慶盛妻蔣氏年二十六守節冰蘗自茹　旌表建坊
孫天培妻張氏年三十夫故守志終身已　旌
孫天博妻柏氏年三十夫故守志終身已　旌
王懿德妻駱氏年二十六撫孤守節三十餘年

姚從善妻孫氏年二十六守節五十年
居正仁妻陳氏年二十四夫殁事親盡孝撫遺腹子成立守節四十餘年邑人馬兆增題茹蘗貞操匾額
倪秉植妻朱氏夫故撫兩孤以紡績針黹資饘粥子授室旋病卒同媳包氏苦節以終道光年　旌
倪秉榜妻俞氏夫故家貧姑性急氏侍奉先意承志毫無怨言守節以終已　旌
趙明璉妻向氏年二十五夫故家極艱苦以針黹養舅姑守志五十年已　旌
劉延旭妻章氏年二十八夫故守節撫三子均成立卒年四十歲道光時　旌
朱茂福妻糜氏年二十五夫故守節四十年卒道光戊戌　旌

張德忠妻王氏年十九夫故事翁姑撫孤孝慈兼盡守節四十
八年道光丁酉年　旌
朱允孔妻范氏行香八夫故守節道光戊戌　旌建坊
張餘棨妻余氏年二十二夫故守節閭里稱其有清潔操道光
丁酉年　旌
朱顯伯妾周氏夫故守節道光己亥年　旌總坊
顏天豫妻劉氏年十九夫故守節七十九歲卒道光二十八年
旌
朱達興繼妻蔣氏年二十九夫故守節四十四年卒道光戊戌
年　旌
張德貞妻陳氏年二十八夫故守節孝事翁姑撫養孤子邑侯
　旌節堅松柏額

張延瑯妻喻氏年三十夫故守節郡守余公特旌坤德長芳額
道光丁酉年建坊
張延起妻陳氏年二十七夫故撫孤成立邑侯樊柏節松筠額
苦節四十七年卒
王渲秉妻席氏年十八適王二十二歲夫故守節卒年五十九
道光十九年　旌
王湑敕妻俞氏年十七適王二十三歲夫故守節卒年七十餘
道光十九年　旌
王艮法妻程氏年二十六夫故守節至五十二歲卒道光十九
年　旌
王艮疇妻許氏年二十一適王二十七歲夫故守節道光十九
年　旌

王存球妻裴氏年二十二適王二十九歲夫歿守節道光十九年　旌

楊方盛妻胡氏年二十歸楊二十三歲夫故守節卒年六十餘道光十八年　旌總坊

周履綱妻丁氏年二十七夫故守節邑宰李公特旌貞節可風匾額卒年七十餘歲

許翹之妻王氏適夫一週夫故守節五十餘年道光十九年旌

孫恩起妻朱氏夫故守志數十年道光時　旌

俞學洛妾沈氏年二十一夫故守志道光時　旌

許繼康妻桂氏年二十四夫故撫叔及孤均成立守志數十年道光時　旌

文童趙步瀛妻景氏夫故守節四十四年儒學張與太史錢旌
霜雪貞操額
朱逵士妻謝氏青年守節養姑撫幼子勤苦無怨容已 旌
朱鄷周妻東氏年二十三守節已 旌
朱繩繼妻談氏年二十三守節已 旌
朱羲和妻孫氏年二十四守節已 旌有額曰玉潔冰清
朱昌茂妻張氏年二十七夫故苦節五十年卒 旌表總坊
朱仲甫妻許氏年二十三夫故守節四十一年卒 旌表總坊
監生朱秀妻張氏青年守志撫孤成立備嘗艱苦已 旌
六品封典朱載芸妻楊氏年十八守節撫孤成立已 旌
朱德揚妻張氏年二十三守節卒年七十五已 旌
增生朱紘妻李氏青年守節兩世撫孤享壽九旬五世同堂已

旌

監生朱家乘妻楊氏年十八夫故撫姪爲嗣矢死靡他已　旌

華某妻楊氏年二十五守節卒年六十八建坊　旌表

譚守憲妻笪氏年二十一守節事姑極孝已　旌

楊行遠妻戴氏年二十守節享年百有二歲

周士奇妻張氏年二十五夫故守節五十二歲卒

文童蔣裕生妻李氏年二十四守節年三十四卒光緒丙戌

旌憲獎清節芳徽

潘道恂妻巫氏年二十八守節撫孤年屆七旬含山教諭程誌

贈額節茂松筠逾三年卒已　旌

張餘榮妻朱氏生子二十四日夫亡哀痛幾絶養老撫孤守節

數十餘年道光閒　旌建坊

俞夢蘭妻王氏夫故守志四十四年已　旌
潘德祥妻張氏年二十六守節五十餘年見續府志
王正楫妻吳氏夫故守節撫孤成立已　旌
經守本妻趙氏年二十九夫故撫孤章紳成立守節二十四年卒年五十三已　旌
朱繼奎妻胡氏年二十九夫故守志終身已　旌
許鳳來妻戴氏年二十九夫故孝事翁姑撫幼子成立守節三十餘年已　旌
文童陶鏘妻祝氏年二十九夫故守節五十年卒已　旌
文童陶志賢妻任氏二十歲夫殉難守節四十四年卒已　旌
文童胡是僨妻柏氏夫故事親孝謹待人和厚持家勤儉守節四十年光緒十五年　旌

胡本寬妻劉氏夫故守志四十一年已　旌
趙家松妻周氏于歸甫一月夫故守志事翁姑曲盡孝道撫幼叔成立已　旌
趙家樑妻許氏夫故守節終身已　旌
張天馨妻笪氏年二十七守節事姑孝已　旌
許善珊妻胡氏年二十八守節二十七年事姑孝見續府志
鍾延涫妻王氏年二十二夫故矢志堅守卒年四十四已　旌
呂維妻楊氏年二十三夫故守節六十餘年卒已　旌
蔣鄭淇妻張氏靑年夫故矢守節以終已　旌
蔣鄭淋妻卞氏夫故守志終身已　旌
趙某妻史氏夫故守節十九年卒光緒丙戌年　旌
陶志洪妻巫氏年二十二夫故守節五十年已　旌

趙殿英妻許氏守志三十九年見府志
劉學隆妻徐氏守志三十三年見府志
華孝義妻戴氏年二十九守節三十年卒見府志
文生趙大椿繼妻吳氏年二十六守節二十餘年見府志
朱志浩妻糜氏年二十八夫故孝養翁姑撫子女守節不渝已
旌
范善舉妻楊氏年二十二夫故苦守終身已　旌
笪家址妻鄭氏年二十九夫故守節四十餘年已　旌
張保綸妻許氏年二十一夫故家貧氏以紡績度日撫遺服子
秋圃成立守節四十七年卒已　旌
姚元仕妻謝氏夫故守節三十四年已　旌總坊
許祖鏞妻謝氏年十九夫故事翁姑以孝聞光緒十四年　旌

許萬海妻曹氏青年守節現八十餘歲光緒七年　旌

姚餘進妻王氏年二十九夫故苦節以終已　旌總坊

王克錫妻周氏年二十二夫故撫孤成立孝養翁姑守節二十五年已　旌總坊

譚德寬妻姚氏年二十九夫故苦節終身已　旌總坊

趙一兵妻王氏夫故年甚少兄欲奪其志王抱孤泣曰予若改志趙氏之祀絕矣乃止　旌總坊

文生駱道同妻沈氏年三十夫故文生駱道尊妻黃氏年二十四夫故同門守節至今四十二年學師贈以儒門雙節匾額

文生朱清華妻俞氏年二十二歸朱孝事翁姑克修婦道未一載夫故矢志守節閭里咸欽年三十七卒已　旌

張延榮妻陶氏年二十二夫故家貧孝養翁姑撫孤餘雙取脩

生守節三十餘年已　旌

經恆溶妻俞氏年二十八夫故守節三十餘年已　旌

經恆祺妻戴氏年十九夫故守節三十餘年已　旌

經恆慶妻楊氏年二十八夫故守節至八十一歲卒已　旌慶一作度

經德厚妻楊氏年十八守節十五年卒已　旌

經德鏞妻王氏年二十八守節十六年卒已　旌

經德瑚妻孫氏年二十七守節五年卒已　旌

經德功妻吳氏年二十五守節四十五年卒已　旌

經徵瀛妻潘氏年三十守節四十年已　旌

經徵情妻李氏年二十九守節三十年已　旌

經徵庠妻欒氏年三十夫故撫孤成立守節三十年卒已　旌

文生裴正紀妻王氏守節事舅姑以孝著

廩生袁廣治妻程氏年二十七夫故守節十五年卒
文生唐之榆妻周氏年二十夫故守節二十一年卒
笪盛萬妻徐氏年二十五夫故守節二十年卒
笪家燦妻譚氏年二十六守節二十六年卒
笪名烷妻施氏年二十八守節三十二年卒
笪家炳妻張氏年二十八夫故守節五十餘年
笪厚富妻余氏年二十五夫故守節三十餘年
芮昌魯妻郭氏年二十七夫故守節撫孤四十年卒
龐道純妻周氏年二十九夫故守節二十三年卒
陳明鳳妻嚴氏年十九夫故守節四十九年卒
駱道宏妻周氏年二十一夫故守節三十六年卒
蔡之佩妻呂氏年二十三守節十一年卒

呂啟凡妻楊氏年二十二守節五十餘年
顧紹賢妻張氏年二十三守節四十餘年
王有餘妻陳氏年二十九守節十一年卒
張肇興妻許氏年二十九守節三十餘年
楊珍益妻馬氏年三十守節十八年卒
楊家才妻梅氏年二十八守節三十餘年
雍孝茂妻戴氏年二十一守節四十餘年
魏德華妻王氏年二十九守節三十餘年
張定柯妻馬氏守節二十八年己旌
戴克昌妻楊氏年三十夫故守節三十餘年
童向賢妻郭氏年二十三守節四十餘年
華森妻戴氏年二十三守節二十三年卒

文童孔昭福妻王氏年二十二守節十六年

文童方松亭妻陶氏年二十九守節三十七年

文童華孝福妻湯氏年二十九守節三十三年

文童梁梅妻施氏年二十四守節三十一年

胡巨川妻俞氏年三十守節十六年

唐承相妻趙氏年二十二守節四十餘年

湯德配妻朱氏年二十七守節二十六年卒

吳慶年妻王氏年二十九守節三十餘年

潘士禮妻欒氏年二十四守節二十九年卒

楊炳華妻許氏年二十七守節三十年卒

陳敏松妻湯氏年二十二守節十二年卒

朱元檜妻戴氏年二十八守節撫孤四十年卒

朱宜葢妻雍氏年二十七守節三十一年卒
朱宜鏞妻張氏年二十七守節三十六年卒
朱攸椿妻許氏年十九守節四十餘年
朱攸宋妻孔氏年二十守節三十二年卒
朱攸實妻石氏年二十守節五十餘年卒
朱式衢妻戴氏年三十守節三十餘年
張昭珍妻李氏年二十六守節三十餘年
葛大志妻朱氏年二十八守節四十餘年
張元全妻朱氏年三十守節三十餘年
雍立墉繼妻陳氏年二十九守節三十餘年
石正郁妻俞氏年二十四守節事舅姑極孝苦節四十年
楊元祥妻曹氏年二十六事姑撫子守節四十年

曹鈞妻雍氏年二十一守節四十一年卒
周景琥妻端木氏年二十六守節四十八歲卒
周恆㑦妻梅氏年二十六守節四十三歲卒
巫有儀妻張氏年二十四夫故守節今年七十一歲
袁慶惠妻劉氏年十九夫故守節五十八歲卒
劉升安妻鄧氏年三十夫故守節今年七十六歲
胡蒼祿妻陸氏年二十八守節撫孤五十八歲卒
余文魁妻羅氏年二十八夫故守節三十八年
吳宏雲妻王氏年二十四夫故守節三十四年
許師保妻夏氏年二十四夫故守節三十九年
余培元妻王氏年三十夫故守節二十二年
高長齡妻戴氏年二十四夫故守節七十歲卒

孫俊愷妻尙氏年二十二夫故守節四十二年
張正淸妻戴氏年三十守節撫孤八十三歲卒
潘德昭妻邵氏年二十八夫故守節四十八歲卒
戴世榮妻劉氏年二十一夫故守節五十八年
韓德鎏妻賈氏年二十二夫故守節三十年
王志廉妻吳氏年二十四夫故守節三十七年
王志科妻吳氏年二十八夫故守節二十八年
仇定宇妻戴氏年二十八夫故守節四十七年卒
仇顯鶴妻紀氏年二十三夫故守節十八年卒
仇顯富妻紀氏年二十四夫故守節二十六年卒
仇安樂妻吳氏年二十二夫故守節二十二年卒
趙文經妻袁氏年二十九守節三十餘年

朱鼇妻楊氏年二十五守節三十餘年
朱桐妻王氏年二十一守節四十餘年
朱杞妻張氏年二十一守節四十餘年
楊德配妻朱氏年二十七守節二十一年卒
周應明妻王氏年三十守節撫孤四十年
王鳳儀妻陳氏年二十七守節四十餘年
文生紀光庭妻陳氏年二十四守節二十年卒
張貞昌妻楊氏年二十九守節二十一年卒
張鳳如妻孫氏年二十九守節三十餘年
趙森妻史氏年三十守節十八年卒
趙元白妻韓氏年二十四守節十年卒
文生趙杏林繼妻尤氏年二十九守節三十餘年

謝貞魁妻巫氏年三十守節三十九年卒
陳人淵妻笪氏年二十七守節十二年卒
陳槤繼妻朱氏年二十六守節二十八年卒
陳太墉妻唐氏年二十三守節二十二年卒
巫立堂妻陳氏年二十一守節三十八年卒
沈業成妻俞氏年二十七守節三十餘年
耿耀南妻閔氏年二十三守節四十餘年
裴功侼妻尙氏年二十守節八年卒
裴宗銘妻蔡氏年十九守節六年卒
曹家玖妻宋氏年二十七守節五十四年卒
曹以旂妻孔氏年二十六守節五十年卒
文生戴模妻魏氏年二十七守節五十年

戴時楫妻吳氏年二十八守節四十餘年
夏茂連妻王氏年二十六守節四十餘年
戴宏山妻經氏年二十四守節四十餘年
許維鎮妻李氏年二十五守節四十餘年
俞學道妻尹氏年二十七守節四十餘年
裴祖煌妾耿氏年十七守節六年卒
王子貞妻張氏年十八守節三十餘年
監生魯希周妻毛氏年二十八守節二十年卒
張明薇妻王氏年二十三守節六十餘年
孔昭柯妻江氏年二十八守節十二年卒
文生黄應衢妻汪氏年二十八守節三十三年卒
潘廷正妻笪氏年三十夫故奉姑撫子三十四年卒

潘士鼎妻程氏士鼎客死江甯神策門程年三十扶櫬歸誓不
獨生旣以翁姑年老强留孝養二十八年翁姑歿程守節五十
一年卒
潘士璽妻巫氏年三十夫故守節二十年賫志而歿
潘士望繼妻周氏年二十歸潘未幾士望客潁州不歸復娶解
氏周獨居孝事舅姑毫無慍色年五十七卒
潘士偉妻丁氏年二十八夫故守節四十八年養姑不怠教子
有方年七十八卒
潘惟炳妻陳氏年二十七夫故孤方晬矢志不二貞靜寡言終
身未嘗見齒年六十七卒
文生潘惟容妻笪氏年二十六守節夫所未了事苦志經理卒
保田園人稱女中丈夫年七十三卒

潘惟增妻笪氏年二十三夫故遺腹生子撫孤苦節三十七年卒

潘惟煜繼妻許氏年二十八夫故家貧苦節撫孤子三人成立年五十三卒

潘生智繼妻朱氏年二十二夫故奉孀姑撫幼子守志不渝四十八年卒

潘生勇繼妻巫氏年二十八夫故家貧撫孤備嘗荼苦守節五十一年卒

潘生祿妻笪氏年二十七夫亡遭家多故備極辛勤既畢婚嫁卒保田園守志四十五年卒

潘壽世妻笪氏年三十夫故家貧撫八歲孤忍饑耐寒年九十一卒

潘西園妻紀氏年二十八夫亡苦節撫孤田周不墜年七十五卒
潘國韶妻陳氏年二十四夫故守節遺孤早逝撫姪如子其壻巨堅迎養陳食貧居苦卻而不往年七十四卒
潘家璜繼妻吳氏年三十夫故守節三十年卒
潘國紳妻巫氏年二十九夫故守節三十二年卒
潘家福妻笪氏年三十夫故守節撫孤卒年六十六
潘道隆妻吳氏年三十夫故撫孤成立年八十三卒
潘惟綸妻笪氏年二十五夫故養姑撫子終守苦節年七十五卒
潘生啟妻莊氏年二十五夫故守節撫孤卒年七十八
文生潘道長繼妻張氏年三十夫故事姑盡孝教子成人年六十六

十四卒
潘惟哲繼妻倪氏年三十夫故家道中落叠經婚嫁幾至凍餒卒得安全守節二十七年卒
潘惟豐妻陳氏年二十九夫故奉舅姑撫幼子不以貧窶貽親憂守節三十五年卒
潘惟智妻包氏年二十九夫故家無擔石儲忍饑耐寒撫二子成立卒年七十六
潘惟藩妻張氏年三十夫故守節事翁姑撫幼子喪葬嫁娶畢又盡償夫債不憚勤勞年六十七卒
潘生蘭妻陳氏年二十八夫故守節孤早亡撫孫成立年八十一卒
潘生譜妻管氏年二十四夫故子僅四齡苦守年七十一卒

潘自嵩妻巫氏年二十三夫故與孀口同列艱辛終全志節卒年五十一

潘自建妻紀氏年二十四夫故事衰姑撫子女備嘗荼苦年六十一卒

潘自周妻施氏年二十七夫故遺孤僅數月施奉翁姑營喪葬育孤子至完婚二十餘年子又逝撫週歲女孫至出嫁年七十有二卒

潘自壽妻陳氏年二十五夫故諸孤幼弱撫之成立勤勞不倦年六十一卒

潘一全繼妻倪氏年三十夫故遺子女六撫養成人家業漸裕精力盡瘁年四十九卒

尙德彰妻華氏年二十七歸尙一月夫亡守節孝養翁姑今年

八十雙目皆瞽里人賢之
趙憲忠妻笪氏年二十七而寡無期功之親一貧如洗以針黹爲生光緒丁酉卒年七十三
高士義妻姚氏士義避兵江北落水死姚年三十守節撫孤今年七十三
高建揚妻朱氏年十八守節四十二年卒
陳福仁妻朱氏年二十二守節茹苦含辛今年六十二
朱善高妻羅氏性端嚴年三十夫故典衣以殮矢志撫孤苦志三十年卒
顧正福妻趙氏年三十守節二十一年卒
夏良義妻張氏年二十二守節撫孤苦節二十二年卒
趙國紀妻夏氏國紀被賊擄夏年三十事姑撫子艱苦備嘗今

年八十三
周坤元妻趙氏坤元殉難趙年三十事姑撫子克盡婦道年七十九卒
韓世元妻劉氏年二十八夫故赤貧矢志撫子女年七十一卒
趙學芳妻錢氏年三十芳歿家極貧矢志苦守今年五十三
樊緒連妻朱氏年二十六守節今年六十一
朱一道妻曹氏一道殉難曹年三十矢志撫孤苦節二十一年卒
朱有高妻呂氏年二十八有高死難苦節四十一年卒
朱有金妻何氏年二十二夫故二子俱幼撫孤備嘗艱苦守節四十一年卒
陳慶庚妻李氏年二十二夫歿守節今年五十

王祥雲繼妻范氏年三十祥雲歿守節四十一年卒

王安純妻李氏年三十夫故撫孤成立苦節二十一年卒

楊德馨妻宋氏年二十四夫故守節十一年卒

蔣賁扶妻鄭氏年二十五夫故守節至八十五歲卒

劉仁隆妻倪氏年二十八夫故守節卒年四十一

陳福仁妻夏氏福仁殉難生子纔六月夏矢志撫孤備嘗艱苦今年七十二

楊元錫妻魏氏年二十八夫故撫孤成立卒年六十九

從九品銜楊啟堡妻許氏年二十四夫故撫孤成立卒年五十

陳惟鳳妻陶氏年二十五夫故撫孤成立卒年六十二

楊世懋妻邢氏年二十夫故守節今年四十八

李世儒妻張氏年二十五夫故守節同治壬申卒年六十六

文生駱道南妻裴氏年二十八守節撫孤三十年卒
文生蔣蘭芳妻湯氏年三十守節貞靜柔順至性過人撫孤成立勞苦備嘗年六十六卒
蔣景懋妻湯氏年三十守節卒年七十二
俞明慶妻蔣氏明慶罵賊被戕蔣年二十七守節卒年六十六
周恆智妻趙氏年三十守節持家謹厚舉止端嚴淡泊自甘辛勤無怨同治壬戌卒年六十四
周恆照妻趙氏年三十守節躬親機杼撫孤成立咸豐辛酉卒年七十二見總坊
周恆昕妻魏氏年二十九守節奉衰姑撫嗣子有化鴟爲鳩之量茹荼如薺之操咸豐癸丑卒年六十四
張敦和妻華氏年三十夫故守節今年七十二

包宗杏妻王氏年二十七夫故守節針黹度日今年七十二
文生駱肇驊妻王氏年三十夫故守節光緒己丑卒年五十六
王錦堂妻劉氏年三十守節光緒戊戌卒年五十七
吳遵旺妻蔣氏年三十夫故撫子成立守節二十二年卒
田由倫妻唐氏年三十夫故撫孤成立守節五十四年卒
曾艮華妻顏氏年三十夫故守志五十三年卒
朱明兆妻戴氏夫故守志時年三十二
朱之荇妻張氏夫死守志二十二年
王長炯妻胡氏年二十三夫故守志不嫁
朱善灝妻孫氏年三十夫故守節終身
王宜霖妻阮氏年二十四夫故守志五十年
王福丞妻蔡氏年二十歸福丞夫故守志二十年

王福仁妻孔氏年二十一夫故守志五十年
王祚漢妻袁氏年二十八夫故守節二十四年
王去文妻胡氏年二十二夫故守節三十二年
王福和妻丁氏年二十一夫故守節三十三年
俞時朝妻胡氏夫故守節三十二年
張延春妻茅氏夫故守節十一年卒
張餘瑶妻李氏年三十夫亡守節至今二十九年
戴永年母陳氏少寡節操彌堅孝事翁姑撫子成立
戴永昇母胡氏年二十七夫外出音信杳然胡撫八歲子守志
六十年
文生戴司文妻齊氏年二十六夫死撫孤守節二十一年
戴時慤妻倪氏年二十四夫故守節撫孤卒年七十一

戴藴玉妻蔡氏夫故年未三十守志撫孤

許治權妻朱氏年十五歸許孝事翁姑夫死事衰翁三年不懈以孝聲著聞

王子忠妻徐氏年二十九夫故矢志不嫁卒年八十五

趙大潮母夏氏青年守志撫孤成立境苦節堅至死罔懈

趙升熊妻侯氏年三十夫故撫女苦守不苟笑言今三十年

張國英妻談氏年三十夫亡守節四十一年

吳茂龍繼妻周氏咸豐元年夫故周年三十矢志苦守事姑以孝聞撫前子與己出教養無異勞逸必均族黨賢之

余紹寬妻邵氏咸豐元年夫故邵年三十教子成立苦節五十年

甘雲臺妻許氏兵亂時夫亡年饑無食苦志撫孤至成婚嫁守

志四十年
夏禮燦妻羅氏道光元年夫故氏年二十七矢志奉翁姑撫子女言笑不苟勤儉有方卒年六十七
周耀廷妾某氏夫故氏年二十九撫嫡女苦節今四十一年
監生王保貞繼妻張氏年三十守節卒年七十八
王守慶妻鄭氏年二十九守節撫孤今三十一年
朱某妻鍾氏年二十九守節
姚宏章妻章氏守節三十一年卒
姚景淦妻李氏守節三十年卒
姚景泗妻李氏守節三十二年卒
楊艮熹妻許氏年二十八守節孝事舅姑撫子成立卒年五十
楊艮楝妻李氏年二十三守節卒年三十八

楊明純妻劉氏年二十二守節饑寒無怨寡言笑卒年三十五
俞宏昭妻潘氏年二十二守節勤謹厚重不出戸庭卒年五十
四
經桐川妻王氏年二十一夫故撫孤成立守節五十九年卒
戴華農妻張氏年二十八夫故撫孤成立守節今二十五年
張餘謙妻畢氏青年守節紡績撫姪爲嗣
張長興妻謝氏年二十七守節撫孤持家立業閭門鄉黨咸稱
爲女中丈夫
張延德妻王氏年二十五夫亡無子守節不愧松筠
王宗棠妻周氏年二十一守節含辛茹苦凊白無瑕今年五十
一
華之緩妻芮氏年三十守節卒年六十一

李雲妻陳氏年二十六守節撫孤成立而卒
吳繼鍾妻孫氏年二十四守節卒年七十一
吳慶元妻湯氏年二十一守節卒年六十九
吳在新妻王氏年十九守節卒年五十四
吳基祥妻尙氏年二十三守節齎志而卒
周景泰妻馮氏年二十六守節卒年七十
周克用妻王氏年二十四守節卒年六十一
周舜臣繼妻湯氏年二十八守節事姑撫子艱苦備嘗卒年六十一
魏振善妻杜氏守節二十年卒
雍嗣行妻謝氏年二十三夫遠出貿易卒於途謝守節十年卒
雍應紹妻戴氏年二十一守節苦而彌堅年□□卒

文生雍慎元妻朱氏年三十夫亡苦守十年卒

經殿英繼妻吳氏年二十七夫亡守節矢志靡他年□□卒

楊純所妻朱氏嘗割臂療夫疾夫亡守節五十一年卒

湯正智妻楊氏年三十夫故守志三十一年

王維度妻沈氏守節四十年

吳德銓妻周氏年二十九夫故卒年六十八

端木賢貴妻沈氏年二十四夫故守志不二

文童陳慶雲妻楊氏守節六年卒

王志堂妻周氏守志三十七年

楊合遠妻臧氏年二十八夫故守節四十五年

竇昌瑩妻經氏年二十夫故守節三十年卒

竇尚瀛妻李氏年二十八夫故守志三十年卒

竇艮喜妻經氏年二十九夫故守志二十年卒
王士熙妻尙氏年二十九夫故苦節撫孤今年六十五
文生夌才煌妻張氏年二十八夫故守節今二十四年
文生魏元白妻韓氏咸豐三年元白殉粵匪難韓守節針黹度
日艱苦異常同治六年歿
潘帷盛妻紀氏年三十夫故遺孤數齡家道辛勤撫孤卒能有
成年八十卒
潘生宏妻王氏年三十夫故遺孤長僅六歲幼甫能言茹苦守
志撫孤成立年六十九卒
潘自琚妻唐氏年二十八夫故遺孤早死撫姪如己出年六十
二卒
潘自含妻張氏年二十八夫故撫孤守節年五十九卒

潘自德妻嚴氏年三十守節奉舅姑撫孤子畢生勤苦年六十卒

潘自耕妻巫氏年三十夫故遺孤甫三齡而翁死叔亡連遭顛沛巫矢志靡他保全孤子始得成立

潘一桂妻方氏年三十夫故遺孤二俱幼茹苦含辛卒以成立

文生張元熾妻周氏元熾同治壬戌陣亡周年二十九苦節撫孤成立今三十九年

王凝怡妻周氏年二十六夫故家貧苦志撫孤守節十八年卒

王貞安妻周氏年十九夫故撫孤女守節今四十八年

曹於敬妻馬氏年二十九夫故苦志撫孤政興成立守節二十年卒

曹政興妻吳氏夫早亡奉姑甚謹守節三十四年卒

陳德興妻劉氏年二十四夫故守節二十年卒
謝重昇妻周氏年二十八夫歿守節三十餘年卒
謝述鈞妻巫氏年二十二夫亡苦節二十八年卒
張茂福妻王氏年三十夫歿守節至今五十三年
徐繼倫妻王氏年二十五夫故守節四十七年卒已　旌
凌長恆妻戴氏年三十夫故守節九年卒
郭業煌妻張氏年二十七守節三十三年卒
田進明妻郭氏割股療父疾年三十守節二十年卒
王明會妻徐氏年三十夫亡茹苦撫孤針黹度日性貞介不受
憐恤守節二十六年
倪康烝妻黃氏年十九夫亡撫孤女針黹度日守節四十一年
卒

王式鉅妻陳氏年二十三夫亡守節四十年歿

王嗣曾妻許氏年二十四守節三十六年

陳誥妻楊氏年三十守節四十年卒

何政華妻笪氏守節十五年卒

趙獻鍾妻笪氏守節四十一年卒

趙階炯妻陶氏年二十四守節撫孤今四十七年

湯照蓉妻楊氏年二十五守節四十年卒

笪家仁母朱氏年二十九守節

笪國樑母朱氏年二十八守節

俞宜魁妻戴氏夫故無子戴撫嗣子如己出守節以終妾賈氏
亦以節著

陳治國母張氏年二十七守節今三十四年

陳臨順母高氏年二十八守節今三十七年
張美珠妻戴氏守節撫孤敎以義方後孫繞膝壽享期頤
張延春妻華氏年二十三苦志守節四十九年卒
廩生張時清繼妻唐氏年二十五撫孤守節玉潔冰清
張延瑞妻華氏青年守節邑侯宋公奬松柏堅貞額
張延綱妻朱氏守節撫孤謹執婦道
張延綵妻黨氏刲股療夫柏操霜節
張玉龍妻陳氏年三十守節撫孤勤苦四十六年卒
張美珂妻施氏青年守節撫孤成立豪強謀娶終不改志
張德鼎妻巫氏青年守節撫孤夜勤紡織朝課兒孫艱苦備嘗
至死不二
張乾生妻陳氏青年守節矢志撫孤

張美緒妻倪氏青年守節撫孤成立窮且益堅

張德立妻王氏夫亡撫孤無虧節操

張明儒妻王氏青年苦節撫孤成立

張道鏗妻周氏青年守節撫孤成立辛勤不懈

張延鎬繼妻王氏青年守節矢志靡他

張美永妻王氏青年守節邑侯奬勁節凊風

張餘烋妻許氏守節撫孤端嚴勤儉

張餘熊妻謝氏青年守志茹荼自甘事孀姑孝敎孤子嚴鄉黨稱之守節二十年卒

文生張元浩妻滕氏青年守節無虧婦道

張餘高妻陳氏守志辛勤紡績撫孤成立

張棟妻尹氏青年守節勤苦撫孤

文生張進妻王氏守節撫孤冰霜厲志
張慶山妻丁氏年二十九夫亡治家教子貞靜賢艮苦節二十
五年卒
張餘蛟妻王氏青年守節紡績教子
張慶悉妻王氏年二十二守節撫孤成立
郭敘倫妻夏氏年三十苦志撫孤守節四十二年卒
楊照泰妻嚴氏年二十三守節五十年卒
孔憲增妻朱氏青年矢志以針黹度日養子成立子亡又撫幼
孫卒年七十四
朱式禟妻楊氏年二十六守節撫孤三十餘年殉難貞烈附傳
趙盛銘妻王氏刲股愈翁疾又刲股療夫年二十三守節六年
卒

駱敬臺妻高氏年二十九守節撫孤事姑極孝
戴敬儀妻曹氏年三十守節今二十二年
夏艮明妻王氏幼無父母寄養於夏年十七成婚二十六夫亡
只一幼女窮餓乞食不改其志苦節十三年卒
陳懋筌妻王氏二十七守節今五十七年
衞昭崙妻許氏苦節撫孤三十餘年
王運振妻胡氏子宏艮妻周氏兩世孀居守志數十年
王永禮妻樊氏夫死撫妾子二十餘年
趙湖妻胡氏青年苦節自誓與九十之姑相依爲命撫四子成
立
趙明昌妻許氏明昌蚤死家極貧許事姑撫子矢志苦守
徐家安妻裔氏年二十八守節今三十年

武生曹家謨妻楊氏年二十七守節奉二老撫兩孤成立
曹宜明妻孔氏歸宜明甫數年夫遠遊不返家貧子幼孔代夫撫養備歷艱辛苦守四十餘年
曹宜緝妻孔氏年三十夫亡紡績撫孤苦節四十餘年卒
曹宜齊妻魯氏年二十九夫亡家貧紡績撫孤子又早亡苦節以終
曹施琳妻郭氏夫早卒家貧守節立姪于鑑爲後辛勤備至里黨稱之
曹於懷妻吳氏夫故守志撫孤成立
曹政潤妻周氏守節撫孤
周貞明妻陳氏年十九守節今三十三年
蔣傳春妻華氏年二十七守節二十年卒

尙有章妻沈氏年二十五守節十六年卒
尙天懿妻趙氏年二十一守節五十年卒
周雲鵬妻趙氏年二十八守節四十三年卒
周煥羣妻王氏年二十九守節四十四年卒
唐序長妻徐氏年二十一守節二十七年卒
沈篤信妻駱氏年二十六夫故撫遺腹子成立茹蘖飲氷卒年五十八
趙永林妻徐氏年二十八夫故守節四十八年卒年七十四
文生朱兆儁妻巫氏夫故守節三十年卒
經瑾繼妻毛氏年二十五夫故守志今年五十六
趙仕妻曹氏年二十四夫故守節事舅姑以孝聞
趙克剛一作綱妻許氏年十九夫故守節三十年撫孤成立

趙文美妻曹氏年二十四夫故撫幼孤事翁姑以孝聞
趙一邦妻許氏年二十二夫故子幼甘貧撫孤守節以歿
趙東達妻王氏年三十夫故守節二十年卒
趙家元妻許氏年二十五夫故事姑撫子守志三十餘年
趙國書妻許氏夫久客不歸家貧紡績餬口撫子成立守節終身
監生張存毅妻阮氏孝事翁姑撫孤成立守節終身
張延凖妻夏氏年三十夫故撫孤成立守節四十二年卒
張道樓妻王氏年三十夫故以針黹度日撫孤成立守節以終
張延通妻經氏夫故無子撫嗣子如己出守節終身
張德慎妻章氏年二十八夫故守節四十八年卒
張延斌繼妻笪氏夫亡守節經營家計訓子成名勤儉終身

廩生李德言妻陳氏年二十夫故守節四十年卒
王仁芳妻吳氏年十七歸王二十三歲守節卒年七十
李德鴻妻經氏年三十夫故守節卒年七十
楊禹章妻張氏年十七歸楊二十夫亡守節卒年七十有一
楊國仁妻吳氏年十九歸楊二十四夫亡守節卒年六十三
楊徵儒妻王氏年十七歸楊二十二夫亡守節卒年六十
楊浩之妻張氏年十九歸楊二十夫亡守節卒年三十二
李艮嵩妻尤氏年二十一適李二十七夫亡守節卒年七十
李修鼎妻戈氏年十六適李二十五歲夫亡守節卒年五十四
周聖宇妻芮氏年十七適周二十夫亡守節卒年六十一
周履宏妻李氏年二十一夫亡守節卒年八十
周世元妻鍾氏年二十一適周三十歲夫亡守節四十年卒

周美瞻妻王氏年十六歸周二十七夫亡守節卒年九十
許維全妻李氏年十八歸許二十九夫亡守節卒年八十一
凌立元妻王氏年三十守節卒年九十
凌振煌妻張氏年十七適凌十九夫亡守節卒年八十六
凌彩章妻王氏年二十八夫亡守節卒年六十八
張餘福妻趙氏年十八適張二十夫亡守節卒年三十六
胡玉屏妻張氏年二十一歸胡二十二夫亡守節卒年四十八
王家驪妻趙氏年二十適王二十九夫亡守節卒年五十七
張朝斌妻田氏年十七歸張二十夫亡守節卒年三十六
宣鳴虞妻朱氏年十八歸宣二十四夫亡守節卒年五十四
宣修來妻潘氏夫亡守節五十年卒年六十七
周基賢妻曹氏夫亡守節十四年卒年三十八

張美廉妻章氏年二十九夫故孝養翁姑撫孤成立家極寒矢志不渝守節以終

黃某妻朱氏年二十九夫故事上盡孝撫孤成立完節以終

趙恕洪妻莊氏夫故矢志撫孤艱苦備嘗守節三十三年卒

趙廣善妻吳氏夫故孝養翁姑撫孤成立守節十九年卒

趙克敏妻包氏夫故經營家政教子有方守節二十七年卒

趙汝康妻周氏夫故守節四十二年卒

趙裕珄妻施氏夫故撫孤成立守節四十年卒

張美奎妻王氏年三十夫故事姑以孝聞守志四十四年卒

陳明照妻陶氏年三十夫故孝事舅姑撫孤步雲入泮守節五十餘年卒年八十餘

陳人賢妻巫氏夫故孝事舅姑撫孤成立經理家務井井有條

宗族以賢婦稱之卒年六十七
王開芳妻梅氏年二十七夫故奉姑撫子守節三十年卒
夏智錡妻姚氏年三十夫故奉孀姑撫幼女苦節十一年卒
秦福保妻王氏年三十夫故撫孤苦節三十三年卒
秦文蔚妻仇氏年二十八夫故撫孤苦節十九年卒
張美成妻阮氏于歸兩月夫故事舅姑撫遺腹子守節終身
邱承讀妻許氏年二十九夫故守節二十二年卒
劉繼志妻樊氏年三十夫故撫三子成立苦節三十二年
夏魯璠母周氏年二十四夫故撫孤成立孝事翁姑守節二十八年卒
王正法妻夏氏年二十四夫故守節四十二年卒
王元瑎妻朱氏年二十夫故守志三十二年卒

經宜潼妻楊氏夫故事翁姑以孝聞守志五十年卒
竇士貴妻蔣氏年三十二夫故守志二十一年卒
蔣大方妻徐氏年三十夫故守志四十五年卒
陳昌時妻杜氏年二十七夫故守志四十三年卒
陳經蘭妻某氏年二十六夫故守志五十四年卒
杜文喜妻張氏年三十夫故守志四十五年卒
趙開連妻潘氏年二十二夫故守志五十五年卒
方宜鶴妻趙氏年二十入夫故守志三十五年卒
杜德懷妻陳氏年二十夫故守志撫孤三十六年卒
杜文祿妻羅氏年二十三夫故守志五十年卒
梅丹書妻王氏年二十九夫故守志五十年卒
杜文郁妻朱氏年二十七夫故守志二十年卒

張昭經妻石氏年二十四夫故守志二十八年卒
梅汝厚妻某氏夫故撫孤逝儼成立里黨稱爲孝子完節以終
戴士寶妻欒氏年二十四夫故守節三十二年卒
李永啟妻任氏年二十二夫故守節三十二年卒
經汝瑚妻張氏年十九夫故守志六十五年卒、
朱和貴妻陵氏年二十八夫故守節二十二年卒妾某氏年二
十二守節十一年卒
戴利舒妻朱氏年二十七夫故守節三十六年卒
戴利壽妻某氏年二十七夫故守節三十年卒
戴利全母某氏年二十八夫故撫子成立苦節三十八年卒
戴亭赿妻芮氏年二十三夫故守節四十三年卒
戴利邦妻嚴氏年二十一夫故守節二十五年卒

戴利安妻朱氏年二十二夫故守節四十四年卒

戴亨武妻朱氏年二十二夫故守節三十四年卒

戴利裘妻鄧氏年二十六夫故守節三十二年卒

戴貞美母某氏年二十五夫故撫孤成立守節四十年卒

戴利厚妻某氏年二十八夫故守志三十六年卒

戴利欣妻某氏年二十九夫故撫孤守節三十四年卒

戴利慶妻某氏年二十八夫故撫四子均成立守節三十四年卒

戴貞琪妻鄧氏年二十九夫故守節三十一年卒

陳時焜妻俞氏于歸年餘夫故守節四十餘年卒

孫恩欄妻尹氏夫故守節終身

孫開洪妻戴氏夫故守節三十八年卒道光間　旌總坊

孫永岐妻倘氏夫故家貧以針黹度日養翁姑佐幼叔成室撫子女均有成立苦節終身

唐儒衍妻房氏年二十七夫故事姑以孝聞苦節四十三年卒

施某妻巫氏年十九夫故生遺腹子撫養成立守節四十年卒

張熙言妻李氏年二十夫故撫孤成立苦守四十餘年卒

監生劉鴻驤妻吴氏年二十九夫故撫孤子萬青入泮守志十五年卒

袁慶禎妻朱氏年三十夫故撫孤守節卒年五十二

駱道隆妻王氏廩貢生王錫藩胞妹年二十一夫故守節二十餘年卒

朱仁術妻王氏年二十八夫故撫二子均成立

朱克明妻孫氏年二十八夫故守節三十年卒

魏昌遐妻宮氏年二十八夫故守節二十七年卒

許家顯妻陳氏夫故守志數十年完節以終

孔昭鎰妻陳氏年二十夫故甘貧苦節積哀成疾而卒

孫有旰妻王氏夫故撫遺腹子未及成立而卒

朱廣生母王氏年二十一夫故撫孤成立備歷艱辛苦節二十餘年卒

監生鄭保齡妻張氏年二十七夫故孝姑撫女完節以終

夏禮錦妻朱氏年二十五夫故守節撫孤卒年八十三

胡甫之妻孔氏文生孔元觀女年二十四夫故守節終身

曹國治母貢氏撫孤成立守節終身府志誤作妻

張道儀妾楊氏年三十夫故有勸以他適者氏矢志守節終身

許珍瀚妻裴氏夫故家貧不能自活又遭寇亂寄居姊家守節

二十餘年卒

俞秉鈺妻胡氏年十九夫故守節入蘇州清節堂數年卒

王新蕃妻許氏夫故守志終身

王新斌妻許氏夫故守節終身

王明周妻胡氏夫故家貧撫孤成立守節終身

王明祚妻許氏夫故撫孤成立守志終身

王明伋妻孫氏年二十五夫故守志終身

王知洪妻衞氏夫故家甚貧守志終身

王運逄妻戴氏靑年守節孝養翁姑日夜紡績以供甘旨撫孤成立守志終身

徐克堅妻王氏年三十夫故家極貧守志五十五年卒

衞昭乾妻曹氏年三十夫故甘貧撫孤苦節四十餘年卒

徐超甫妻孔氏年二十二夫故事孀姑盡孝撫幼子成立年八十餘卒

楊浩妻張氏年二十口夫亡守節終身

文生陳步雲母陶氏青年矢志撫孤苦節終身

吳德林母王氏青年守節勤苦持家至老不倦

文童余紹植妻王氏青年守節矢志終身

許立勳妻吳氏青年守節孝養孀姑三十餘年卒

董國維妻朱氏夫故守節終身見續府志

董國經妻施氏夫故守節終身見續府志

余紹林妻周氏年三十夫故守節三十一年

倪春年繼妻徐氏青年夫故守志終身

王文明妻言氏夫故無子立姪爲嗣守志終身

仇顯玉妻范氏青年夫故守節終身
鄭榮興妻翁氏青年夫故苦節終身
鄭榮儉妻黃氏青年夫故艱苦完節以終
文童仇安霞妻施氏夫故無子撫二女艱苦守節四十餘年卒
李慶揚妻仇氏青年夫故苦節三十餘年
胡昌九妻呂氏夫故敬奉孀姑撫養孤子兵燹時雖衣食艱難矢志不渝苦節以終
謝忠懷妻張氏夫故撫孤守節四十餘年
顏興財妻顧氏夫故子朝貴甫二十九日家素貧撫孤成立守節二十餘年
武生蔡慶元妻王氏年二十八夫故守節撫孤三十年卒
監生王致中妻趙氏年十九夫故守節十八年卒

監生雍慈堯妻戴氏年二十夫故守節四十年

徐本固妻湯氏年三十夫故無子矢志苦守三十餘年卒

蔣榮綱妻丁氏青年夫故守節五十餘年卒

呂庠聚妻胡氏年三十夫故苦守撫孤成立光緒五年卒

呂庠椿妻曹氏年二十一夫故守節撫孤光緒十一年卒

呂懋開妻常氏年三十夫故矢志撫孤成立六十五歲卒

李世林妻徐氏年二十九夫故守節卒年五十九

黃兆璡妻芮氏年二十九夫故守節卒年六十六已　旌

文生王篤生妻經氏年三十夫故守節三十六年

廩生孔慶元妻王氏年二十四夫故守節撫孤越九年卒已
旌

許文英妻高氏年二十八夫故苦志撫孤完節以終

劉運煥妻周氏年二十二夫故苦志撫孤守節八年卒已　旌
劉燾妻吳氏年三十夫故撫孤守節二十一年卒已　旌
歐陽國學妻趙氏年二十九夫故守節四十年卒已　旌
武生曹牲妻李氏年二十七夫故苦節至八十七歲卒已　旌
曹政道妻石氏年二十五夫故撫孤苦節四十四年卒已　旌
曹政體妻張氏年二十二夫故撫孤苦節三十八年卒已　旌
李世華妻梁氏年三十夫故守節二十四年卒
高德遠妻劉氏咸豐十年夫被賊戕氏年三十守節以終已
旌
楊德新妻宋氏年二十四夫故孝姑撫孤內外無閒言守節十
一年卒
姚景韶妻朱氏守節五十餘年卒已　旌

姚景芳妻徐氏守節四十餘年卒已　旌
楊啟炯母戴氏年二十五夫故苦志撫孤成立守節六十一年
周恒樊妻戴氏年二十九夫故守節三十九年卒
楊學執妻高氏年二十五夫故守節三十一年卒
鄒我佩妻郭氏年二十六夫故守節三十七年卒
袁廷貴妻陳氏年二十七夫故守節三十七年卒
葛世清妻高氏年二十八夫故守節三十七年卒
從九品王貞益妻張氏夫殉難張苦節三十年卒已　旌
許聖經妻張氏夫亡守節今二十七年已　旌
監生王孟臨妻李氏夫亡守節二十四年卒已　旌
田進寅妻王氏年二十二夫故守節七年卒已　旌
曹全忠一作全志妻王氏守節十二年卒已　旌

周啟貴妻李氏年二十七夫故守志四十年卒已　旌
王怡曾繼妻徐氏年二十四夫故守志今三十年已　旌
吳志永妻王氏夫故子尙襁褓苦節撫孤卒年四十三
余紹棠妻楊氏夫故守志三十五年
宋（府志作朱）仁傑妻夏氏夫故守志三十九年
周存模妻陳氏夫故守志五十年
陳學貞妻步氏夫故守志五十八年
夏江保（一作將保）妻紀氏夫故守志三十年
趙道貞妻何氏夫故守志二十九年
陳德泰妻顧氏夫故守志五十年
張有賢妻高氏夫故守志五十年
朱廷恩妻徐氏夫故守志四十年

許善家妻李氏夫故苦守四十九年卒已　旌
張錦山妻淩氏夫故守志四十一年
監生尙世玉妻周氏年二十一夫故事姑孝守節三十一年卒
周貞炯妻李氏夫故守節三十六年卒已　旌
朱某妻李氏夫故守志四十一年卒
郭長卿妻孔氏夫故守節今二十三年
史啟椿妻梅氏夫故守志二十二年卒已　旌
曹國漣妻劉氏夫故守志五十年卒
吳大田妻王氏夫故守志五十三年
文生黃基治妻楊氏夫故守志十年卒已　旌
倪懷禧妻王氏夫故守志三十五年卒已　旌
王仁會妻陳氏夫故守志十八年卒已　旌

駱重慶妻段氏夫故守志三十八年

監生張定樾繼妻徐氏年二十七夫故撫孤守節十九年卒

汪昌榮妻陳氏夫故守志二十五年

武生李成槐妻王氏守志六十年已　旌

楊長蓁繼妻戴氏守志三十年

歐陽凝保母朱氏守志五十三年

朱家燿妻黃氏年十八夫故守節五十年

李世餘妻陸氏守志五十年已　旌

朱克任妻姚氏守志三十五年已　旌

朱克誠妻黃氏守志三十年已　旌

監生吳德源妻濮氏守志五十九年已　旌

監生吳德崇妻華氏守志十七年卒已　旌

戴治章妻王氏守志三十七年

汪昌堯妻章氏守志二十年

王利振妻華氏守志三十三年卒

王宜愷妻汪氏年二十夫故守志三十七年

紀朝滿妻韋氏青年守節撫孤成立卒年六十九

楊世煒妻吳氏年十八夫故守節二十四年卒

趙亮工妻紀氏守志四十六年卒

趙佑忠妻陳氏守志二十二年卒

田由家妻黎氏年二十三夫故守節四十五年卒

田由安妻唐氏年二十六夫故守志四十一年卒已旌

夏和森母紀氏年二十三夫故守志撫孤卒年六十二

笪惠堯妻楊氏夫故守節卒年六十七

笪晉倖妻張氏夫故撫孤成立守節四十年卒

笪美術妻某氏年二十一夫故守節三十三年卒

笪家彬妻張氏年二十九夫故苦節卒年八十五

笪厚富妻某氏年二十八夫故撫遺腹子成立卒年五十四

巫惠榮妻張氏年二十九夫故守節卒年五十九

陳道駿妻周氏年三十夫故守節撫孤成立

闞世林妻翟氏年二十八夫故撫孤成立卒年七十

闞永培妻王氏年三十夫故撫孤成立卒年六十七

巫鶴林妻湯氏年二十七夫故撫孤采薪度日卒年五十

羅興發妻李氏年三十夫故卒年八十二

侯正朋妻許氏年三十夫故家極貧撫姪如己出卒年五十六

葛全元妻陳氏年三十四夫故撫孤艱苦備歷卒年九十一

董某妻蔡氏夫故守志三十一年

陳俊妻趙氏夫故守志三十五年

華某妻戴氏夫故守志二十六年卒

趙應燿妻許氏年二十夫故守志撫遺腹子成立

文生駱秉離妻馮氏夫故守志三十一年

劉信誠妻張氏夫故守志三十一年

居榮華妻徐氏年二十九夫亡撫孤守節三十年卒

張祚善妻陸氏夫故苦節今三十年（繼妻）

阮傳霈（府志作傳霖）妻張氏年十九夫故撫孤守節十一年卒

朱克偉妻麗氏夫故守志十六年卒

朱玉卿妻王氏年三十夫故守節三十二年

駱道林妻丁氏年二十九夫故撫孤成立守節終身

朱克愼妻許氏夫故撫孤成立完節以終
周貞煉妻湯氏年二十八夫故守節二十年
周貞奎妻朱氏年二十二夫故守節十餘年卒
王正珩妻湯氏年二十八夫故守志三十年
王正益妻吳氏年二十夫故守志五十年卒
朱宜培妻陶氏年二十五夫故守志二十年
楊士林妻張氏年二十六夫故守志四十年
楊士賢妻王氏年二十二夫故撫子成立守志三十六年
楊士元妻戴氏年二十夫故苦節撫孤守志三十八年
黃中權妻葛氏年三十夫故事翁姑孝撫孤成立卒年七十
孫長廣妻王氏年三十夫故家極貧苦節撫孤卒年七十二
孫大勝妻張氏年二十五夫故守節事翁姑孝卒年五十六

孫啟才妻朱氏年二十八夫故以婦道自守苦節以終年六十

張德珈妻陸氏年三十夫故守節終身

王眾妻徐氏年二十三夫故守志三十三年

夏艮積母朱氏年二十八夫故守志二十五年

夏可錦母高氏年二十一夫故守志十九年

夏明先妻陳氏年十九夫故撫孤成立守志三十年

王正玉妻周氏年二十夫故撫孤成立守志四十年

夏國安妻戴氏年二十一夫故守志三十六年

王永艮妻張氏年十八夫故守志三十三年

王永育妻龐氏年二十二夫故守志二十三年

王元林妻章氏年三十夫故守志三十二年

王正裕妻周氏年二十八夫故守志二十年

周履全繼妻羅氏年二十三夫故守志二十二年
周恒桓妻高氏年二十五夫故守志三十二年
經榮堦妻楊氏年二十八夫故守志三十年
經正熺妻劉氏年二十八夫故守志三十二年
湯睿先妻經氏年二十二夫故守志三十二年
經學揆妾李氏守節終身撫孤成立
竇家賢妻趙氏年三十夫故守志十年卒
竇家化妻方氏年三十夫故守志五十年
竇士陸繼妻馬氏年二十夫故守志二十四年
竇士理妻孫氏年二十四夫故守志三十二年
蔣中柏妻趙氏年二十八夫故守志四十四年
胡允昌妻陳氏年三十夫故守志二十六年卒

杜世雲妻梅氏年十九夫故守志二十年卒

陳東如妻劉氏年三十夫故守志五十年

陳忠義妻邱氏年二十夫故守志三十六年

張耀妻趙氏年二十夫故守志二十五年

張啟壽妻衞氏年二十四夫故守志十九年

邱明乾妻朱氏年二十一夫故守志三十四年

陳粹中妻王氏年二十八夫故守志二十五年

朱家瑞妾某氏年二十二夫故守志二十三年

朱家燦妻欒氏年二十五夫故守志三十年

從九品徐德恆妻劉氏年三十夫故守志二十八年卒

張某妻楊氏年二十四夫故守志三十年

郭維烈妻夏氏年三十夫故守志五十三年卒

王嶷妻周氏年二十八夫故守志四十年卒撫孤成立教孫入泮
包老五妻某氏年三十夫故守志二十六年
黄修元妻某氏年三十夫故守志二十二年卒
戴惟春妻某氏年二十三夫故傭工自給苦節三十六年
周貞熡妻戴氏年二十四夫故守志三十二年
周恆月妻王氏年二十三夫故守志二十六年
經洪愷繼妻吴氏年二十七夫故守志三十二年
經宏紀母王氏年二十六夫故守志三十年
張裕遠妻王氏年十九夫故守志二十九年卒
王友桂妻端木氏年十九夫故守志二十二年
張玉琯妻陳氏年二十五夫故撫孤苦節二十一年

糜國春嫂張氏年二十三夫故守志二十六年

糜國洪母王氏年二十三夫故守志十八年

蔡祚增妻戴氏年十八夫故守節四十餘年

陳宏盛妻周氏夫故守志至老不渝

胡本艮妻周氏年二十二夫故守志終身

胡本進妻趙氏年二十八夫故守志終身

王居僑妻趙氏年三十一夫故守志終身

朱繼敖妻張氏年二十七夫故守志二十三年

蔡忠思妻戴氏夫故守志四十年

俞茂化妻張氏年三十歲夫故守志終身

俞宜標妻朱氏年三十歲夫故守志終身

俞士佩妾張氏年三十歲夫故守志終身

倪繼揭妻郭氏年三十歲夫故守志苦節以終
笪德吾妻陳氏夫故苦節持家撫孤成立
施艮慈妻姚氏年二十九夫故守節三十年
周文謚媳某氏年十九夫故守志三十四年
徐野亭妻田氏年二十九夫故守志九年卒
包某妻李氏孝事孀姑撫孤成立苦節三十一年
劉某妻周氏夫故以針黹度日守志二十六年卒
林萬興妻俞氏夫故守志五十一年
俞宜楨妻戴氏夫故守志三十九年
俞迪瑚妻戴氏夫故守志四十二年
俞正申妻曾氏夫故守志三十一年
俞之玒妻許氏年二十四夫故守志終身

俞之琤妻倪氏年二十八夫故守志終身

俞希源妻戴氏年三十歲夫故守志終身

俞義昌妻許氏年二十四夫故守志終身

胡德有妻俞氏年二十八夫故守志終身

李善志妻經氏年二十八夫故守志二十八年卒

倪熾善妻鄧氏年二十八夫故撫孤苦節二十三年

胡有堡妻俞氏年二十九夫故守志終身

胡有域妻陸氏年二十六夫故守志終身

倪繩珊妻許氏年二十一夫故守志三十一年

俞宗增妻聞人氏夫故守志三十一年

許海妻鄒氏年二十六夫故守志事繼姑以孝稱

王知廉妻徐氏年三十歲夫故守志終身

俞家瞻妻張氏夫故守志三十七年
徐知勤妻許氏年二十七夫故守志終身
俞秉美妻劉氏夫故守志二十八年
俞正培妻蔡氏年二十四夫故守志二十七年
俞時鎰妻王氏年二十四夫故守志十八年卒
俞秉第妻阮氏年二十一夫故守志四十二年
俞永量妻孔氏夫故守志三十七年
徐安立妻魯氏夫故撫孤孤卒撫孫成立
俞家槐妻許氏夫故守志五十年
王某妻倪氏年二十八夫故守節以終
趙家椐妻宋氏年二十夫故守志撫孤成立
徐在善妻張氏夫故守志四十八年卒

徐明倫妻曹氏年二十九夫故守志四十三年卒

楊國槐妻孫氏年二十三夫故守志三十年

朱宗科妻陳氏年十九夫故守志至今五十四年

徐時遇妻胡氏年二十八夫故守志卒年八十

徐來順妻劉氏年十九夫故守志至老不渝

胡近公曹氏年二十七夫故守節卒年八十五

胡雲川妻呂氏年二十二夫故守節卒年六十九

石於堂妻王氏年二十四夫故守節卒年四十五已　旌

夏耘妻張氏青年夫故守志二十年

王宇錫媳許氏青年夫故守志十八年

許文祥妻劉氏年二十九夫故守志四十年卒

劉惠堂妻陳氏青年夫故守志二十年

戴秀松妻王氏青年夫故守志二十餘年
監生曹鳳喈妻孔氏夫故守節四十年卒
李炳和妻朱氏青年夫故守志二十年
郭天言媳夏氏青年夫故守志十九年
劉靜齋妻張氏貧苦守志事親以孝聞
李德藎妻曹氏夫故守志三十一年
葛懋豫妻吳氏夫故守志二十四年
駱崇仁妻吳氏守節撫孤二十八年
王厚坤妻丁氏守節撫孤二十四年
歐陽咸祿妻朱氏夫故守志五十二年
戎萬康妻王氏夫故撫二子成立苦節以終
楊家財妻趙氏年二十九夫故守節今三十九年

潘雨山妻陳氏年三十夫故守節今二十五年

詹守坤妻邱氏年三十夫故守節今二十一年

湯佩熊妻陶氏年二十夫故守節今三十二年

朱忠安妻楊氏年三十夫故守節今二十三年

崔恩溥妻蔣氏年二十七夫故守節今四十三年

戴臣愭妻趙氏年三十夫故守節今二十三年

經學樂繼妻徐氏年三十夫故守節今三十年

經學榮妻駱氏年二十七夫故守節五十年

竇賢貴妻孫氏年二十夫故守節今年七十一

方渭溪渭淇一作妻潘氏年二十八夫故守志二十九年

葛大治妻朱氏年二十四夫故守志六十一年

張元賢妻朱氏年二十九夫故守志四十七年

侯正陞妻陳氏年三十夫故撫孤成立事翁姑孝今年七十五
李新盛妻趙氏年二十三夫故苦節今二十八年
陳道欽妻王氏年二十九夫故守節今二十年
蔡昌學妻張氏夫故守節撫孤今三十餘年
文家順妻張氏夫故守節撫孤今四十餘年
文生姚景濤妻李氏妾巫氏夫故俱守節今四十年
朱宣福妻劉氏年三十夫故撫孤成立今三十九年
居正魯妻笪氏年二十六夫故守節三十年卒
劉普繼妻楊氏年二十七夫故苦節純孝今二十九年已　旌
房道尊妻某氏年二十九夫故苦志撫孤今三十三年已　旌
曹於周妻王氏年二十九夫故苦節今四十八年已　旌
韓有領妻劉氏年二十九夫故苦節撫孤今二十九年已　旌

徐延茂妻陳氏年二十五夫故守節今二十九年
監生李炳南妻陳氏青年夫故守節十八年
曹文忠妻某氏青年夫故守節二十餘年
廩生何鴻儀妻凌氏青年夫故守節十六年卒
趙恕珍妻施氏夫故守節十三年卒
王榮生妻劉氏守節三十五年
田進春妻黄氏苦節撫孤今三十年
曹全仁妻凌氏夫故守志三十五年
曹全義繼妻吴氏夫故守志三十六年
張啟福妻湯氏年二十夫故守志今年五十一
黄明典妻俞氏事姑孝守節二十四年
文生黄森妻周氏青年夫故守節三十二年

陳啟益妻朱氏年二十八夫故守節三十八年
張照貞妻李氏年十九夫故守志五十七年
張學敏妻葛氏年三十夫故守志四十四年
張學乾妻蔣氏年三十夫故守志三十年
王祖懷妻張氏年二十五夫故守節今年六十九
胡之元妻俞氏年三十歲夫故守節今年五十二
孫恩楠妻蔡氏年二十一夫故家貧苦節以終
劉洪鈞妻汪氏年二十七夫故守志二十年
文生周恆明妻王氏夫故守志三十餘年
監生羅仁體妻閻氏年三十夫故撫孤成立苦節今三十年
劉鴻鈞繼妻陳氏夫故守節二十五年
許德寬妻黃氏年二十一夫故守節今二十六年

趙裕寬妻丁氏年二十八苦志撫孤今三十九年

俞光亨妻張氏年十九歸俞二十六夫故守節今三十九年

趙治忠妻韓氏年十七夫故苦志撫孤守節今三十二年

雍慈妻戴氏年二十四夫故事翁姑孝守節今三十八年

高公禮妻鄒氏年三十夫故守節今五十二年

高啟武妻張氏年二十九夫故守節今四十四年

郭業傈妻王氏年二十五夫故守節今二十六年

劉本善妻樊氏年三十夫故守節今三十餘年

文生巫毓雲妻笪氏年二十八夫故守節今二十六年

朱永鑑妻王氏年二十七夫故事翁以孝聞今年五十五

朱永瑞妻葛氏年三十夫故守節撫孤今年五十六

朱永儉妻王氏夫故苦節三十餘年今年六十

陶鳳澤妻劉氏秉性幽貞謹守閫範年二十九夫故守志撫孤今年九十
裔家修妻陳氏夫故欲以身殉因遺孤甫及週歲矢志守節撫孤今年五十
笪世守妻胡氏年二十夫故遺腹生一子矢志撫孤守節今三十年
笪美塾妻任氏年二十四夫故子甫六月守節撫孤今年五十三
陳定培妻李氏隨夫避兵江北夫故以幹濯針黹度日撫孤子女成立守節二十五年
田上志妻倪氏年三十夫故守節家貧無依賴仲弟族姪等周卹仍以縫紉助之今三十餘年

曹登瀛妻趙氏年二十五夫故守節今三十年

陳茂林妻張氏年十九夫故針黹度日守節今二十二年

胡道麒妻薛氏年三十夫故家極貧勤針黹度日撫二子成立守節今十六年

增生夏名揚妻笪氏年三十夫亡苦節二十五年卒

俞濂祖妻許氏年二十夫故守節數十年

文童張桂芬妻田氏年二十五守節今十九年

吳啟昶妻姚氏年二十二夫故撫孤成立守節今五十年

曹正才妻蘇氏年三十夫故矢志撫孤顯福顯祿成立今年七十四

朱聚生母譚氏年十九夫故撫遺腹子苦守今年六十五

譚施恩妻王氏年三十夫故家貧撫孤成立家業復興今年七

十六

劉義廷妻李氏年二十九夫故家貧以洗漿縫紉佐食撫子女成立今年五十二

李延熙妻楊氏年二十九夫亡矢志不嫁守節今年六十五

俞永量妻王氏夫故家貧奉事舅姑極盡孝養守志數十年卒

孔毓和妻張氏適孔六年夫亡矢志撫孤清潔自守姑滕氏性極慈愛張事姑盡孝內外均無閒言苦節三十年卒

趙東昌妻胡氏年十八夫故孝養衰姑撫孤子至有室復繼亡子婦許氏亦矢志守節未幾許氏又歿胡苦節勞瘁以終見續府志

裴球妻王氏太史裴鑑母也王爲邑中世族氏幼嫻詩禮于歸數載夫亡遺孤襁褓甫能言卽畫荻教之凡古昔嘉言懿行莫

不口講指授爲蒙養資故鑑發名成業蔚爲通人皆慈訓力也

里𨚗見其　紫誥榮封咸嘖嘖歎爲守節之報云

文生趙國典妻張氏年二十四夫故事衰姑以孝聞撫孤子成

立守節終身

趙從善妻孫氏年二十六夫故家赤貧傭工度日撫三子成立

苦節三十八年卒

廩貢生劉祚瀛妻李氏少通書史年二十五夫故守志撫孤長

晉長恆課讀極嚴卒能游庠食餼爲名諸生

俞迪福妻戍氏年三十歲夫故守志撫子家斌成立子亡媳戴

氏年二十一兩世孤苦完節以終

俞維森祖母尙氏夫弱冠時屢試不售遂游學不歸尙矢志獨

守撫子及孫均能成立完節以終

俞維森母王氏年二十四夫故守志奉孀姑撫孤子以終

倪長照妻胡氏夫故未及笄時姑亦孀居孝養兼盡與姑守節以終

周紹宗妻紀氏歸未三年夫以應試得疾卒時有遺腹矢志堅守未幾產一子名巨源敎養兼備遂入邑庠守節以終

文生駱之才妻王氏廩生王樸女年十九適之才越二年夫故守節撫孤子重蓮入邑庠完節以卒

徐某妻張氏夫故無子孝事翁姑和睦妯娌里黨奉爲女師守節二十七年卒年五十五又有同時守節徐張氏往來甚善數十年如一日人稱徐門二節婦焉

鄭保和妻許氏年二十九夫故僅遺一女撫孤姪如已出守節二十餘年卒

孔衍杞妻曹氏曹茂林女也年十六歸孔十七夫故越五月而生遺腹子命名側田曹氏撫孤成立守節終身

王承譯妻倪氏靑年夫故父母欲奪其志倪曰生與夫同室死與夫同穴此婦道也況姑老子幼耶父母感動卒從其志守節終身

監生董國紓妻蔡氏夫故守節撫孤成立慈祥和惠爲鄉里所欽子孫皆入泮人謂淸節之報見續府志

仇安治妻陳氏幼讀詩書長嫺閫範年二十二夫故事上撫孤備極艱苦卒年八十二

姚宏釗妻張氏于歸後宏釗卽歿母勸改適默默不語屢勸之憤然曰生爲姚氏人死爲姚氏鬼不知其他母慚而止完節以終

徐本賢妻倪氏秉性貞烈年二十餘夫爲粵匪所虜未卜存亡氏隨夫兄率孤逃難苦節三十餘年卒

徐立仁妻王氏年二十三夫病瘵王氏奉湯藥朝夕不懈越五年夫亡苦節以終

笪安經妻沈氏年二十三夫故守節四十餘年

笪繼泙妻王氏年二十四夫故守節三十八年卒

文童陳士科妻許氏年十八歸士科二十六夫故撫四齡孤以針黹度日苦節至五十七歲卒

趙廷璋妻倪氏伉儷甚篤經理家政亦極周詳年二十夫故撫孤獻鋼成立守節二十九年卒

駱文龍妻王氏年十七歸文龍閱二年夫故無子撫嗣子成立入邑庠事伯父母亦以孝謹稱卒年二十六守節八年已　旌

張定彬妻孫氏咸豐八年定彬病歿孫氏年二十六生一子甫襁褓家赤貧傭於某姓撫孤成立卒年五十二已　旌

朱澤洲妻高氏年十七于歸未彌月夫歿撫遺腹子長庚成立守節三十四年卒已　旌

朱恭禮妻張氏夫故守志二十八年張氏系名門夙嫻姆訓克勤克儉撫孤成立有和丸畫荻之風已　旌

徐道同妻劉氏年三十夫故撫女二以縫紉度日先是隨夫避粵賊居江北東溝夫故苦守年五十卒

笪廣元妻王氏年甫及笄歸笪半載夫亡守節事孀姑以孝聞

朱邦文妻王氏年二十一夫故無子食貧自守族黨稱之屢欲請　旌堅辭不受完節以終

王國材妻戴氏年二十四夫故割股和藥以療姑疾里黨稱賢

婦守志二十六年
陳萬程妻胡氏年二十九夫歿事翁姑極孝撫孤成立守節三十九年
王廷琪母夏氏夫病割股和藥以進夫卒撫孤守節三十年
文生黃厚芝妻王氏年二十四夫故撫嗣子如己出守節十六年卒
文童駱兆麟妻王氏青年守節撫孤子惟清入泮年八十乃卒
俞殿鰲妻阮氏年二十適俞三月夫即北遊逾年夫歿遺一男遂撫孤守節終身
俞漢翱妻王氏年三十歲夫故守志教子讀書成立人稱有柳歐二母之風
劉裕玖妻姚氏夫故又值兵燹撫孤成立苦節四十餘年

程忠恭妻陳氏年二十歸數月夫歿奉衰舅兼撫夫弟笑言不苟勤儉有常守節二十餘年

朱廣生妻夏氏夫故年三十撫孤成立今年逾七旬孫曾林立鄉黨咸云苦節之報

陳貞吉妻巫氏夫殉粵寇之難守節撫孤以終督學龍公旌貞松永茂匾額

吳位超妻張氏年十七歸位超閱數年生一子甫週歲夫故張時年二十七奉翁姑撫孤卒年七十二守節四十五年

張某妻田氏歸數年夫客死痛毀不欲生繼念翁姑在堂卽以針黹供甘旨翁姑終買地迎夫棺附葬鄉里稱爲節孝兩全

張長渭妻蔡氏年三十守節撫孤成立今三十六年

黃玉桂妻宋氏年二十二守節二十四年卒

黄以德妻王氏年二十六守節十六年卒
趙恩貴妻許氏年二十四苦節撫孤成立至今四十六年
張鶴年妾丁氏鶴年故時丁年二十七未生子女茹苦守節逾五十五年乃歿
文生趙清豫妻笪氏青年守節二十年撫嗣子成立光緒十二年卒督學溥良贈額節凜冰霜
楊開益妻王氏年二十八夫亡家無餘財或勸其改適王泫然曰若非垂白孀姑五月孤兒六齡弱女早從先夫於地下矣聞者莫不流涕苦節九年而歿
監生駱天駒妻居氏年三十夫亡撫諸孤成立茹蘗飲冰備嘗艱苦守節至今二十五年已　旌
趙宗棠妻傅氏夫故以縫紉爲生撫子成立子某殉粵逆難傳

苦節以終

監生王寶貞妻張氏夫故守節四十二年年七十餘而終督撫學三院彙　奏請　旌建坊入祀節孝祠

續纂句容縣志卷十三上終

續纂句容縣志卷十三下

邑人陳汝恭 張瀛 同纂

節婦二

文生王貞性妻趙氏年十九歸王二十八夫故時孀姑九十餘歲趙朝夕侍奉不離左右姑患風痺舉動需人趙色養扶持寒暑無間凡十七年如一日姑歿哀毀過情無不如禮族黨稱孝卒年九十一乾隆五年　旌

增生趙翀妾李氏年三十翀亡舉遺腹子先是翀多置姬妾共舉五男三女及卒諸妾青年皆他適李以一身撫養諸孤數十年如一日與媳尙氏均以節著尙氏國校妻見舊志乾隆十年旌

駱雲摩妻馮氏夙懷貞靜及笄歸駱奉翁姑曲承意旨翁病目劇甚馮隨夫侍湯藥者累月夫積勞成疾馮多方調治竟不能起疾革時執翁手不釋謂馮曰予不天行將謝世人子之職未

盡反貽親悲不孝孰甚素稔卿賢服勞奉養之責卿其代之馮大痛曰君苟不幸願從君於地下安用生爲繼念高堂垂暮倘缺奉養夫目難瞑乃免延殘息時年二十有五自是卻華鈿屏紈綺椎髻操作洗腆承懽而淚痕瑩瑩常在枕席閒也晝理家事夜則挑燈課子規勉懇懃厥後子能成立就職行人贈父如其官見前志封蔭　馮守節五十二年見呂志

朱萬發妻趙氏幼嫻母儀年十七歸萬發事上接下以婦道聞未幾舅姑俱喪從夫貿易金壇頗克家萬發廣交游酒漿脯醢咄嗟立辦年三十萬發病故諸孤俱幼趙矢志靡他攜孤支持弔奠發喪輿櫬旋里不以孀孤草率將事曁二子稍長課耕讀擇婚姻年逾六旬猶不暇逸二子均以安享高年爲勸趙曰爾獨不聞敬姜遺訓耶乾隆閒邑令林光照旌以額曰節操冰雪

文生倪達妻俞氏夫故誓志不嫁事衰姑以孝聞姑臥病三年俞氏朝夕侍奉衣不解帶久而彌篤姑歿喪葬如禮教嗣子如松成立乾隆四十三年旌給清標彤管匾額

文生倪如松妻裴氏幼事父母能得歡心適倪後伉儷甚篤如松性極慈和夫婦素無疾言遽色且好學不倦氏昕夕伴讀如松病瘵吐血亡裴矢志不嫁願甘艱苦孝養孀姑俞氏俞暮年得疾裴所有釵釧盡行當質以供湯藥伯姑胡氏爲夫之生母裴亦極盡孝道事如已母歿則哀毀盡禮克代子職亦爲制服三年乾隆四十三年　旌

張餘釆妻葛氏年二十四夫故守節言笑不苟孝事翁姑撫養嗣子溧陽劉倰旌給玉潔冰清額本邑孟倰又旌給霜嚴月皎額已　旌

孔興益妻李氏年三十夫亡僅生一女願甘艱苦矢志不渝撫嗣子無異所生訓女亦得姆教及長婚嫁之資皆出李手卒年六十乾隆四十六年　旌

張德崇妻宋氏年二十五夫故子甫週歲宋誓志不嫁孝事翁姑撫養孤子粗糲敝衣遇里黨貧乏之者必加周卹守節四十餘年卒邑侯宋公給清標堪式額並題其宇曰晚香堂已　旌

孔尚贊妻馮氏年二十一夫故撫遺腹子衍典成立娶婦未及一載而衍典又亡以堂姪衍升爲嗣家道中落氏艱苦備嘗完節以終

朱在晏妻周氏乾隆甲辰年三十在晏攖疾百計求方不愈焚禱於庭誓以身代尋歿抗志守義備歷艱辛三十餘年如一日渾金璞玉其德足比完人云

周西安妻張氏少孤而賢嫻於姆教年十八歸西安合巹甫十月而西安病篤侍湯藥夙夜匪懈未幾竟歿張哀毁骨立欲以身殉越六月而遺腹子生邑侯張公聞其節旌以額曰婺燦芝庭年未四旬溘然而逝

周均安妻孔氏貞靜幽閒善持婦道歸周數載均安卽死孔是時年甫二十有六撫膺嚎痛血淚沾襟欲以身殉舉家旦夕勸諭曰上有臨年之姑下有在抱之子皆賴汝以維持孔乃嗚咽聽命厥後婦兼子職母代父勞勤劬苦節凡數十年

曹施序妻張氏歸曹奉庭闈以孝謹稱未幾翁姑俱逝哀毁盡禮年三十施序亡張疊遭大故家計蕭條而操守彌堅惸惸孑立撫育兩孤長於福僅五齡次於壽猶呱呱在襁褓中乃戮力茹苦爲二子就塾晨昏督責不稍寬假厥後二子克紹箕裘嫞

居三十六年而卒同族曹家樑妻居氏夙嫻姆訓克全婦道氣和辭簡家貧不厭糟糠中年夫故矢志無他勤儉撫孤艱苦備歷數十年如一日焉俱乾隆時人

駱思錫妻王氏中饋能潔得舅姑懽心思錫病歿舅亦哀痛死王疊遭大故悲不自勝當思錫彌留時兩孤侍側乃指謂王曰吾季弟賢且智必能撫吾兒使成立但須卿善視之俾毋失恃王泣對曰子卽不言妾豈能謝責王事姑一如思錫事母端居閨閣嚬笑不苟未嘗有一疾言詎語待娣姒以和御侍婢以寛凡家有事及延師課子咸以咨於叔而叔亦撫其猶子如己子後皆成立王守節五十年古詩云瑤臺古冰雪爲妾作心肝死者儻復生剖與良人看若王氏者眞能克踐此詩之恉矣邑令旌以額曰柏操松齡

駱正紱妻王氏幼嫻閨訓端重寡言事父母以孝聞年十八歸駱夫年少劬讀成疾王侍湯藥備極辛勤而正紱病不起王號泣呼天願以身殉繼思舅姑年邁不忍益其悲乃免進饘粥操作如平時翁因哭子喪明王竭誠孝養及翁歿極哀盡禮夫兄病故遺孤成基王倍極愛憐不啻已出與姑相依如母女姑抱恙王多方調治藥必親嘗污必親滌夜禱神刲肱和藥以進姑疾頓瘳逾數年姑歿王責益重事無鉅細皆總其成家豐處約閨房肅然以從姪重臨爲嗣教養成立王嘗謂曰爾雖承嗣無異親生予視成基猶予爾當視若同胞自爾兩伯父歿後一切家務皆余經理寸絲粒粟未敢私爲已有諺有之曰遺子金滿籯不如教子一經余可告無罪於爾先人今而後余死目瞑矣翌日無疾而終守節三十七年　旌表建坊見呂志

駱正芳妻陸氏江甯庠生陸又績季女幼知書明大義聞人談忠孝節烈事輒喜比長孝敬勤敏生母張善病陸衣不解帶未嘗頃刻離年二十三歸正芳事孀姑蔣克盡婦道越七年正芳歿飲泣匱側痛不欲生繼念孀姑年邁遺孤肇麒甫五歲仰事俯育茹柏餐霜矢志堅守四壁蕭條煢煢孑立賴舅氏張潤輿憫其孤寡寄居其家資其養贍陸復以鍼黹之餘俾肇麒出就外傳如是者十餘年而女紅所入不敷修脯賴叔氏陸語新將肇麒置諸家塾與子姪同堂肄業越五年嘉慶庚申肇麒遂博一衿陸乃喜曰吾可報吾夫於地下矣雖然孤寡託舅氏之養功名賴叔氏之成此恩此德報稱艮難以後孤子自當獨立門戶豈忍復以身家相累於是肇麒賃屋授徒娶婦養親怡怡一室陸喜新婦賢嘗曰是善事我不負吾苦守一場矣年七十卒

守節四十三年嘉慶閒　旌道光乙酉學使辛從益額其堂曰完節垂型上元周開麒譔節略

尚祚奎妻周氏年十七歸尚明年祚奎歿周勵志守節性好施與凡有益於人者雖費多金不少吝數十年所爲義舉不可勝數當彌留時猶追憶曰吾里巷中平路工未竣是吾作事不終也呼石工至急砌成之乃瞑守節三十年乾隆戊戌　旌坊建西地邨

監生王壽南妻駱氏中翰駱琚之少女詹事駱允觀之妹也幼承家訓習詩書識大義年十八歸壽南壽南質弱以下帷攻苦得疾不瘳越一載歿駱號泣呼天誓與同穴繼念奉侍孀姑仲叔皆未成立乃節哀進饘粥勉承堂上歡仲氏斗南亦娶駱氏卽節婦從妹也與妹晨昏定省於姑前姑撫其妹而言願汝早

生子俾我孀居孝媳有嗣也及斗南生次子汝恂未彌月而繼嗣之汝恂幼多疾多方調護珍愛綦篤年八齡生父教讀施夏楚駱於屏後聞之掩泣心痛之而未肯乞恕以免其責也其望子成立人以爲愛而知勞自失所天終身茹素釵珥不飾和於娣姒御下以寬事姑謝極孝姑年逾六旬得偏枯疾朝夕扶持親奉湯藥歷三載無倦容每逢月之七日禮斗默禱願以身代及姑歿哀毀逾節由此抱恙亦鬱鬱以終迨汝恂補弟子員據四十三年苦節請 旌奬給清標彤管匾額崇祀節孝祠江都史倘書致儼爲之傳

劉燦章妻朱氏安基山人環屋皆山男婦力田朱于歸後從夫耕作積勞致疾不敢少休姑遇之悍孝敬無違夫因酒瘵死嗣子匝月亦卒有富賈欲娶之朱截髮自矢守節以終

寶榮侯妻吳氏西圩田家女事姑孝力作不怠榮侯病侍疾三年弗衰死則守節姑婦相依蓋常終日不舉火而借人分文無不償也年七十乃終

李又航妻施氏受聘而又航幕游于歸則又航垂斃因病迎娶俗名度湯事訖即回母家矣施請留侍疾疾瘥復殆則誓死守及卒翦髮納棺中奉姑以終魏升初又航友也屢賙之至是復吐其已售之田爲姑婦養贍而魏固貧士

曹施家妻張氏夫亡張年二十一子於堅在襁褓又有衰翁繼姑百般苦困張竟翦髮立誓甘以死守後子雖家破早亡幸延一孫人咸以爲苦節之報

曹以鵬妻張氏年二十五不育即抱姪爲嗣而僱乳哺之越五年以鵬死張矢志撫孤慈於內而嚴於外怙恃之道一身兼之

嗣子冠郎經營授室方期返哺而張旋逝守節二十年

曹宜昆妻周氏宜昆死周年二十六子才四齡氷節自矢撫子有成翁姑終養仍勤劬操作維持內外家計益饒人咸稱爲女中丈夫

俞可義妻王氏年二十八夫故家貧無子茹荼飲蘖淡泊自甘誓志守節有孤姪養輔幼失怙恃無所依賴王撫而養之視如己出後養輔成立子孫多顯達遂奉王爲親母崇祀節孝祠

俞之瑄妻王氏年甫踰二十夫故守志甘貧養姑撫子邑侯贈以氷霜勁節匾額之瑄兄之珂先之瑄卒嫂倪氏年二十八亦矢志同守

文生曹宜敏妻湯氏宜敏攻苦致瘵疾亡家徒四壁諸孤皆幼湯日夜辛勤撫之成立守節六十年壽逾九旬猶康強如壯歲

云

周克徹妻王氏幼知書誕時父某夢三書生坐堂上謂之曰爾事吾謹宜報以掌上珍及生遂名之曰珍年十七歸周事翁姑以孝聞越五載而克徹歿家赤貧乃設女塾於里中一時閨娃來就傅者不下數十百人王朝則分課女紅夜則兼講女誡數十年如一日南鄉婦女頗知禮義皆王所啟迪也卒年七十有

一

樊允墒妻紀氏乾隆時來蘇鄉人紀出名門夙嫻內則精鍼黹女紅及笄歸樊事舅以孝相夫以順而允墒早世遺孤二長甫八齡次生六日紀矢志靡他堅持苦節井臼紡績不憚煩勞俾兩孤均能成立君子以爲難能而可貴云

王知璠妻裴氏年十七歸王合巹之夕翁夢新人彩仗入門兩

旌前導曰子可邁父妻可榮夫翁異而喜之閱數月夫死裴即絕粒誓以身殉翁姑泣謂之曰汝有娠在若果生男非絕夫嗣乎乃止及分娩後竟得一女裴復泣曰今孤安在哉翁乃爲裴立姪爲子復諭之曰叔之子即爾之子也裴教養倍至恩誼侔所生閱二十年爲子成室娶媳生孫家道漸興人方謂曩夢之兆詎未數載子又病歿遺有孤孫尚在襁褓裴乃搏膺痛哭曰吾命薄矣何造物之弄人若是耶吾既無嗣汝不合置吾膝下吾實不祥有累吾兒矣聞者爲之惻然嘉慶二年　旌

孔興儉妻杜氏于歸後數年夫亡誓志不嫁安貧堅守撫孤授室娶媳生孫子因病歿媳以家貧無依復又他適杜又撫孫成立孫又早殀一生孤苦卒年八十三嘉慶九年　旌

朱蔭貽妻魏氏里人魏經垣女歸朱後婦道克修年二十七夫

亡魏矢志守節孝事翁姑姑亦魏氏爲經垣胞妹婦在母家爲姪女行姑以其嫠也特愛憐之而魏奉侍益謹怡聲柔色務順其心及退入私室未嘗不涕淚沾衣也蔭貽家燬於火魏獨後出竟無恙若有陰相之者魏生一女適宋氏早寡遺腹生外孫鍾靈每歲首挈子歸甯魏必留至歲暮母女相依教育遺孤勤苦備至宋氏一線之延魏與有力也魏性嚴重動循禮法自蔭貽亡足跡不出閫外凡七十年雖盛暑嚴寒竟日端坐無惰容孫曾入問安雖幼必起立不櫛沐不見也撫嗣子載謀如已出載謀奉母亦能盡色養自魏六旬至九旬誕辰載謀皆稱觴介壽舞綵承懽一時名公碩德或贈額或賦詩莫不千里郵書頌其賢德嘉慶癸亥請　旌於　朝建坊祠側庚辰春無疾而終享年九十有七

趙家福妻黃氏幼習禮儀諳書史善承翁姑意姑吳曰願汝媳似汝足矣夫死二子皆幼黃苦心勵志養老撫孤二子未就外傅即親授小學四子書朂以修身務本之學後其子游阮文達公之門遂成名士嘉慶乙亥撫軍某題請　旌表

孔世求妾唐氏吳之崑山人也世求以服賈僑蘇四十無子爲正室張氏所娶唐素知大義入門卑下自安與張志意相得雍容闈闥若姊妹然越二年生子象升甫兩齡世求驟卒於句容唐在蘇聞訃一慟幾絕偕張匍匐奔喪哀毀逾節時唐年纔二十四有欲奪其志者唐慨然以大節自持堅不可動甚至設謀竄取幾蹈危機張涕泣謂唐曰吾門所冀以不絕者惟此藐諸孤耳居此恐終有變爾遭變則子更何恃吳門親黨咸在今日之事當與爾速往無遲也乃挈孤子倉皇登車煢煢雙寡跋涉

長途行路哀之至蘇僦居山塘茅屋數椽不蔽風雨女紅操作晝夜不輟與張相對怡然面無怨色葢數十年如一日也追象升成立克盡孝養親抱兩孫卒年六十有二嘉慶間建坊

王仲昌妻趙氏南鄉高坪人孝廉趙蜀江姊也方其未于歸時仲昌抱危疾將不起而急求婚於趙氏父母遲疑莫能決詢之女女無難色及歸王甫六載舉二子而仲昌亡趙悲痛不已二孤尚在襁褓顧之愈覺傷情乃節哀順變矢志撫孤後十餘年兩孤俱成立善持家洎孫曾林立日見蕃盛人咸稱趙氏苦節之報云

樊益邦妻胡氏嘉慶時來蘇鄉人自幼性淑品端歸樊後孝事姑章未幾益邦死上瞻二老下顧弱息卒能矢志柏舟雖逢寒暑不廢紡織蓼辛荼苦皆備嘗之二女出配清門夙嫻閨訓孤

兒課以名宿不墜家聲芝蘭挺秀芹藻流芬實胡之功也苦心堅節卒年七十有四

朱廷士妻徐氏于歸後事舅姑以孝聞經理家政克嫻婦職待人亦極寬恕凡遇善舉必力行之廷士素有痼疾時發時止徐善體夫意侍奉湯藥寢饋不離閱數載生子顯功而廷士竟以舊疾卒徐哀痛欲絕誓志撫孤時家極貧二老又復垂暮徐日夜紡績藉供薪水先意承志能博翁姑歡夜課幼子篝燈照讀無間寒暑迨翁姑相繼歿葬祭如禮迨孤子成立家業日增人咸謂天報節婦之厚而節婦之心力亦瘁矣丹徒王公文治爲傳曰夫託孤寄命丈夫所難而徐上承祖宗之緒下延一線之傳不誠巾幗中之奇男子哉論者以爲知言

譚九成妻沈氏年二十九九成歿無子因翁姑在堂忍死守志

家室蕭條饔飧莫繼沈朝耡夜織以謀甘旨自食糟糠恆有不給戮力數載翁姑相繼逝一應喪葬皆出鬮籌附身附棺纖悉必備又有夫弟遺孤煢煢俱幼沈悉撫之長男以婚長女以嫁親愛既深幾忘其非已出也守節廿餘年卒

湯元誌妻戴氏與元鋮妻葛氏娣姒也元誌歿戴年二十四無出事舅姑以孝聞治家勤儉終身如一日守節三十九年卒葛氏年二十八夫亡矢志撫孤晝荻和丸以養以教孤子成立遂博青衿飲冰茹蘗姒戴同苦乃以子兼祧玉立亭亭諸孫挺秀現年六十有七均光緒年間 旌

朱顯鋙妻張氏顯鋙病瘵延綿數載張調治慇懃日夕不倦及卒張年二十九矢志撫孤含辛茹苦延師教讀務潔而豐張尤時加督責未嘗稍懈長達温嘉慶間補博士弟子員次亦成立

曁兩子又相繼亡弱媳穉孫伶仃孤苦及長媳糜氏柏舟同矢克嗣徽音復課兩孫讀書不倦皆英英玉立婚配成人鄉里咸稱朱氏之姑婦冰心霜操比節同堅云

王新坦妻姚氏年二十八夫故矢志撫孤閲十五年爲子成室娶媳某氏甚賢甫舉一孫尙未彌月媳病子歿痛不欲生旣而曰我死奚足惜奈吾寡媳何遂强進飲食宛轉爲病媳解之未幾孫亦殤因與媳同心誓守屛膏沐甘粗糲不出戶庭四十七年惟於宗廟祭祀必竭力從豐里人咸樂道之

朱顯昭妻樊氏年三十夫故守節四十六年寡言笑勤織紝敬奉孀姑撫養諸子俾各成立先是祖姑巫以守節終身建坊旌表道光己亥年樊復以節孝　旌

趙成均妻周氏年三十夫故守志撫孤成立卒年七十九媳監

生家彩妻王氏年二十三夫故孝姑訓子矢志不嫁或謂王年少恐不能守王聞之召親友至泣告之曰養姑吾分也撫孤吾事也守節吾志也吾何求哉於是羣疑始釋卒年七十五兩世孀居備極艱苦道光十三年姑媳並蒙學憲廖公旌給雙節聯輝匾額

張華年妻黃氏嘉慶癸酉黃年三十夫故遺孤三逾年甲戌大饑煢煢無告親故勸曰長學賈次繼外姓三出爲傭食指既分均得活毋徒坐槁也黃泣曰吾飲冰茹蘗者爲此藐諸孤耳而忍令遺散耶由是操作益苦漏至四下猶聞紡車聲軋軋不已寒風侵肌骨自骰以下僵冷若鐵日博升合炊糜哺孤而自啗野藿未嘗仰面作乞憐狀如是者垂二十年諸孤成立家稍裕約束最嚴諸婦無私財雖薄物必庋諸已室不命不敢取娣亡

遺猶子女二無所依黃乃撫之皆成人而姪長廉爲名諸生黃嘗告三孤曰吾旣食荼嘗蓼兒曹亦從苦境中出凡遇貧困力振之勿稍吝也三孤亦奉命唯謹傳家忠厚號善門云道光癸卯　旌建總坊

文生朱潞妻王氏候選州同王國元女賦性婉順年及笄歸朱遺嫁甚盛潞事親極孝謂王曰吾聞人子不有私財盍藉此以給家食王曲意承之至斥服飾質釵珥不以爲倦潞曰吾有婦如此吾無憾矣未幾潞因父病割脛肉傷筋事見孝友傳王亦諱言腿疾暗中爲之垂淚及翁歿潞以哀毀成疾王侍湯藥目不交睫者累月延至朞年而死王悲傷氣塞久之始甦是時家道已落二孤尚幼勤劬教子燈火熒熒機鳴軋軋與伊唔之聲相閒達旦歲以爲常王富家女採羅被縠不慣操作又匳贈充饒足

以坐享自歸潞後榷吉荊布有孟光遺風和丸斷機苦且倍之守節數十年重孫繞膝四代同堂人咸謂天之報施善人不爽云

曹於煒妻孔氏甫及笄歸曹性極純厚不數年於煒亡孔年二十六意欲身殉家人諭以有六歲遺孤在不可棄婦領之勉力撫育終日勤勤樸素自安每燈下機聲與遺孤讀書聲相應親族莫不難之而孔卒教孤成人茹苦含酸五十餘載守節四十九年己　旌

俞成富妻馬氏乾隆丙戌夫亡時年二十七茹苦守節撫三孤成立七旬設帨江蘇督學龔元鼎爲題寶婺星華匾額嘉慶己卯卒年八十

王定鋼妻吳氏年二十三夫故家貧以紡績養翁姑姑晚年患

足疾肌潰膚穢吳衣不解帶曲盡調治者三年如一日守志二
十餘年

張餘楷妻馬氏夫故守節張氏譜贊曰青年矢志皓首完貞旣
勤且儉亦惠而溫丸熊畫荻教子有成年屆古稀康健絕倫四
世同堂蘭桂森森竚看　寵錫表厥儀型道光年　旌

文生王紹曾妻胡氏紹曾家貧無恆產性鈍拙日夜苦讀三十
外始補諸生以訓蒙餬口所得館穀不供衣履胡慮累夫以鍼
黹助之夫故子甫三齡胡矢志守節撫孤成立學使辛公旌以
馨烈彤書額道光十九年　旌

周貞周繼妻陳氏事姑孝姑病奉湯藥必親嘗姑歿而夫又病
每夜持齋禱神願以身代如是者歲餘而夫復歿陳椎心泣血
憤不欲生嗣以子幼未能遽殉撫孤成立守節五十餘年有司

聞於上旌給奇貞異節之額卒年八十有四

文生郭佩璿妻李氏年二十九夫故翁姑痛子早卒幾不欲生李泣謂翁姑曰吾夫已亡不能復生尚有總角之孤幸賴翁姑暨伯父伯兄教之成立耳媳雖未亡人亦略識大義矢志無他卒能孝養翁姑撫孤成立守節以終

楊時忠妻朱氏年十七夫故孝事翁姑翁病篤朱刲臂求神翁疾頓愈翁姑後逝哀泣盡禮撫孤成立守節四十七年卒道光年　旌

李家儉妻蔡氏知書明大義年二十二歸李明年舉一子而家儉卽於是年病歿蔡悲痛欲殉以姑老子幼伯氏外出不果茹苦十餘年而子甫成童忽殤是時姑頹然尚存又忍死十餘年姑亡哀毁盡禮其後伯與姒相繼殂謝皆蔡力爲營葬畢因無

依倚寄居母家卒年七十二遺囑云在室二十餘年養生送死艱苦備嘗依母家二十餘年所積鍼黹貲無所用贖歸田九畝冀族中承嗣有人以奉祖宗祭祀其用心艮苦如此初道光己亥　旌建總坊蔡獨捐錢三十緡爲諸紳民倡人益賢之

文生凌明煐府志作烣妻張氏年十七歸凌十九夫故無子屢欲以身殉時祖翁姑及姑在堂祖姑泣謂之曰爾夫無子又鮮兄弟晨昏之侍奉孫在惟孫孫亡惟汝汝死則俱死矣汝欲捨身而不爲夫嗣續計忍乎否乎張乃止孝事孀姑及太翁姑曲意承歡極盡婦道擇族中之賢者立爲夫後撫如已出厥後姑與太翁姑相繼棄養張竭力摒擋喪葬如禮守節六十七年凡演劇迎神等事未嘗寓目卒年八十有六　旌表總坊

趙國鋒妻邵氏年二十三夫故兄慮其年少家貧子幼欲奪其

志邵向姑泣曰余一死何足惜奈姑老需人奉養子幼亦須撫育雖茹荼飲蘗所不怨也乃止守節終身見續府志

文生曹步洲繼妻王氏年二十七步洲歿王矢志守節撫前子錫疇以恩少補諸生教生子承源以義不少假借而承源亦孝謹無違卒以成立咸豐丙辰卒

朱在舒妻王氏朱賈於河南甯陵縣王氏歸焉椎髻挽車頗執婦道生一子而在舒歿王哀痛爲之旅葬家無擔石目無親丁母御諷其改志王泣曰生爲之婦死即背之吾不忍也且有呱呱將安所託乃間關數千里襁負其子行乞而歸朱故里集蓼茹荼苦節二十餘年鄉黨莫不稱敬焉

楊承兆妻張氏年二十承兆死遺孤在抱擗踴痛哭水漿不入於口死而復蘇者數矣家人慰之曰夫死孤子爲重若絕食母

子皆不得生毋乃斬夫嗣乎張始勉進饘粥矢志撫孤迨二十餘年其子又渡江覆舟而歿張泫然曰生不如死夫復何辭顧夫死而子孤子死而孫復孤夫死而身寡子死而媳復寡不死於前而死於後則孤孫寡媳復何所恃復紡績撫孤孫七年而張以疾終

田志蘭妻馬氏贛州府知府馬兆增妹也年十七歸志蘭越二年志蘭歿無嗣撫猶子如己出卒以成立咸豐閒寇亂馬渡江脫難亂定歸家人死亡殆盡所遺諸孫行孤苦伶仃一燈對泣馬噢咻撫摩紡績以育迨諸孫稍能返哺情殷報劉而馬已心血枯竭鬢皤皤矣教諭彭公督學夏公均以額旌其節年八十有三歿之日輓歌載道人以爲榮馬氏性端粹寡言笑不以顯族驕其娣姒當田氏鼎盛時粥粥若無所能及遭喪亂獨茹苦

育孤以綿宗緒洵爲巾幗之完人也光緒間　旌

俞天科妻濮氏幼嫻姆訓尚勤儉年二十歸俞逾歲舉一子甫三齡而天科歿痛悼欲絕顧在抱孤兒呱呱吮乳不得已忍死撫之性最孝又不敢哀號增舅姑悲問視愈極周詳惟清夜飲泣而已不幸遺孤忽殤濮悲憤不已又欲自裁賴長姒賢卽以其子嗣之且勸慰百端濮遂抑痛撫姪愛逾所生咸豐五年賊氛日逼濮渡江僑如臯之岔河鎭流離瑣尾中生計頗艱而濮節衣縮食一粟一絲未嘗輕棄戚族之避難來者則又竭力周之其嗣之子卒能成立家有餘慶咸豐庚申卒年五十有六

俞天和繼妻趙氏年二十一歸俞越八年天和歿子二長八齡次遺腹生光緒壬午卒年八十有八趙氏之嬪於俞也事姑彌謹姑或有某事未料理與欲言而未及敎令家人者趙輒早爲

之所悉稱姑意蓋以姑年老不欲以瑣屑重勞姑察其勤謹遂盡以家事畀之時天和羣季同居食指孔繁趙處之裕如娣姒間愛若同胞人以是賢之其御下也慈惠和平子姪婦孺輩有過不忍面斥其非而以善言規正之故舉家欽服親串及鄰里有困乏者苟知之必勉力周卹汲汲然惟恐稍後遭夫喪哀動行路舉遺腹子後以天和季弟無嗣俾兼承其祧咸豐丙辰句容城陷挈家渡江避難卒以虎口餘生壽登耄耋曾元繞膝舞綵臚懽而趙乃泊然歆然惟以積善訓子孫無幾微滿足意鄉里咸稱爲巾幗之特出云

戴臣塏妻周氏道光壬辰夫歿周年二十六誓志守節以從子立琳爲夫後疏食布衣持躬儉約避亂攜子至通州如皋縣之馬塘遂家焉及難平乃與立琳回里修墓因謂之曰吾族人遠

徒者眾不修家祠宗譜同族相視如路人何汝勉爲之立琳旋與族人成厥事其同鄉避難旅居馬塘者數百人周命立琳倡設會館置義塚於異地而聯鄉黨嘗訓子孫曰與其精明少渾厚不如渾厚少精明彌留時猶以是語爲勖今其子孫頗守之同治十一年卒守節四十年光緒二十一年 旌

武生俞金標妻楊氏嘉慶乙亥歸金標己卯夫故楊年甫二十二泣血盡枯誓以身殉時舅姑在堂知楊性烈不可以言勸惟時時邏察之楊求死不得遂決意絕粒舅姑揮涕以告曰婦人殉夫固奇節然有孤在則撫孤爲重實亦撫孤爲尤難汝子士琤未離襁褓汝今就死遺孤誰託泉下人其許汝乎於是始進飦粥節哀爲撫孤計飲食必教出入必稽有過必垂涕鞭撲亭亭玉立咸謂將於是子食報未幾士琤忽夭趙一慟氣絕逾炊

許時始甦諸娣姒環泣而請曰嫂忍死撫孤爲血食計也不幸夭折吾輩各以其子爲若子不愈於死而無後乎趙泣數晝夜始頷之趙性剛直而侍養翁姑則怡色婉容曲盡婦道若子姪輩稍有過失正言詰誡不怒而威俞氏至今傳爲家範云同治甲子歿守節四十五年

俞士珽妻楊氏諸生楊大瀛女也幼而淑愼嫻閨訓父母鍾愛之年十七歸士珽事舅姑以孝稱與夫相敬有德曜之風逾年生一子咸豐丙辰粵匪竄句容俞氏宅爲所毀楊隨士珽侍舅姑東徙流離瑣尾中動止不失閨範抵如皋之岔河因家焉驚魂甫定重立家室上稟舅姑之敎措之裕如戊午冬士珽遘疾卒楊痛哭欲以身殉旣念事親撫孤未亡人責也因節哀强食以慰舅姑逾三年舅歿事姑有加於舅在時未幾子又殤楊曰

吾忍死以有待者惟此襁褓中物耳今既殤吾何生爲姑勸諭之令冢孫兼祧以延士珏後光緒甲申楊卒年四十有八臨終遺言以歷年節縮捐入宗祠爲修譜資家故不豐而其志如此人咸稱有守而兼有爲云

從九品張永嘉妻李氏永嘉客吳門暴卒遺孤甫七齡李哀憤欲絕家人環泣勸慰忍死撫孤越二年而姪孤甫晬則撫之又十數年姪孤未成童又撫之咸豐間遭寇渡江轉徙無定李舉止安閒不以造次改度諸猶子婦皆呼爲孀而孀亦視之如子

妹適許少寡始終相依俾其孤成立守志三十餘年卒已旌

從九品張履成繼妻程氏知書嫻禮歸張事姑彌謹咸豐六年城陷履成憂憤成疾程刲股以療逾年病卒程矢志撫孤流轉避兵至淮而捻匪南竄倉卒登舟至夜風吹纜斷飄泊湖蕩中

不知所向程手撫諸孤則沈沈睡乃按劍危坐祝曰天苟不絕諸孤則風浪頓止俄頃嚮晨無恙雖在流離瑣尾中課子彌嚴後皆成立性慈惠姻黨中告貸或數十金或百餘金終爲所賺竟不之校而隨時推解更難悉數亂後家中落遂憂瘁卒計守節十年已　旌

顧仁貴妻駱氏貢生駱傳女仁貴舊賈於蘇婚後赴蘇輒二年一歸生子重熙甫三歲仁貴在蘇病歿駱攜子哭迎其喪至則已渴葬於彼一時屈於形家言未克歸瘞後丁寇亂遂淪沒駱至引爲絕痛仁貴歿後家無餘資駱以鍼黹易食奉姑教子必以禮法母家憐其貧稍資給之事或中阻亦不卹也重熙成童後以家貧貿易於揚州邵伯鎭既爲娶婦避兵鹽城生孫矣而重熙復病卒兩世皆以客死駱親遘此難慟不欲生寖以成疾

鬱鬱而歿駱以名家女讀書善唫詠其哭子詩云從夫從子兩成虛老去愁懷不易舒念我未亡身似寄有天難問命何如甚違當日殷殷意欲學前人咄咄書屋漏有神眞鑄錯何因寥落尙留予聞者至爲揮淚駱有苦相篇詩（晉人有苦相篇詩首云苦相身爲女見玉臺新詠）遭亂失去此出其子婦王氏所記又有雜感云釜冷烟寒苦絕糧腹中飢轉轆轤腸可憐最是牽衣子哭道鄰家午飯香駱苦節之貞至於如此守節時年二十六歿年六十有六重熙妻王氏王永年女歸顧後事姑極孝咸豐六年粵寇猝至邑境姑駱誓以身殉王冒死翼姑出中涂涉巨水幾及於溺每絕食輒多方致姑忍飢以進重熙以瘵疾卒於鹽城岡門鎮王時年三十遺孤尙在襁褓家苦酷貧姑駱度不能兩存回里往依母家王留依其季弟處與姑哭別哀動鄰舍至其子稍成立力能迎

養姑已早歿後每念姑輒爲泣下姑詩甚夥亂後多散佚王記其最沈痛者泣述於人即前二詩也王歿時年六十二始迫禍亂中侍夫疾繼扶其孤流離困苦有非人境所堪其姑有子而不獲其養王有子能養而身不及待所謂命也然兩節因此益彰云見興化李氏文集

華子朝妻吳氏子朝年二十歿於蜀中戚某扶其櫬以歸葬畢吳擬以身殉戚某曰汝夫臨死有言吾死亦命不足惜獨上有老親下有稚子吾妻性最烈恐不能養吾親存吾子耳汝奈何以一死殉之吳聞之益悲然自是始食粥轉勸舅姑舅姑憐其志爲節哀吳嘗暗飲泣不令舅姑知自食麤糲奉舅姑必甘旨教子嚴正書忠恕二字於座右曰兒曹早晚視此爲的此處世之要也其孝且賢又如此

吳志寶妻宗氏性情溫柔儀容端肅及笄歸志寶推恕宜家和於娣姒諸姪亭亭玉立愛如己出當時惟舅尚存宗進甘旨奉飲食較諸婦尤爲懇摯殆志寶倏然抱疾宗願以身代志寶謂妻曰吾病不起僅遺弱女爾憐卹之吾目瞑矣言訖而逝宗哀痛幾絕時年二十有六女一甫數齡淸夜孤燈矢志自守欲撫此孤女以報亡夫未幾一女又殤際此無聊柔腸寸裂宗仍正色謂翁曰婦人之義從一而終況舅已衰老子姪蕃衍敢有異志有玷淸節乎後修宗乘宗不忍亡夫無後遂以志長之子千桐爲繼云

夏昭相妻王氏年十九適夏甫三載昭相卽病歿遺孤未及晬家貧無以爲斂典鬻妝奩以備喪具紡績織紝以養孤雛教育成人爲之婚配閱五年其子又殀幸有孫已三齡王又爲之撫

養以一身撫兩世之遺孤艱辛備歷其節艱苦尤甚云

王逢公妻李氏年二十八懷娠五月而逢公卒李祝曰吾姑范氏所生者伯與吾夫而已伯已無子倘天不絕吾姑之後祈應孕男後果應禱生男其事繼姑蔡氏亦盡禮盡誠極其孝敬而蔡亦絕無先後之嫌與之懽然相得是眞節孝兼全者矣

王永茂妻孔氏年二十永茂死慟哭幾絕繼念姑老子幼不敢身殉綺羅環珮一時屏撤無故足不越戶限仰事俯畜一室怡怡守志四十八年卒同族王子仁妻吳氏及笄適王未幾夫故遂以柏舟自誓越五年亦詠同穴之詩云

王永保妻董氏年十九歸王嫁之日永保病甚草草成禮董親奉藥餌衣不解帶者半載夫亡哀憤欲殉旣念翁姑年老無人奉事不忍使亡人抱憾地下茹苦含辛守志十一年卒

楊聘所妻潘氏聘所死遺孕七月悲憤欲絕因念楊氏一線繫身存亡翁姑垂暮就養無人遂忍死須臾以盡其職及誕生男教之成立今其子孫昌熾人咸謂苦節之報云

張慶友妻成氏咸豐五年慶友遭寇餓死遺孤甫七齡成負之渡江流轉至鹽城傭工澣濯餬口亂後爲子授室以賢孝稱成年七十三卒

潘生春妻巫氏年二十二夫亡有遺腹子逾六月而生念舅姑老病奉之彌謹撫孤授室未幾子又云亡鞠育諸孫曲全孀媳迨至婚嫁再完而巫年已臻耄耋勤苦以終已　旌總坊

王文煥妻蔡氏姑少而早孀家計蕭條蔡歸文煥後即出奩中物以佐家用文煥就傅在外蔡處之裕如姑死之日形毀骨立痛不欲生無何而文煥又卒蔡守節十餘年以病終

周貞欽妻杜氏結褵未久而貞欽亡杜晝夜悲號勺飲不入口憤不欲生緣有彌月遺孤遂從父母翁姑勸哀稍節撫孤八年遽抑鬱而卒

戴有孚妻周氏年二十三夫死守志數十年子士仁厚重端方淡於名利依依膝下四十餘年人稱其孝

趙啟銛妻陶氏字素心性貞靜通翰墨能詩年十七歸啟銛閱十年啟銛歿守節撫孤孝奉重慈六年卒著有輓夫詩三十章情詞悲惻令人不忍卒讀唫稿甚富經亂散佚

高文寬妻王氏道光時夫故遺子一女二孀姑在堂家無寸積王年二十七勤劬事畜頗得姑懽越數年子又殤以姪爲嗣撫養成立苦節四十餘年里鄰賢之

許厚釗妻戴氏咸豐十年厚釗殉節死戴年三十隨夫兄弟避

難至宿遷飢軀蓬轉艱苦備嘗而辭氣謙和令儀淑慎姻黨稱賢

宋慶彭妻華氏年二十一慶彭歿遺孤二華憤不欲生終朝飲泣矢志無他惟以翁姑年邁竭力孝養兩遭兵燹九死一生依然乞食養親茹糵哺子患難愈歷立志愈堅卒年七十有七邑歲貢張澍堂爲之立傳

宋道生妻巫氏夫故青年守節矢志不二因已無出時以先人血食爲念兩遭粵逆之難珠寶金玉棄而不顧巫獨負家乘逃避他方迨歸里後宋氏之宗譜得以重修皆巫之力也論者以巫一弱女子當戎馬倉皇之際奔走不遑獨能自具卓識洵足流芳百世爲巾幗中之鬚眉者也

紀范賢妻張氏青年夫歿矢志不嫁叔某屢逼之張不從乃陰

與某潛謀入張室擁至尼庵張號泣呼救聲聞鄰里某懼釋之因得免還家愈加奮厲昕夕防衞衣食不給日以紡績爲生至老不渝一日早起謂里人曰今夜聞多神人來召我將與爾等永别矣翌日無疾而終時年七十有三

經章寶妻陳氏幼嫺姆訓言笑不苟年二十爲經氏婦二十七夫故茹苦含辛欲以身殉嗣以孀姑在堂無人奉養於是擯膏沐勤紡織極盡孝道時有勸其他適者陳乃泣而應曰身可亡而節不可變也吾惟奉吾姑以終吾身而已守節三十五年卒年六十二

張德周妻楊氏年三十夫故哀痛欲絶家人屢勸之旣而歎曰徒死無益上有翁姑下有子女遂矢志堅守日夜以女工度日事親撫孤孝慈兼盡閲數年翁姑相繼殁喪葬之費及男女婚

嫁之資皆出於手井井有條里人稱爲賢婦

蔣應鶴妻趙氏年二十四夫故有勸其改節者趙撫子泣曰婦之事夫猶臣之事君也君有難臣當險阻不避雖死勿惜夫有遺孤當撫養成立雖苦不辭諺曰忠臣不事二主烈女不更二夫明知立錐無地苟萌異志則一坏之土未乾數歲之孤何託此禽獸之行吾不忍爲也守節三十六年卒

駱道鴻妻朱氏幼失怙恃依外祖母家年二十適道鴻孝事翁姑宗黨無閒言未幾值粵逆下竄夫病疥疾臥床不起朱日夜侍奉寢食不離左右夫故無子女欲以身殉因念窀穸未安勉進飲食摒擋葬事避亂他鄉備歷艱苦完節以終卒年七十有三巳旌

蔣端書繼妻胡氏秉性温和素嫻閫範年二十三適蔣越三年

夫故矢志堅守艱苦備嘗雖未生育視族中子女姪孫等如己出守節四十年已　旌

陳學正妻步氏年十九夫故遺腹生一女步誓奉姑終身不嫁未幾其女病歿步氏父憐之勸以他適步峻拒不從堅守以終江甯太守劉公重其節孝給以貞孝垂型匾額兵燹後族人上其事於督學龍公復爲建祠　旌表守節四十三年卒

俞家斌妻戴氏自幼純孝年十八歸俞事姑以孝聞晨昏不懈未三年夫故決志從亡姑慰之曰爾懷孕倘得男是再造我家一綫之傳也戴不得已節哀進食後生一子撫孤成立苦節以終

俞應浩妻許氏年二十應浩遠出許紡績縫紉以供饘粥樵蘇薪爨悉躬親之如是者十年應浩竟以訃聞兄應檀爲之扶櫬

歸里許觸柩欲絶者屢栖墓號哭誓不欲生姑以撫養勸始進飲食許本貞淑不妄言笑至是終身未嘗見齒云

王嘉元妻朱氏于歸後孝養舅姑謹守婦道伉儷甚篤生子女各一年三十嘉元病臨終謂朱曰汝尚在中年我死汝可擇人從之朱泣曰妾乃名門之女況君已有後妾豈忍爲再醮婦乎誓死不嫁撫孤成立守節三十餘年

經士懋妻湯氏年三十士懋亡痛欲自裁家人環泣止之曰爾宜撫孤奈何以一死了之湯乃飮冰茹蘗忍死守節數十年俾孤成立而歿

徐克成妻胡氏年二十四夫故泣謂舅姑曰婦死輕於鴻毛惟二老年高孤兒無靠不得不苟延殘喘家極貧鄰有憐其苦節而饋送者胡堅辭不受婚姻宴會終身不與蓬頭垢面數十年

如一日也

駱崇益妻馮氏夫故遺有二子長甫三齡次僅四月家道赤貧孝事翁姑翁以教讀所入不敷馮以針黹助之嗣二子繼殤馮朝夕痛哭幾不欲生以翁姑在堂勉力侍奉甘旨所需不易初志卒以親老子夭憂鬱而卒

文生魏嘉榮繼妻周氏幼通書史夫故守節四十餘年兵燹時攜小女避亂萬山中流離艱苦亂定返里嘗啟女塾度日受教者咸婉娩雍容恪遵曹昭女誡光緒初年歿

陳鴻厚妻張氏監生張保濂次女年二十歸鴻厚事太翁及翁姑曲盡孝道宗族以賢淑稱閱四載夫病親奉湯藥衣不解帶者數月未幾夫故張即欲以身殉以有遺腹在乃止及一月果生一子張撫孤守節茹苦含辛咸豐六年粵賊陷城張挈孤兒

避亂鄉村以針指度日十年句容再陷張偕胞弟玉衡避居江北興化仍以針黹餬口及同治三年東南奠定旋里後子年已十二教養兼盡遂入膠庠食餼人謂清節之報卒年六十六守節四十三年光緒六年彭秦兩學博贈以賢同歐母額已　旌

石建聯妻劉氏歸石數年疊生兩子伉儷相得娣姒閒亦怡怡無閒稭寇犯順流離傾覆中琴鐘如故逾年建聯以瘵亡劉簡料喪葬苦志撫孤時年甫二十有四攜二子展轉至如皋城挑藜藿拾秉穗以爲食澣濯縫紝教養孤雛同族僑寄者未嘗助升斗惟舅氏稍稍資給之無何二子漸長相繼成家子婦亦孝敬其姑劉守節三十年歿

劉大昌妻駱氏文生駱長裕女性貞靜幽閒解文義歸劉後翁課子嚴唫誦達旦體羸咯血逾歲以瘵亡時咸豐紀元駱年甫

十九無子悲痛欲以身殉經舅姑屢諭乃止亂後翁歿家中落貧不能自存遂依母家以鍼黹作生計月吉必返問安畢潔滫瀡奉姑至令節亦如之姑病親視湯藥稍閒講古今說部中可喜可愕事以娛姑聽疾已然後去歷十數年如初姑歿哀毀盡禮服闋蹤跡稍疎然有故必還晚年多疾少食繡餘展卷自遣或玩索詩詞絕不出聲過其室微聞翻紙葉而已卒年六十一先數日出所積貲俾營喪葬終不以一毫累人邑歲貢張源作歌哀之

樊緒隆繼妻徐氏咸豐六年寇亂樊氏闔門殉難獨緒隆隻身流轉雉皋續娶徐氏閱三年而緒隆又歿徐年甫二十有二所生女三齡子才三月徐哀痛絕食旣念此呱呱千鈞繫於一縷我死孤不得生則樊宗頓絕乃勉進一勺勤女工爲生寇平出

所積貲扶櫬歸葬年三十有四以咯血亡
端木禮柏妻周氏咸豐九年冬歸禮柏周時年十九十年閏三
月城陷禮柏被虜周隨翁姑避亂流轉渡江聞夫遇害痛不欲
生自念禮柏旣無伯叔終鮮兄弟慷慨殉節疇奉高堂遂忍死
爲翁納妾王氏生子禮彬甫周歲王氏病歿乃僱乳媪長養之
亂定還里又六年翁病篤周親嘗湯藥朝夕侍奉克盡婦道翁
臨終謂之曰使吾復有子以綿吾家世系者汝之力也翁旣歿
姑楊氏衰老叔又穉弱周事姑孝撫叔慈待鄰里戚屬以禮賢
聲嘖嘖載道叔旣長周爲之完姻生子以繼禮柏後年五十三
卒疾綿惙時忽張目謂家人曰他事皆畢惟不能終養姑以盡
餘年是所遺憾姑感其純孝哀不自勝乃竭家財之半以畢其
喪葬周平生閨儀峻整遠族疎戚鮮有能見其面者守節三十

餘年所在足不越限鄉鄰報賽蜡祭等事以至念佛求神概不與焉其以禮自守又如此

劉本敬妻孫氏年二十八夫故遺孤甫六齡家貧姑欲奪其志孫矢死不從姑意解孫遂勤劬操作博姑歡心家業農日用撙節而不失先疇尺土姑卒爲營喪葬如禮撫孤成立既冠而婚克承先業守節二十三年卒

倪安瀾妻許氏年十八歸倪事舅姑以孝聞迨舅姑相繼逝安瀾哀毁成疾卒許年二十有九遺孤俱幼痛不欲生經人勸諭忍死撫之越數年而句容城陷許挈諸孤渡江避亂流離瑣尾中第以針黹度日適遭捻逆敗竄倉皇走匿幾蹈凶鋒蓼辛荼苦殆備嘗之亂定歸來孤漸成立稍磬烏私迄今令子克家孫曾繞膝光緒庚子卒年七十有八守節四十九年許端重温和

足垂母範尤爲閭里所稱道云

韓德鑑妻王氏歸韓未及朞年德鑑病歿王矢志守節事姑以孝稱姑卒季子幼噓寒問燠與姑在堂無異咸豐間爲賊虜王欲挽捄懼賊迫脅泣而退當賊之擾亂也家素封人爭持金帛去王獨取券契譜牒藏之及亂定謀修家乘舊譜盡燬惟王所藏無恙韓氏咸推其功夫弟德鈺憐其志篤以長子嗣之王撫如已出居家勤儉有法卒於光緒丙戌守志五十四年

劉道恭妻陳氏年二十三道恭歿遺孤甫離襁褓貧不能自存矢志戮力忍死撫孤越數年而粵逆擾亂流離奔竄艱苦備嘗然終不肯挫其節堅守十三年遽遘疾卒次年金陵克復其孤亦成童能自食力迨至壯而有室男女成行陳已不及見矣

胡本立妻朱氏夫死守志以縫紉爲生撫孤子讀五經畢遂流

蕩而死

胡近妻曹氏夫亡茹苦守節孝養舅姑撫育稺子以婦道而兼母道歷十數年如一日

胡德源妻許氏德源歿矢志撫孤節堅金石操勵冰霜追躅共姜有光女錄

文生駱濱繼妻王氏年十七歸駱奉太姑極盡孝養逾年太姑逝又六年濱歿遺孤三皆幼無擔石儲日夕勤鍼黹作撫孤計雖饔飧不繼不肯告貸惟忍飢操作其艱苦貞潔如此守志十餘年諸子漸能成立而王遽卒竟未食子之報已　旌

監生張澍妻王氏于歸三年生子五月而澍亡於蘇王年二十有四苦節撫孤將成立而王卽歿王性儉約不以絲毫累人命孤從叔受學雖訶譴鞭扑無幾微介懷嘗語孤曰汝能步武阿

叔吾目瞑矣守志十六年卒巳 旌

張洪妻王氏寇亂避居如臯歸洪亂定還里同治十三年洪病歿王年三十茹苦撫孤與母同居守節七年卒王性粹志堅雖顛沛患難中不作酸言苦態事翁奉母均以孝稱

笪敎誠妻張氏于歸後伉儷甚篤敎誠貿易揚州張持家勤儉待人亦極和厚當粤寇南竄時揚城米珠薪桂每有饔飧不繼者張昕夕焦勞凡於店内司事之人必善爲周旋日以縫紉洗浣所得之資以供日食張獨甘粗糲雖自忍飢餓怡然不形於色人咸感敬之年二十九夫卒張誓志撫孤依幼叔煦堂爲活茹苦含辛不辭勞瘁和於娣姒而嚴於敎子竟能訓子成立家業復振至今孫曾林立克承先業人皆謂苦節之報守志三十二年卒年六十有一

張餘發妻巫氏年三十餘發歿遺一子尚在襁褓有薄產粗足自給嫂遇之虐巫不與校且以甘詞媚之未幾子殤嫂仍加以非禮巫慟哭曰我之所以不死者以有此一塊肉可以延張氏之一綫也今無望矣憂憤成蠱疾而卒

王懷燮妻潘氏性幽靜伉儷甚篤年二十八懷燮以瘵卒遺腹生一女孀姑在堂家無恆產潘素工針指至是藉以度日一燈熒熒每至四鼓乃罷姑善於調攝奉甘旨不少缺已惟日啜薄糜苦節二十四年卒

姚行慶妻樊氏性温惠年二十八夫故一子甫週歲樊矢志撫孤以針黹自給雖斷炊無幾微怨言姑余治家嚴肅兒媳稍忤顏色即令之並跪樊不以身寡失婦職侍養務進甘旨余晚年諸子皆喪居嘗鬱鬱樊日約鄰媪與姑爲葉子戲以博其懽處

事周密有條理遇戚黨婚喪必親往助有憐其貧者欲酬其値則力卻弗受人咸以孝而能廉賢之

王宏潤妾李氏姑患痿疾李與嫡朱氏曲盡孝養宏潤歿李青年守節誓死靡他

文童尙德奎妻劉氏歸尙後旣勤且孝得姑懽心年三十德奎歿矢志守節奉姑愈謹姑愛憐之撫孤女及笄而嫁亦嫺母教孝事姑嫜劉現年七十一茹苦含辛四十餘年每祀姑時必敬必誠亦如在日仁孝純篤蓋天性云

周文元妻李氏爲丹徒湯岡望族李幼讀書明大義年二十四文元故無子李矢志守貞茹素禮佛足不出戶人罕識其面光緒閒周氏重修家乘請族長爲其夫立後以延血食其所立李所豫擇也遺產惟市廛一所日用所餘則以之修墓濟貧平居

喜閱勸善等書遇孀黨必舉以相勗現年七十餘

劉明發妻翟氏年十七適劉越十年生三女而夫故家無擔石惟時縫紉度日苦況備嘗其兩女先已字人惟幼女擇壻甚謹有勸其改志者翟憮然曰吾已忍死十餘年矣不應潔於初而污於後後幼女竟適士人辛勤拮据遣嫁旣畢所餘十指徵貲更置瘠田爲劉氏立後其明於大義如此守節三十四年

監生王啟誠妻陳氏寄居江甯府署側夫歿陳年二十九產未彌月日夜啼哭聲聞於府尊李廷簫內室因遣女僕詢問始悉陳矢志堅守願撫遺孤終身不嫁乃送入清節堂敎養孤子日以針黹自給至今二十年

陳友生妻張氏靑年矢志守節向在金陵貞節堂數十年人咸推重江甯太守李廷簫素聞其名因於出堂之期親爲酌酒插

花族黨以爲榮焉

文童夏萬山妻朱氏青年夫故子尚幼值粵寇陷城朱負子遠逃露宿蓬棲艱苦備歷一日避兵河岸有見而憐之者勸以他適朱指河爲誓曰河水可流志不可改竟得皓首完貞至今諸孫成立步履猶健人謂天之所佑云

文童陳炯妻趙氏年二十九值粵匪之亂趙負子女各一隨夫奔逃夫被賊執去趙罵賊被削去一耳趙仍罵不止賊遂棄於水幸不死遂挈子女乞食艱苦備至撫育成人守節至今四十年

經書田妻李氏年十七歸書田二十九夫歿事翁姑以孝謹稱撫嗣子如已出當粵逆猖狂嗣子方在襁褓中李懷抱幼子扶翁姑避地興化未幾遷亳州顛沛流離困苦萬狀現年六十五

守節三十六年

笪敎渲妻張氏年二十六夫故遺孤甫四齡撫育成立未幾子復病歿張日夜痛哭幾不欲生矢志堅守艱苦備至現年八十四守節五十八年

張子農妻王氏温柔幽靜善事舅姑年二十二夫故誓欲從亡或勸之曰堂上衰年將何依耶遂忍死守節除奉翁姑外足不出戶憂鬱成疾如醉如癡現年五十

劉運湘妻吳氏年十五歸劉兵燹時運湘懋遷淮北吳避亂渡江流轉尋至未幾運湘遘疾卒吳年二十九誓志苦守數年亂定出所積扶櫬歸里瘞祖隴旁茶蓼親嘗劬勞無怨現年七十守節至今四十一年

夏肇祥妻薛氏年十九肇祥死遺腹生男矢志撫孤甫成童而

子暴殤薛痛哭極哀淚下如血幸孀嫂王氏同居相愛同志相憐不令獨抱鬱伊肝腸寸裂也薛守節至今三十年

吳順達妻田氏邑廩生田上庠女母陳咸豐間殉難幼撫於從祖母馬年十八歸吳甫兩月順達歿矢志不嫁孝養孀姑勤於操作出針黹所積葬先世數匱性幽靜知書暇參內典夫族有遺孤無所託哀而育之過於所生後以未冠游庠逾年省試嬰疾舁歸卒於家吳之一脈斷而田寸腸裂矣守節至今三十四年六合黃渠爲賦吳節婦詩光緒間　旌

劉心惺妻張氏咸豐丁巳年十七歸劉時寇氛未靖新婚未旬日心惺卽怱遽赴蘇庚申賊陷城蹂躪東南張早失翁姑隨母家走匿山中蓬首飢軀未嘗一離親側歲晚展轉渡江始脫虎口父某作小經營不給張以針黹佐之有勸其改適者屢毀容

自誓及聞夫遇害屢欲身殉其母泣諭曰予善病諸弟幼弱惟汝是賴汝應念此忍死須臾張乃進食操作如初亂定歸又有以再醮迫者仍矢死靡他今年已六十爲夫立嗣以終餘年督學瞿公旌以額曰荼苦筠清光緒閒　旌

王宜增妻田氏文生田上林女也性貞靜嫻女工年二十歸宜增事翁姑以孝聞咸豐丙辰避地寶應時値歲凶饘粥不繼日以針黹佐供甘旨而翁姑之奉無缺戊午宜增亡田年二十五未幾翁卒流離異地舉目無親惟與孀姑相對飲泣朝夕之需皆出田手同治丙寅奉姑南歸廬舍盡遭刼火族有感其賢者除舍舍之無何姑又病歿田大慟曰我無生理非一日矣其所以不死者徒以堂上需人而翁夫骸骨遠在數百里外且夫又無嗣不得不苟延殘喘以圖扶柩回里爲夫立後耳光緒丁亥

因出數十年勤苦所餘爲嗣子成室因攜子渡江移翁夫兩柩與姑歸葬以完夙願已　旌

朱本和妻徐氏同治癸酉本和死徐年二十七無出有姑七旬室如懸罄比鄰憐之以改醮諷徐泣曰吾去誰奉衰姑吾志已決雖餓死不易也辛苦拮据以女紅謀升斗時進甘旨博高年懽撫從子嗣夫後里鄗賢之

夏長興妻劉氏年十七長興患喘延醫治疾藥每先嘗三月不解衣帶及卒守志盡禮家貧無嗣翁姑憐其少艾恐無堅志勸令改適劉痛哭曰婦無他求第願朝夕奉養聽親驅使而已由是椎髻操作晝刈薪夜捆屨鬻供甘旨逾半年翁歿孝姑愈謹姑今八十有七强健如常劉苦節孝養今已三十餘年鄉里憐之

俞紹譚妻楊氏性温厚寡言笑舉止端莊尤工鍼黹迨至于歸孝奉舅姑愛推娣姒年二十三紹譚歿遺孤甫兩月饔無隔宿糧楊悲慟氣絕一日始甦血淚盈眶撫兒不動始悟已死蓋斷哺久致僵臥也楊痛哭祝曰倘祖宗有靈禋祀不絕兒魂歸來須臾兒有啼聲守志益堅雖食藿充飢析薪佐爨含辛茹苦無怨言也今諸孫繞膝年六十有四矣

許維英妻王氏年二十有七夫亡痛欲自戕轉念襁褓孤兒無人收養乃立志撫之恩勤育子儉樸治家垂二十年而孤子立勳已冠遂爲受室新婦吳氏賦性温柔于歸兩載而立勳又夭吳年甫二十一嚶嚶啜泣悲哀悽楚聞者傷心暨遵母範苦節撫孤養志承顔稍釋哀姑沈痛王年七十有四吳年五十有二姑婦雙節直與冰雪同清云

朱元明妻許氏年二十七子二俱幼而元明暴卒許哀痛迫切質衣飾爲殯葬資事姑張愈孝謹寇至姑年逾六旬猝不及避被賊戕許倉皇攜二孤隨母家逃至太平洲賴以全活數載亂定歸改葬姑柩撫二子成立現年六十有九嘗與諸婦言及當日撫孤艱難之狀不覺潸然淚下也

陳賢昭繼妻徐氏歸陳年餘賢昭病故所遺前妻子女外無期功之親族人涎其少艾而饒家貲謀爲贅壻撫孤遽令他人入室正危迫間徐斷髮毀容矢死不二適徐母家聞信星夜赴縣鳴官事乃中止縣官矜其苦志備牒移送丹徒貞節堂守節俾免强暴徐青年勵節磨而彌堅晚近實罕覯焉

文生蔣敏妻湯氏年十七歸蔣舅姑在堂夫以苜蓿糊口湯奉養無缺賢孝聞戚里道光季年翁歿湯佐夫經辦喪葬無不如

禮咸豐甲寅夫遘疾亡湯年二十有八遺孤三俱幼奉姑育子備極勤劬越二年而句容城陷兵凶歲歉飛蝗蔽天乃挈諸子逃避江北寡鵠孤雛流離失所卒賴十指所出撫諸孤成人同治乙丑歸里嘗指諸子語人曰未亡人不惜流徙於死中求生者爲先世血食計餘復何望耶守節至今四十七年

笪名墉妻汪氏性端粹孝奉翁姑年二十四夫亡遺孕生男誓不再醮茹蘖飲冰備嘗艱苦而遺孤未冠又殤汪松柏之節久而彌堅現年八十

笪名增妻楊氏與汪爲娣姒行名增死楊年二十二生女未育節厲柏舟屏絕鉛華勤劬操作雖伶仃孤苦不怨不尤愛猶子如已出爲夫立後三鄉稱賢現年六十有八均光緒閒　旌

紀邦彥妻王氏于歸二十七月而邦彥歿王年二十二生子不

育期功强近中無承嗣者或以改醮爲諷王正色曰婦人以節爲重因無嗣而易操何以對亡人於地下由是食荼嘗蓼苦節益堅寇至隨叔姑避難江淮閒飢軀蓬轉百折不磨現年七十精力尙强健如故云

王元玗妻汪氏年二十九元玗歿遺子女各一汪茹苦撫之咸豐六年遭亂攜孤渡江流離顚沛備歷艱辛以鍼黹奉姑甘旨自同子女陷賊礪寇平歸里姑歿經營喪葬極哀盡禮迨子女婚嫁而汪已心力交瘁卒年八十

經華成妻駱氏文生駱中艮女年十七歸經姑病封臂肉和藥進獲愈華成歿駱年二十六無子痛欲殉夫姑泣留之乃矢志奉姑先意承志暇輒講說部以娛之姑卒哀毁盡禮外和而中俠親族有急必多方籌畫家雖日落不以關懷受人請託必苦

心戮力以成之人咸稱其佼佼有俠士之風云守節至今三十三年

劉志倫妻王氏年二十八有子三而志倫歿家無長物遺園一區灌菽蒔蔬鬻以度日姑卞性急一語不合輒批其頰王長跪謝過曲意承懽鄰里有不平者諷之曰爾姑甚惡爾何苦若是耶王曰否否姑因思子眊躁不堪倘拂其意更傷其心矣粤逆之亂扶老攜幼流轉四方終無二志卒年五十餘

衞根先妻湯氏年十七歸衞十九根先亡家無擔石堂上雙親相對啜泣湯悲痛欲絕又不忍以極哀傷二老心椎髻操作佐以組繡爲滫瀡資抱猶子爲嗣含弄於堂以慰其慟用意良佳而心彌苦矣現年五十有四

李福田妻王氏年二十福田亡毁容守志咸豐六年寇亂大飢

斗粟千錢所居距城稍遠戚鄰投避者趾錯戶外邨中老弱無所得食王慨然發倉穀數百石價減三之二悉數以糶懽聲載道逾月俱罄現年六十有八

戴立恕妻某氏楊巷邨人咸豐閒寇擾江南隨夫避亂至如皋夫臥病三載藥餌無資多方告貸以養夫死某年二十四孤苦無依不改其志麻衣椎髻傭工數載寇靖措資扶櫬回里歸窆墾地數畝僅能自給暇則掃室焚香喃喃誦佛至今六十有一守節已三十七年

陳其筠妻倪氏年二十歸其筠次年其筠歿倪矢志無他茹荼食蓼以鍼黹撫孤頗有姿首謠諑騰起謾謂倪必不能守倪知之益加奮勵絕鉛華屏服飾非大事不出閫守志三十餘年現年五十三

田上奎妻劉氏劉光裕女年十九于歸事翁及繼姑以孝聞未三載上奎病瘵劉奉湯藥唯謹繼姑性悍時加詬詈謬謂不能調護所致劉背人飲泣而侍帟幃則尤著婉容尋疾篤劉誓神刲臂和藥以進竟不能起一慟幾絕又恐酸心二老禁不出聲服事勤慎寢門內諸瑣屑必躬親之未嘗諉僕御然非劉服事則二老亦不適繼姑抱恙褊急尤甚劉扶掖按摩終夜不離側焚香告天願以身代刲肉進劑病霍然瘉越數年翁與繼姑先後棄世劉皆哀毀踰節自痛無出所嗣童騃不能發名成業悲憤無聊遂投繯以殉此同治季年事也計守節十五年邑人哀之僉謂孝義節烈一身兼盡云

王繩曾妻楊氏性至孝姑歿哀戚盡禮年二十四夫亡僅遺弱女痛不欲生以衰翁在堂勉勤事畜逾年翁病楊謹奉湯藥目

不交睫者月餘翁愈後顧念門祚衰微無人似續遂作枯楊生稊計甫添一丁而翁又逝楊獨能艱貞自守矢死靡他攜女局居一室比舍罕見其面有姻鄰知謂其質温順而貞不事造作有古淑媛風守節二十四年如一日云

王德棚妻孫氏嫻女紅通書史年十七適王次年夫即病故孫以夫家無所依摒擋喪事畢卽歸母家與孀母齊氏寡嫂曹氏同居課女弟子數人並勤十指爲衣食之資卒年二十七守節十年

五品頂戴駱文鸞繼妻李氏年二十五歸文鸞未兩年夫以瘵死李痛不欲生繼念姑衰需人侍奉勉進水漿因已無出撫嗣子過於所生後數年姑病李親調湯藥不遑寢食者數十日姑歿李哭如嬰孩之失父母卒以哀慟過情得咯血症卒年三十

六守節十年

唐章元妻汪氏章元殉咸豐十年難汪年二十八痛不欲生投繯者再均遇救不死家人力勸曰爾死不難其如翁姑之垂暮何且爾又無出旣死不遽斬爾夫之後乎爾深思之汪乃忍死事翁姑轉側兵火閒數年備嘗艱苦翁姑歿喪葬盡禮撫嗣子於襁褓中竟能成立守節至今四十二年

恩貢生試用教諭潘同繼妻徐氏下戍徐聘三女歸潘後持家勤儉撫前子以恩同晚年得咯血症徐謹視湯藥朞月不倦疾篤刲臂肉和劑以進稍痊踰數月乃卒徐哀毀盡禮撫諸孤均能成立守節二十年而歿

補錄節婦

夏大嵩妻曹氏曹副使之女也年十九歸大嵩甫入門克盡婦

道事舅姑惟謹絕無宦家驕矜之態無何大嵩致成羸疾曹朝夕焚香祝天願以身代病數月而卒曹年二十三日夜悲號一慟幾絕誓欲從夫地下舅姑遣娣姒伺之得不死而柏舟之志從此決矣宋家乘

趙惟統妻劉氏年三十夫卒苦節自矢夙興夜寐孝事翁姑年逾七十勤苦不懈南京禮部郎中梁廷棟儒學洪維仲各贈匾額一曰節孝兩全一曰柏舟矢節

笪泉妻陳氏夫亡守節延師教子克繼書香不替先業以上前明八

待　旌節婦

張延祺妻姚氏年三十夫亡守節撫子成立至今十五年

監生徐仁福妻周氏年二十五守節至今十五年

王德聚妻孫氏年十八守節至今二十年

文生駱崇鑑妻劉氏年二十四夫亡苦節至今十四年
駱崇壽妻張氏年二十四守節至今十四年
倪康轔妻戎氏年二十口夫亡守節至今十三年
戴敬澤妻某氏年二十口夫亡守節至今十四年
監生傅如寅繼妻劉氏青年守志撫孤入安慶省城清節堂
姬傅氏句容人適懷甯世襲雲騎尉文生姬長松青年撫孤守節

續補錄節婦

朱屋妻胡氏
朱稔妻巫氏
朱思度妻笪氏
朱邦硜妻笪氏
朱宗魯妻王氏妾王氏

朱文盛妻錢氏。
笪隆妻丁氏年二十四夫故時有遺腹閲兩月生男族長憐其少有勸以他適者丁截髮自矢屏膏沐不出戶庭撫孤成立守節三十二年邑侯聞之旌給異常貞節匾額
張學文妻趙氏年二十守節數十年卒
張麒妻鄒氏早寡守節玉潔冰清
張永楹妻高氏孀居守節善事其姑
張鶚翼妻高氏長山人青年守節撫孤成立
張以敬繼妻孔氏年二十七守節撫孤成立建坊入祠壽八十二順治時　旌以上五人采家乘
王旭昇妻阮氏年十八夫故痛不欲生誓將絕粒姑知其有娠勸之曰汝有遺腹汝忍違天以絕吾嗣乎閲四月果生一男守

節三十四年康熙六年　旌

何應乾妻王氏夫亡無嗣艾年守節矢志柏舟冰霜節操古今希有

何文浦妻胡氏夫亡撫孤守節青年勵志辟纑度日茹苦嘗辛拮据育子兒孫成立乃以壽終

何文綱妻王氏守節撫育姪孫善承夫志懿德可嘉

何旭初妻楊氏端莊誠一事祖姑以孝稱年甫三十夫卒子方十歲楊柏舟自矢節凜冰霜撫子成立克昌厥後丕振家聲

何文紀妻周氏子婦國聘妻潘氏姑婦孀居守節玉潔冰清以上均康熙時人未旌采家乘

戴爲憲妻周氏年十五歸爲憲二十三夫亡撫六齡孤子卒能起家殷富置良田以助祭祀知縣白公重周氏並及其子屢舉

其子赴賓筵周守節六十年如一日時人稱爲賢節婦云巳
旌按前志載一秀妻周氏傳略所載與此彷彿補錄於此待後參考

附載流寓節婦

趙德華妻計氏桐城人年三十德華死計苦志撫孤上有衰姑常抱病計侍奉唯謹姑現年八十四計孝養數十年如一日計患疾子復興無力延醫割股療毋平日亦克盡子職相近數村無閒言計現年五十守節二十一年居茅山鄉姜巴岡已五世

王永洄妻龎氏上元人年二十五夫故守節至今三十七年

王鼎昇妻葛氏上元人年二十九夫故光緒辛卯年三十二卒

王元裕妻李氏上元人道光丙午年元裕歿李年二十八守節三十年卒

蔣某妻許氏年二十六守節至今三十餘年

曹施富妻陳氏青年守節至老不渝人咸敬之

安徽補用縣丞許德登妻曹氏年二十六守節二十年

許文明妻孫氏年三十守節光緒二十六年卒年七十八

彭天益妻平氏年二十一守節至今三十六年以上均上元人

遇缺先補把總方振海妻王氏年二十四守節至今三十一年

沈泉之妻張氏年二十五守節四十五年卒以上江甯人

王開文妻丁氏年三十守節至今二十一年丹徒人

陳宣慶妻鮑氏年二十夫故撫遺孤成立守節五十五年

陳常樸妻鮑氏年二十三夫故孝事孀姑撫孤成立守節六十一年

陳養生妻方氏年二十二夫故撫孤成立守節三十二年

陳文炳妻沈氏年二十四夫故撫孤成立守節三十一年

陳文幹妻鮑氏年二十五夫故孝事翁姑撫孤成立守節二十一年卒

陳光煒妻鮑氏年十八夫故孝事翁姑撫孤成立守節二十一年卒

鮑文舉繼妻陸氏年二十六守節至今二十四年

巫長齡繼妻唐氏年二十二守節至今三十年以上均安徽青陽人

鄭仁善妻李氏年二十四守節現年五十光緒十一年旌安徽含山縣人

江蘇候補知縣蔣休堃妻張氏江西沿山縣人

蔡長學妻彭氏年二十九夫故守節至今二十五年河南光山縣人

續纂句容縣志卷十三下終

續纂句容縣志卷十四

邑人 陳汝恭 張　瀛 同纂

孝婦

汪有容妻徐氏望族女嫻姆訓喜讀劉向古列女傳事親至孝諸姑伯叔皆稱其賢及笄歸汪家中落椎髻操作能耐勞苦先意承志博舅姑歡遭歲儉出鍼黹所積以供甘旨已則挑藜藿和米煮粥飲之而已姑病百計求方不愈夜焚香祝天願以身代割腕肉和藥進姑霍然而身不離側目不交睫者已兼旬姑嘗語人曰吾非賢婦則病不起矣尙不知其血涔涔透羅袖也閱數年翁抱況疴醫不能療見姑愁慘之色痛徹心髓而又忍淚改容强爲寬慰夜深俟姑假寐潛禱神前刲臂以進翁恍惚間聞神語曰念孝婦至誠增汝壽算詰朝病良已二老垂白衰頽必進甘脃以勸食夜述故事以娛聽閒日邀親故與老人葉

子戲凡可以臚歡者必爲營致雖典質衣飾弗稍吝而尤能婉娩順從出於至性故內外交稱如出一口云

周宏聚妻孔氏孔尙高女性賢淑舉止端莊言笑不苟年十九適宏聚時宏聚諸弟皆幼家寒儉食指旣繁益形窘迫孔上奉翁姑下給家口幷曰外更勤女紅以供不給夙夜不憚勞瘁翁姑每自幸其家得賢婦焉宏聚性躁急當困乏之時輒自怨恚扼腕孔勸之曰窮通有時君能勤力甯遂無溫飽期耶第堂上甘旨不充此心惕然耳由是交相勸勉益孝敬勤耕織迨諸弟漸長家亦漸起諸弟婦齟齬孔諄切勸諭有不率者告之於姑遂成雍睦孝奉二人始終無間壽逾九旬四世同堂同族周儀辛母張氏事孀姑某氏至孝出入必扶持飲食必親進賢聲傳於閭里苦節式於鄉邦邑侯宋楚望表以額曰清操濟美時人以

爲榮

俞茂鯤妻阮氏少失怙恪遵姆教年十六歸俞孝事翁姑翁本饒裕因典鋪被盜知縣某與盜串供坐俞窩臟枉盜兩罪於是茂鯤兄弟奔走省垣控告上憲刻無暇晷翁年八十四寢疾阮親奉湯藥達旦不寐翁終一切殯殮喪葬親偕娣姒布置周密無稍簡缺時年甫二十有五茂鯤繼室張氏亦以孝聞姑患痿疾張奉侍唯謹能得姑歡一門賢孝鄉里豔稱之

俞承祖妻王氏歲貢生王泰廷女幼性柔順寡言笑習女訓兄嫂咸愛敬之既嫁舅姑在堂王色養供奉旦夕罔懈越十年舅歿事姑張氏益謹又九年姑得痿疾王日夜禱祈願以身代凡參桂之需王出衣飾典質購辦不敢分任於伯季其孝養如此承祖好施與凡族黨之貧乏者必竭力貲助王善體夫意夏施

帳冬施襖一一唯命

俞發祖妻王氏王受茲女幼從父習女誡女箴諸篇輒明大義凡於女工纂組繪繡皆臻精巧鮮能及者年十九歸發祖靜無違禮動必有節事舅姑尤孝謹旦夕侍奉非奉命不敢退凡有珍饈必親自敬獻假與亦不敢自私時嫡姑已歿繼姑張氏極愛憐之生子娶婦堂上甘旨王猶親自治飪不敢旁貸後張得瘻疾王晨起必適所問安親奉湯藥撫摩抑搔率諸娣姒而先之張病革王泣禱於神冀姑獲愈及姑歿哭踊哀慟聞者惻然

王新組妻汪氏生而靈慧父母鍾愛之及長針黹餘閒父授孝經內則女訓諸書過目成誦凡於女子大義悉皆解悟而尤工於鍼黹父母年邁無子女昕夕侍奉能代子職父母嘗相謂曰有女如此何遜於兒然女誠孝矣其如適人何汪聞而掩泣既

嫁事姑亦以孝聞撫前室所生子勝於己出冢婦以青年守志待之獨優俾完其節於四十年之中家本巨富汪猶以十指所出起居父母新組或謂曰何分涇渭乃爾汪曰姑以是盡吾心耳父殁請於姑迎養母氏以終天年居平御下有恩自待極嚴無故不出户庭目屏詞曲口絶諧謔命不推測疾不禱禳遇道姑巫女優婆等輩則望而卻走入廟燒香賽神觀劇人競趨之汪皆鄙夷而弗爲也病革謂子廷璟曰外氏無嗣吾久欲奉神主納於宗祠並置祀田若干畝俾永永祔食不替而族黨遠在徽郡此我之夙願所未償也汝其誌之厥後新安汪氏在蘇合脩家乘子廷璟捧外家世系詣局呈報捐資以助姑蘇彭啟豐云爾

王新縉妻李氏適王後孝事翁姑相夫有道翁好賓客喜酬應

飲食酒醴均極豐美時人每以小孟嘗目之李職司中饋一切布置不煩於姑雖極困憊口不言勞新婦亦篤孝侍父疾衣不解帶者累月李側行屏息祇伺庭戶有呼必至或永夜弗歸私室翁卒新婦積勞成疾未幾亦卒李侍奉孀姑聲色不少違忤平居執女工不釋手而女伴遊嬉佛會等事概不與焉

俞璟妻王氏年十八適俞時祖姑及舅姑均在堂王孝養兼盡因見家貧時以奩田數十畝出售所入之資以供菽水夫本業儒擬將就賈王曰上有重堂望君綦切幸勿自隳以慰親心夫因奮志上進不數載赴省應試適姑病甚劇王倉皇失措默禱竈神曰古有割股療親之事妾願效之遂割股肉和藥以進姑獲愈洎祖姑及舅姑先後下世殯殮喪葬之費皆出王手所有嫁貲及奩田盡鬻成禮遠近聞之稱爲賢婦

王厚森妻許氏厚森出繼堂伯爲嗣嗣父卒嗣母許以哭夫喪明厚森迎嗣母同居侍養極嗣母歡妻許氏隨侍卸鉛華勤操作事許與本生翁姑敬禮如一問視之餘惟攻鍼黹以佐饔飧或陰質釵珥奉甘旨許遂忘其盲厚森父歎曰家有女孝子而不知吾負新婦矣

王宏德妻許氏宏德事嫡母戴氏極孝許善體夫意奉甘旨湯藥一一躬親不假手於婢嫗宏德生母竇氏向在山東宏德歲必一往省親戴每慰之曰爾竟往可也家有賢婦深得我心爾勿爲念

王宏潤妻朱氏孝事翁姑必誠必敬姑晚年患痿疾朱與妾李氏負掖扶持昕夕罔懈衣不解帶者十歷寒暑人稱曰一門雙孝婦 李氏節婦有傳

趙一璲妻孔氏夫病焚香默禱願以身代刲股肉和藥以進卒至不效夫故明年孔亦卒先是翁年衰失音臥床三載孔調護維勤能代子職人稱孝婦

王允文妻趙氏允文性純孝祖母年邁多病趙與夫親侍湯藥昕夕調護不遑寢食祖母曰佳兒佳婦事我如此吾異日魂歸地下亦當默佑汝輩早得賢子孫也

王景臺妻許氏名琇幼讀女誡諸書通文藝工吟詠事祖母及繼母均以孝聞既嫁潔滫瀡勤盥櫛問安視膳皆能得翁姑歡

候選教諭曹以昇妻狄氏柔順節儉事舅姑極盡孝養凡人生所難能者狄皆優爲之曹族稱其純孝

俞選妻阮氏舅年邁遘疾阮侍牀褥十二年不敢偶離人皆稱爲賢婦

增生倪士極妻王氏祖姑宣氏年老患瘻疾王扶掖維持無間寒暑親滌溺器終無怨言叉叔姑節婦俞氏亦久病臥牀王亦躬侍湯藥衣不解帶者三年遠近皆稱孝婦

俞家桂妻周氏貢生周煥章女年十七歸俞事姑盡孝姑有女四一甫出室未字者三姑臥病於牀周備置妝匳悉稱姑意次姑適金壇王牆東曾孫王固寒素入贅於俞起居飲食相待甚殷迨夫婦相繼病歿僅遺一女周教養兼盡為女擇壻無異所生幼叔年甫六齡周苦心撫養延師課讀以至成名

韋明柏妻趙氏及笄適韋事姑以孝聞咸豐丙辰粵逆犯句容明柏貿易未歸事奉衰姑負兩幼子避亂戴巷村時値歲凶米珠薪桂囊橐莫繼趙沿途乞食供奉衰姑嗣因兩子分甘棄之道途獨負姑遠逃未幾姑以病卒流離異地殯殮喪葬尙能如

禮迨縣城克復明柏歸里生子恆安卒能成立人咸謂孝婦之報

徐凱妻王氏夫家極貧室無完物王躬操井臼日夜紡績以佐饔飧孝事翁姑常進甘旨翁姑皆享高年王奉養唯謹久而愈篤叔姑某氏無嗣臥病一載王亦衣不解帶侍奉湯藥視如親母因已未育爲夫歷置五妾終身無間言

吳儀天妻張氏張楚玉女也適儀天廟見後舅宏澤已早逝恨不獲一盡婦道事姑陳以純孝聞（陳節孝建坊載舊志）陳患病於室儀天爲覔蠅頭利跋涉他鄉張影隻形單求醫問卜不憚煩勞姑病勢日劇張乃焚香祝天刲臂肉和藥以進陳病立除張艱辛備歷未嘗自言其子志麟既長見母臂有剜痕問之始得其故由是追慕靡及抱痛無涯矣

文生樊正舉妻許氏幼嫻姆訓于歸後孝事舅姑先意承志終夜紡績伴夫課讀年二十七夫積勞成疾許衣不解帶歲餘夫卒誓以身殉既而曰翁姑在堂需人奉養且翁雖年邁精神尚覺强健因將簪珥衣飾悉行典質婉轉勸翁代爲納妾次年果生一子子甫三齡許亦病卒臨危之際泣對舅姑曰兒不克終事翁姑兒罪大矣然猶幸嗣續有人稍慰亡夫於地下言畢而逝道光十一年　旌

倪箕堯妻胡氏幼在室性極和順適倪後持家亦甚勤苦姑李氏年邁父病色養扶持四歷寒暑毫無怨懟姑卒遺幼女二胡盡心鞠育親同手足翁晚年亦得瘓疾胡事翁如父溺瀡必潔甘旨必備侍奉湯藥非親嘗不敢進翁嘗語人曰曩昔姑病媳善事之今我得病又復如是有婦若此又何憾焉夫有繼弟亦

在幼齡延師課讀必誠必敬供師飲食既豐且潔同門諸子咸敬慕之

衛家榛妻胡氏夫故誓志不嫁姑性執拗胡曲爲承順姑稍有疾胡澈夜不寐奉侍湯藥不離牀側迨姑棄養哀毀盡禮儆衣藿食以終其身家貧賴叔家樞爲生家樞亦甚友愛里人咸重之

楊繼福妻殷氏性至孝先意承志博姑懽心姑有疾醫不能療殷百計求方刲臂肉和藥以進姑乃獲瘳然數十年不令人知後小姑向姻婭中言之人益信殷之賢孝

田翰臣妻張氏從九品張永嘉女性極柔順幼侍祖母養扶持抑搔未嘗離側歸田氏以孝謹博堂上懽道光庚戌姑病篤時身懷六甲誓神刲臂進劑姑霍然愈閱一紀始歿咸豐間寇亂

僑鹽城之豐湖翁已垂老翰臣長者凡支持巨細惟張是賴從舅隱香子嘗歎曰此吾田氏之賢婦也翰臣業儒遭亂絶意進取光緒初返里年逾五十張慫恿應試曰先人俾君讀書不幸亂離廢盍下帷以承先志乎丁丑遂博青衿前歲暮母李咯血暈絶張刲肱以瘉是年夏病復劇再剜臂竟不起張鬢已班幾毁滅卒無恙後數年歿

候選州吏目楊正選妻吴氏賦性至孝姑抱沈痾湯藥親嘗幾忘寢食迨至瞑眩甚刲股以進沈痾立瘳俾姑樂享餘年人稱純孝

吴光進妻陶氏賦性溫厚相夫克家兵燹時渡江避難孝奉孀姑家亦貧光進在外傭工陶縫紉澼洸所得貲悉歸姑米鹽凌雜每餐必先進姑姑曰汝食乎陶必曰已食其實未食也以甘

旨奉姑自啗藜藿逢姑怒必怡色柔聲膝行請罪俟顏霽乃起逾數載家稍裕陶旋遘疾歿至今鄰里稱之

經瑾母劉氏事姑至孝姑病醫藥罔效劉焚香禱神願以身代刲股和劑以進姑疾尋瘳

經東序妻華氏幼嫻閨訓長習姆儀姑葛氏年老多疾華躬親湯藥孝養備至終身不渝

俞宗洛繼妻裴氏夫常客遊於外裴事繼姑孝養無倦能得歡心撫前室子極爲慈愛恩誼侔所生云

王家浚妻劉氏刲臂療姑疾以孝聞於里黨

經章紳妻李氏事姑以孝聲聞鄉里

朱祚財妻葛氏割股療姑疾

朱祚方妻蔣氏割股療姑疾

朱某妻某氏割股療姑疾
張美紳妻鄒氏割股療姑疾
楊友昌妻潘氏割股療姑
石泉邨妻張氏割股療姑
王知黼妻俞氏事翁姑孝
孔傳騋母某氏割股愈姑疾
曹宜敬妻某氏割股愈姑疾

補錄 孝婦

元笪樾妻某氏茅莊人孝事舅姑姑有疾甚篤醫治罔效某齋戒沐浴焚香籲天封股煎藥病獲愈鄉里咸謂孝敬所感又能相夫有道教子成名允閨門所罕覯云

孝女

周憲瑛女乳名大姑自幼多病祖母李氏憐而撫之寢食與俱李嘗歎曰我二人相依爲命然女長必有家終不能留汝耳女泣曰吾受祖母之恩願侍左右以終吾身李以爲戲言及長有爲女議聘者女堅拒不從誓以初願爲言父母竟不能奪李卒女扶棺哀慟曰吾願畢矣遂發病不起卒年四十有三

葛士全女性極賢孝因父無子矢志不嫁孝養雙親經理家務能代子職族黨以貞孝稱卒年八十三族人卜葬祖塋並將版位送入宗祠以旌其孝

駱二姐自幼純孝奉親不字及父棄養女亦旋卒墓在東門外駱氏祖塋之側

黃儒霖女見總坊

許漢侯女見總坊

附監生戴儒周三女性至孝年四十四矢志不嫁
楊履謙女在室養親終身不字
經應鸞女靈姑父卒無子極貧女時年八歲哀毀逾成人矢志不字孝事孀母爲父立嗣年三十三卒
經廷勛女永齡父母臨年終鮮兄弟家綦貧女誓不字以女紅積蓄爲奉養資現年四十有八
附貢生巫玉相女紅姑年十五聰慧孝謹父愛憐之父病謹視湯藥目不交睫及卒哀憤絶食同日竟以殉死
汪氏張彭齡妻繼母患病甚劇兩次割臂以療母疾里人咸盛稱之
畢氏程元彬妻光緒二十年母病甚劇歸省時刲臂以療母疾時年二十有四
孔昭秉女媚姑適甘某事舅姑孝母郭氏年老卧病侍奉極盡孝道

補錄孝女

唐殷遙女遙官倉曹參軍見前志文學工詩而家苦貧死不能返葬女纔十齡日夜號哭親愛憐之相賻贈俾埋骨石樓山中

烈婦

趙士孝妾王氏初士孝妻許氏中年無子因納王爲妾不數年各舉一子士孝病劇將卒謂王曰吾以艱於嗣故納汝今甫得子而吾疾不起吾不能見子成立也許爲嫡代余撫孤義無所諉汝年少歸余未久卽有他志不汝咎也但藐孤尚在襁褓似難遽失所恃惟俟稍長時聽汝所適可耳王泣告曰妾雖賤夫死從子嘗聞命矣倘不測自當矢志與兒相守昊天上帝實鑒妾衷倘有貳心神明其貸妾耶士孝卒王服縞素不施膏沐勤苦弗辭閱六年王所出子病殤王泣謂許曰曩昔夫亡非敢以

一死自惜以有孤兒在苟延殘喘冀其成立今吾子已歿吾事畢矣遂盥洗梳櫛爲夫之位焚香再拜從容歸臥室大哭既而寂然家人以爲痛念亡兒不以爲疑翌晨見其不起啟戶視之已投繯矣時雍正九年八月二十四日也

俞繼朝妻唐氏夫遊藝京師唐織紝度日繼姑不時詈罵唐順受之夫卒訃音至即欲就死因念有三歲孤兒誓志苦守詎次年子戲於池又復溺死唐哀慟欲絕親族咸勸之哭泣不已繼忽大笑衆皆以爲狂更有疑他志者迨夫忌日唐持齋進薦忽哭忽笑衆皆莫測迨至三更自縊以殉人稱其烈按蔡洙句容三婦詩作俞繼兆妻

王生善妻潘氏夙稱賢孝生善無子翁姑年老小郎穉弱潘欲守志奉養舅姑令其改適潘痛哭典衣祭夫墓觸冢上樹死蔡

洙爲作潘烈婦詩哀之
戴可隆妻王氏夫爲典商司會計多債負得疾無子王勸以居
宅薄田家具乘生前擘畫償所負戴欲留爲王養贍王力辭逮
夫卒遽營葬焚靈人疑有他是夜服鹽滷死蔡洙哀之爲賦王
烈婦詩
竇倫英妻葛氏乾隆十三年夫亡盡婦道從德之誼家貧無子
在七內盡節時年甫二十
朱其勳妻陳氏夫病篤割股和藥願以身代夫故尙在青年決
意殉夫以終　旌表建坊
周克諧妻孔氏年十九于歸甫一載未及生育克諧因兄威逼
遽投繯死孔亦欲就縊族人惡兄刻代孔夫鳴寃孔舅姑曰克
諧得罪我無所逃死耳死不由兄孔懼重違舅姑意又恥詣訟

庭惟痛夫枉死而終未得白遂不食死

華立所妻陶氏立所渡江被盜戕父母憐其貧欲改嫁之里豪聞豔措重資聘陶知其事已成必不可挽預託其孤於夫姊故入母室奉媒氏茶洋洋有喜色温語移時而退其家稍弛防範潛出門奮身投水死

趙文佩妻孔氏年及笄歸文佩姑早歿翁年近七旬病失音不離牀蓐凡飲食便溺皆孔親任之如是者三年家貧翁不能爲幼子娶婦而孔之妝奩頗饒裕遂鬻其簪珥爲叔完婚率新婦拜牀下以翼翁疾或瘳翁旋以天年終孔痛悼尤甚居喪盡禮尋文佩又患心疾奄奄緜惙孔昕夕焦思割股和藥進竟不能起孔悲傷不已卒以身殉

王永喜妻戴氏戴本望族嫻習姆儀歸王後伉儷甚篤永喜疾

秤藥量水侍之彌謹未幾疾劇祈禱無靈戴椎膺號泣親視含殮畢哭奠匶前從容闔戶自縊死

尙冠庭妻王氏年十五歸尙爲童養媳二十一成婚冠庭以家貧故客死吳趨王聞訃痛欲自裁因衰姑頽然尙存不果未幾姑病卒王經營喪葬畢自念夫忘姑歿無所顧戀遂自經死

文生戴朝福妻駱氏道光辛丑駱年十八歸戴性端和通文翰事舅姑孝及歿哀毀盡禮朝福游幕楚漢間駱經營家計洎夫還囊垂罄無怨言咸豐紀元朝福疾革駱焚香禱神乞代其死刲臂罔效既歿痛夫久居外無子女又乏承祧堂上虛無人絕牽絆從容畢夫喪作絕命詞告夫靈遺函致其兄有筆底傷心燈前灑淚之語投繯以殉

舉人王振修妻龔氏駱綺蘭女史女也幼嫺母訓敦詩悅禮歸

振修家中落事姑能先意承志振修屢躓南闈有中表官京師遂往依之家中米鹽淩雜皆龔鍼黹所出不給則貸諸姻鄰未嘗貽姑憂歷三年所負不下百金胥望振修歸償道光辛卯振修捷京兆試泥金既報賀客盈門所費又如之然意其必歸不終累人也逾年振修果歸垂橐入登堂拜母懽聚笑言龔入廚作食小姑低聲曰兄今貴矣其如嫂之不修幃簿何遂出青蚨示之謂得諸牀下振修錯愕問母母默然振修遂不入室亦不與言龔怪歎不已後偵知之乃悲憤絕食既痛奇冤莫雪而又恧於貸者竟閉戶自經振修始悟其冤尋丁內艱遂得狂易疾鬱鬱數年乃卒

陳明儼妻王氏咸豐十年賊至明儼死姑憐其少欲嫁之時有無賴子謀爲妻已與其姑議定王聞之不動聲色夜入室日中

不起啟戶視之已投繯矣

姚永長妻朱氏夫故欲以身殉時以孀姑在堂勉盡孝養及姑謝世朱摒擋喪事畢遂自縊死

陳廣培妻蔡氏年十九咸豐十年其夫避難他所里有惡少涎其美欲行強暴蔡卽投水死

余紹植妻王氏年十八歸紹植舉椀挈榼相敬如賓王雖沈毅寡言而善事舅姑臚歡養志兵後舊屋被毀助夫結茅編槿草創一椽紹植劬讀積勞遂於同治丙寅咯血卒無嗣王悼痛哀傷絕食六日不死由是抑鬱成嗌三旬遂歿

周恆興妻楊氏同治九年恆興死楊少艾而貧姑欲嫁之不從串賣於湖廣船上楊覺飲泣投水死

倪安瀾女及笄適高高某在揚州病亡倪視殮畢卽以身殉

張承基妻端木氏承基死貧無所依父欲奪其志遂自縊

文生曹施歧妻張氏年二十二夫亡自經以殉

文生趙燕妻李氏夫亡經紀喪事畢即絕粒死

王君禮妻張氏夫故張紨終喪從逝後如其言

顧楊氏二品封典楊啟葆長女幼喪母徐哀毁如成人及長事父暨繼母王克盡孝道父母咸鍾愛之年二十適江甯監生顧昌言顧家固中資而井臼縫紉操作如寒素以故得翁姑歡未逾三載夫遽歿楊誓以身殉時方有娠勸之者曰夫雖亡苟遺腹得一男當守志以撫孤爲是楊稍進飲食及期產一女防者稍疏遂吞金而死

廩生張福豫妻駱氏增廣生駱崇禧之女駱在室時孝父母敬兄嫂歸福豫後事孀姑亦以孝聞勤謹賢淑名聞戚黨年三十

夫病親侍湯藥衣不解帶晝夜禱神願以身代先是福豫游幕海上因家焉福豫生子一先福豫數日卒女一寄外家養駱殯殮喪葬畢遂絕粒以身殉之

文生紀懋棠妻吳氏歸懋棠未及一載值懋棠病親侍湯藥頃刻不離焚香禱神願以身代及懋棠卒吳慟不欲生水漿不入時已有娠翁姑喻以宗嗣爲重吳勉奉命日進薄粥三四次迨分娩後遂絕粒三日以身殉之

孔廣楷妻曹氏廣楷官湖北江陵縣典史在任病歿曹氏同時身殉

張餘芳妻李氏夫死自縊

何世鈴妻王氏夫亡絕粒以殉

王應中妻徐氏

李日秀妻韓氏
戴儒庚妻雍氏
史明麒妻夏氏
陳國楠妻嚴氏
文生王若桂繼妻吳氏以上皆夫死殉烈

補錄　烈婦

文生李澍遠妻某氏澍遠早卒明季某隨翁李信赴和平任城將陷攜二幼孤別信曰兒先死免大人憂信曰汝能如是不愧吾媳矣遂與二孤先信死泓遠妻夏氏淑遠妻高氏均在署中翁夫俱殉遂各抱幼子曰和曰平投水死以上均采家乘
明潘汝霽妻譚氏歸潘後從夫居潁州明季遭流寇之變被賊執欲犯之譚罵賊不從遂剖腹死時年三十五

國朝何元泰妻孫氏年二十六元泰卒孫悲愴自縊此康熙丙戌四月二十四夜也鴛塚雙棲鄉人痛之

張道欽繼妻江氏夫死自縊貞烈可風雍正時人

流寓烈婦

高星聯妻倪氏夫故營喪葬畢乃飲鴆死浙江山陰人

續錄烈婦

庠生孔允珂妻王氏允珙妻吳氏順治乙酉同舟避亂遇兵負子投婢某亦同死

邵應虎妻陳氏乾隆乙巳歲大旱夫以疫死氏無力營葬觧裙被尸號痛良久奮身投死

朱某妻華氏遇難赴水死子之楷因救母不及同死之東某妻某氏偕夫僑上海夫死遂仰藥殉

烈女

欒聖璽女虞池村人幼婉淑慧而知書父母篤愛之禰祩字周諧乃中表親也諧亦望族舞勺攻舉子業文譽日隆鄉閭咸以遠大期之乃年甫十九殀女聞訃哀不欲生其親百方勸喻不從越日自經

王榮安女趙明湘聘妻也與明湘同生舉止端方言笑不苟明湘習業於邑之王氏質鋪得疾夭時年甫十八訃於王女聞之哀傷五內不露聲色家人未及防檢女乘夜易喪服背家人以殉之女既死兄安國請於王以其棺與明湘合殯從其志也

朱佑申女肅媛字王氏夫亡肅媛矢志守貞父母欲他字肅媛悲痛不起自縊於臥衾中

夏松華女戴伢幼字張姓張氏子流爲丐戴伢矢不他適家人

强之不從終日憂鬱以膨疾卒

雍鴻儒聘妻談氏鴻儒有惡疾使冰人告談曰某子有疾不能婚願以帖退女聞之持所聘簪珥而泣誓死不二遂鬱鬱不食卒

楊芝聘妻韓氏芝遠出無耗父母欲更字之女義不他適再三强勸乃自縊死續府志作楊時芝

張英年女字王幼失恃賴伯母黃撫育成人及笄許王氏子未幾王得咯血疾不事生業女聞而悲憤遂鬱鬱投繯死

楊萃姑楊有義女幼失怙恃貌寢而性直家人遇之嚴惡衣草具澹泊自甘稍長凡執爨滌裳諸瑣務悉畀之萃姑均戮力操作無怨言時天旱久井涸凌晨出汲有見其蓬垢低首蕉萃可憐乃許字張氏嫁有日矣一夕親鄰醵飲拇戰飛觥合座盡醉

其姊倩某避席入寢誤臥苹姑榻嫂某見之向苹姑大譁曰姨夫橫陳爾榻甯不羞死時座客未散衆聞之哄堂苹姑悲憤泣曰嫂誤矣爾旣見何不令兄扶伊出卽不然亦需背人責之以全體面今若此是速吾死也倘忍死含尤雖百喙能解此惑乎是夜卽仰藥死時光緒庚子閏八月二十三日也

張坤占聘妻馬氏女見總坊

周章諧聘妻欒氏女見總坊

駱繼元聘妻張氏年十二待年於駱閱四年繼元歿女哭之慟其母某氏欲奪其志女偵姑他出拒戶自經死見上元縣公牘

劉明龍聘妻趙氏女見總坊

補錄　烈女

馮氏女遭兵亂沿江避難至錢塘江邊賊欲擄去女憤投水死

後託夢於鄉試者至白土鎮咨訪果有其人乃立碑於關帝廟內廟燬於粤寇其碑尚存

貞女

周樸齋聘妻尙氏幼聰慧得父母懽父某輸粟龍潭倉遇雨避道旁貞孝女金姑祠中廟貌雖古而明璫翠羽栩栩欲仙歸語女女歎曰彼亦尋常女耳獨能扶持名敎遂傳至今爲人不當如是耶未幾樸齋病歿女聞訃哀悼以組繫頸懸諸梁家人倉皇解捄始甦翁姥泣讓曰兒何太癡兒若此使吾老人腸寸寸斷也女大慟曰無已請往周氏守志翁姥曰兒徒自苦周家中落藜藿尙難一飽第爭旦夕慷慨弗顧歲月緜緜乎若某某富且賢兒深長思之毋徒自苦女謂不然周豐裕猶且不可今寒薄忍捐棄耶況女各有志爺孃無相强也乃取服飾組繡分給

姊娣總髮枲履跪辭翁姥不得已執手泣送素車馳去哭繐幃謁舅姑畢卽勤於操作舅姑得婦如子稍慰悲思感其意從容謀似續而晝荻以教遂至成材苦節五十餘年高郵孫祖卲題五古百韻詩贈之

譚桂英譚世占女士祥邨人幼字陳氏父母早亡陳氏子殀遂終身守志不出戶庭年五十九卒族人憐之葬諸譚氏祖塋嘉慶己卯建坊至今尙存

王開容聘妻倪氏倪本田家女幼爲王姓養媳孝養祖姑能得懽心未婚開容久客遠方因病而歿女守義不嫁仍依祖姑以終其身

歲貢生王鈺女許字某未嫁而夫歿女守貞養親數十年如一日

童生經正燮聘妻蔣氏夫故守貞建有專坊在經達村

楊某聘妻戴氏戴于飛女龔學院獎以完貞篤義匾額

周恆立聘妻尙氏未嫁夫故歸周守貞孝事舅姑

王宜槐聘妻劉氏未婚而王故守志二十三年學使贈額曰貞松勵操

朱繼愼長女幼字倪長潤未婚夫死誓不改字

許世誥季女許字李某未嫁而寡守貞不字事父母以孝聞

俞秉鼇三女許字倪昌鯉未婚夫故守貞不字

楊正惠聘妻戴氏明慧而賢父母極愛憐之幼字楊氏年十八正惠亡所遺孀母煢煢無依戴聞訃痛不欲生願一往以慰其姑父母不忍拂其意令人送往戴遂守志養姑堅不肯返紡績辛勤以佐甘旨比鄰稱之與孀姑無閒云

王錫女字凌氏未婚凌氏子歿王矢志守貞卒年五十有五
周篤金聘妻王氏未嫁夫故歸周守貞
戴士榮聘妻笪氏未嫁夫故歸戴守貞
朱邦傑聘妻曹氏見總坊
王某聘妻張氏見總坊
謝德洪聘妻王氏見總坊
陶淑瀚聘妻經氏經星曕女
劉達秀女許字王某未嫁壻亡在室守貞以終
笪某聘妻吴氏未嫁夫故守貞終身
張演春未婚妻茅氏出嫁甫至張門而演春病歿女時年二十
二孝養舅姑守貞以終
李寶聘妻賈氏咸豐三年李氏一門殉難女時年二十七誓不

改字過門守貞爲李氏立後守志三十餘年卒

王貞義女幼字顧氏咸豐六年粤寇之亂壻家避亂蘇州繼被擄時女隨父母避居江北壻家久無音信或勸其改字女曰自擄中出者甚衆安見其不返乎閱數年壻寄書至云屢訪岳家無耗已聘某氏女完娶矣父母持書示女女曰向因其被擄猶待之今既在何忍背之誓不改字期以守死

孫道乾聘妻曹氏父文生曹政修母烈婦徐咸豐十年駡賊死另有傳同治初政修避亂客死女侍祖母暨繼母養孤苦伶仃待年孫氏未幾道乾亡女年十八兩世孀嫠與曹氏等乃以緘𢄙奉養無缺歷數十年如一日性貞靜幽閒足不出戸言不出梱里鄰均稱其賢

朱恭武聘妻任氏句容某聘妻陳氏見上江縣志

文生笪世亮聘妻揚州王氏女也世亮父煦堂賈於揚遂委禽至王煦堂歿世亮年甫弱冠居喪盡禮繼父業猶不廢讀事母教弟家政肅然人咸目之曰此笪氏克家之子也是時女尚未于歸未幾世亮卒女時年十六聞夫耗泣請於父母曰兒幼受笪氏聘今夫亡願一弔以盡兒心父母哀憐之而不忍拂囑之曰從兒志聽兒往兒毋久留以貽父母憂也女不置辦遂造笪氏登堂撫棺痛哭跪白於其姑曰兒雖王氏女而實笪氏婦也不幸夫亡今不歸矣請成婦禮姑如不許惟有一死以明吾志姑既悲夫卒又悼子亡聞女言更痛絕女乃遍拜家人而易哀絰觀者咸感泣父母知不可奪亦聽之女事姑盡孝嘗語人曰吾心如槁木死灰無復生趣其所以戀戀微軀者徒以有姑在耳不數年姑卒女日僅一餐或終日不食遂憂鬱而死

文生王煥聘妻張氏同里監生張祥福次女未于歸煥亡張年十七痛不欲生衰絰適王誓志守貞事翁姑暨太翁姑以孝謹聞屛去鉛華長齋繡佛舉止嚴肅不苟笑言未幾姑及太翁姑相繼歿張哀毀盡禮後因家道式微宗嗣猶虛遂鬱鬱以卒時光緒辛丑張年二十九守貞十三年

補錄貞女

國朝童生鄭孔嘉聘妻仇氏幼許鄭未婚孔嘉歿仇矢志不嫁守貞以終乾隆九年　旌表建坊按舊志第載姓氏未詳貞節今據采訪補錄於此

流寓貞女

趙龍聘妻余氏原籍貴州遵義縣人龍爲前縣令趙廷銘次子早亡余過門守貞寓居句容三十年人罕見其面其幽貞可知

凌某聘妻經氏江甯人襁褓時許字凌姓賊陷金陵凌全家離

散經隨父避亂流轉四方有勸其改字者經憮然曰諺云好女不吃兩家茶吾既許淩氏又安能更適他姓哉後遂茹素奉佛孝養其父居蘆缸村清節自守現年五十一

賢媛

魏應昇繼妻施氏幼習姆教施克盡婦道尤得姑歡心逾兩載姑歿施痛不欲生曰婦職未盡天奪吾姑慘莫如之敬待娣姒數十年無閒言赤面施之嬪於魏也元配遺子二長方泰甫十齡次子嵩甫七歲施慈愛甚篤兩子亦極恭順上慈下孝非至戚不知其非施出也應昇承先業以醫名世踵門乞劑者趾相接凡一切炮製修合悉畀於施常惕惕以失法誤生命爲懼子嵩領鄉薦應昇稍謝客施乃日事紡績縫紉長幼衣服盡出一手至老不輟諸子憂其勞苦時勸稍休施曰人不事事虛廢長

年飲食安臥豚彘何殊今幸手眼無恙尚可支持因誡家人曰婦女好懶惰不成良家必敗人門戶汝等以此自戒乃不至墮落男子且然何況婦人兩子時體此以自勵子方泰貢成均嵩登賢書先後官教職人咸謂施之所成也施婉摯而慈惠未嘗舉手挟人矢口詈人幼童稚婢亦莫不畏而敬之所生子嶠子恆受兄教讀曾不作姑息態夏楚及血曾不一顧曰後生性頑稍涉庇護便恃爲常以暫時之小不忍而誤佳子弟終身之大謀吾不忍也故方泰輩常謂家人曰吾母眞福星非吾母吾輩安知所底兩弟何由成立爾等受福蔭不覺也卒年八十有一子嵩舉人太平教諭　敕封孺人孫紹濂進士兗州知府　誥贈恭人

孝廉方正朱垣見先正傳妻趙氏教諭趙廉友季女內閣中書趙元

友嗣女也廉友誕女鍾愛逾常能語即檢箧中書闡婦德者授之由是雅知書且服行書中大義元友珍之甚請撫爲已女元友與妻陳俱病痺趙周旋左右數載乃喜曰惜女不爲男男也大吾門矣年十六歸朱繡紉鬻績暨中饋事咄嗟立辦事舅姑婉曲承順務得其懽其將歸也趙母悉朱聘物緘付之曰汝寶私槖中遞權子母異時足自豪矣既歸即授垣獻舅姑前不少吝雖饋遺果脯必攜筐壽舅姑無敢私匿者迨舅姑先後歿夫兄三相繼逝世維時垣獨支門第家道幾乖寡嫂有三幼孤有四加以食指數百其爨同居其間娌子媒蘖娣姒短長趙則情聯爨戢維持調護室無間言至喪葬諸事賓客塡門酬應紛錯趙躬操作飭廚饌豐嗇裁量不差累黍歷數月略無倦色所生子殤爲垣娶遣室管氏舉子繆屈下逮彌爲歡舞其他佐垣推

恩廣愛者皆此類云瀨江張絅爲銘其墓
鄒以仁妻張氏性純孝備四德上事翁姑下敎子女均有古賢媛風範以仁樂善不倦禮讓自持張贊襄之力爲多其生平嘉言懿行不可悉數其子全儀述其行誼請同族歲貢生近魯爲之傳
歲貢生樊明徵妻劉氏同郡劉思敬曾孫女孝養翁姑善待小姑諸甥咸感其恩中饋而外兼解風角善占卜靈驗如響後知懼誓不復占故明徵得內助之力益得肆志讀書
王文妻于氏于歸後孝養姑嫜夫素樂善有當路之橋毀圮有年亟欲募修于曰募助本非易事況權屬於人與其沿門託鉢曷若傾囷解囊設不足妾請以釵珥佐之因將衣飾典質一空以成夫志至今過斯橋者尤嘖嘖稱之

俞廷魁妻張氏廷魁幼孤貧爲染工張氏家素豐裕因見廷魁甚善即以女許之將贅之期女父忽病卒廷魁執子壻之職喪葬如禮女之祖見廷魁貧甚諱言婚姻女曰父母之命媒妁之言人盡知之何說之辭祖大怒遂令女出欲奪其志越一載令老僕密探女耗女勤儉操作不堪勞瘁僕曰噫何其憊也女曰荆布釵裙躬操井臼此乃婦人之常何憊之有僕曰飢寒可忍乎女曰淡食粗衣足以自給更何飢寒乎僕示以祖意女恚曰是何言與麾之使出令勿再至遂歸廷魁和順相莊家雖困苦即藉鍼指佐夫以自給所居僦廬兩椽屏膏沐寡言笑足不出戶庭聲不聞閫外卒能清潔自持家業日興鄉里咸稱以一弱女子生長豪門一旦爲窶人婦而能以禮自守決然捨富就貧久而不悔如張氏者誠足以風世云

文生曹鋐妻戴氏年十七歸曹井臼親操克全婦道甚得舅姑歡鋐時讀書於家戴勸曰讀書貴靜家事非所宜也聞茅山靈境可以潛修定省之儀吾代之君無慮鋐聞大喜乃爲束裝促之行是歲游庠歸有喜色戴復進曰處爲名賢出爲良佐丈夫志也鵬之飛鯤之化基於此矣君其勉旃遂益發憤簡練揣摩屢試高等卒以用功過勞一病不起一時藝林無不悲惜疾革時戴焚香默禱求以身代有不諱誓不獨生其父某諭之曰自此以往婦道子道父道胥在汝矣一死能塞責哉戴泣而應其居喪哀毀慘切哭泣之聲不敢聞於舅姑懼傷其心也越數年舅姑歿喪葬以禮教子持家立法倍肅迨子成立將求文於名公鉅卿以傳不朽戴止之曰吾爲所當爲皆分內事但求心之所安而已何以文爲

監生姚遵陸妻李氏籍隸丹徒湯崗鎮李爲湯崗望族當歸姚時二姓皆鼎盛家世豪富而李性獨勤儉不類富家女姑亦李氏飲食起居非得婦不懽遵陸爲人恂恂謙厚第少承祖業不善謀生且素有煙癖以致家道中落李氏苦諫不聽既而泣曰如此悠悠忽忽諸子何以爲生遂詣請族長及諸親友輩婉勸遵陸以戒煙爲約如是者年餘遵陸果心悔煙患盡除轉令家業復興迨遵陸歿後兒輩皆授室李猶勤苦自勵雖寒夜深宵熒熒一燈鍼指不輟諸子再三苦諫不從由是羣子婦亦皆辛勤共勵苦心經營家法肅然一時咸推爲賢母云

經受文妻朱氏年二十歸受文生子早卒勸夫納妾閭氏閱數年無子又勸納妾夏氏閱數年仍無子時受文年已逾壯因前生數女業經先後出室育子一事受文亦久不作此想朱日夜

焦思謂夫既能生女尚可養子盍再謀之受文拂然歎曰若有子早生矣命既無子納妾何益遂不聽朱展轉難安爰請族長及諸親友輩再三婉勸受文始允再娶王氏逾年果有娠夏亦懷孕迭生兩子均已成立

張德芝妻鄒氏淑慎柔嘉克盡婦道夫疾刲肱療之竟霍然愈人稱賢德之報

王永年妻顏氏年十九歸永年翁某久客興化永年歲時省侍常往來大江南北顏家居親躬操作約束家人儉而有度道光乙酉永年體羸咳血沈緜牀席顏侍疾衣不解帶者數月自誓倘不諱必以身殉禱於神刲臂和藥進永年竟瘳越數年永年父歿於興化旅槖蕭條永年悲愴不知所爲顏乞助母家乃得歸葬咸豐間永年歸自江北途遇孤客患腹痛以騎授客徒步

歸遇雨衣盡濡抵家遂疾卒顏辟踊號慟無擔石儲時粵寇攻江皖將沿江東下乃節哀衷禮督諸孤努力營葬未匝月而金陵陷先是乙未奇荒顏質衣佐爨日常一食蓄餌哺兒曹衣雖補綴必潔俾就外傅歸則挑燈背誦稍好弄訶譴必及月夜聲琅琅出戶外過之者竊疑爲書塾也丙辰夏孝陵營潰顏挈全眷避兵展轉至興化歲復歉食指浩繁竟以憂瘁死顏歸王垂四十年值饑饉洊臻烽煙擾攘之餘卒能奠兩世喪脫全家難俾諸孤得以成立人咸稱爲女中丈夫

孫禹治妻趙氏有娣姒二人孀居最早遺孤姪三趙撫育教誨不遺餘力族黨中有不足者輒周其急凡遇疾苦則戚戚然憐之振之每與家人言不勝悼歎以致食不下咽其天性然也子恩朧另有傳

李廷均妻戴氏性柔淑寡言歸李後事姑孝姑卞急稍拂意則聲色俱厲戴承順怡然奉之愈謹生子一爲匪掠去戴翼姑冒死渡江流轉至興化鄉閒遇廷均始脫於難是時姑逾八旬而性急如初凡起居飲食扶持抑搔諸瑣事跬步不離其側或怒輟食必膝席請罪乃已戴黎明卽起灑掃執爨聞姑漱則捧盥捧盤欲興卽爲振衣束帶扶杖下榻日中進膳晚亦如之至寢爲解襦展被冬溫夏凊夜分溺器傾覆雖嚴寒必起拭淨授之有疾則昕夕按摩目不交睫姑年至九十有二始歿廷均以毀卒戴悲慟不已時有橫索遺貲者又叫呶於室孤苦伶仃形影相吊含悲禱曰死而有知盍促子歸乎閱數月子竟自軍中出前一夕戴啜泣靈幃鐙碧如豆窸窣有聲煙縷縷出幕外越日遂見子歸由是扶櫬返里光緒癸未戴年六十有八卒

周貞球妻許氏賦性賢淑孝事翁姑相夫教子曲盡道義訓女時以壼範相勗人皆稱爲賢母

許維祺妻張氏甘貧茹苦不辭勞瘁孝事雙親能盡婦道年逾八旬至老不渝族中婦女咸爲矜式

文生夏澍勳妻張氏素性溫柔孝事翁姑持家有道因公破產沒齒無怨里黨咸稱之

趙洪德妻張氏性仁厚好施與每遇年饑日給米豆各半煮粥以濟貧乏遠近咸爭慕之

巫信全妻米氏幼習壼儀長嫻姆教孝翁姑和妯娌卹孤寡濟貧窮迄今六十餘年鄉里猶稱道不衰云

倪大艮妻王氏夫病醫藥罔效封股肉和藥以進獲愈

增生倪金元妻周氏系出名門幼讀詩書克嫻婦職適倪後敬

事祖姑曲盡孝道內助夫經理家務井井有條每引列女傳內則諸篇婉爲解說誘掖鄉黨婦女迄今閨閣中猶稱倪氏姆儀焉

王安鏞妻陳氏刲股療夫疾

吳國仁妻楊氏刲股療夫疾

朱尚安妻張氏兵燹時夫拾遺金一包張令還之

胡之鹿妻張氏刲股療夫疾

蔣日成妻戎氏

楊永正妻歐陽氏

楊時和妻張氏

趙蘭桂妻束氏斷指療夫疾獲愈

文生張煥文妻朱氏附貢生朱鼎三次女嘉魚知縣朱桂馨妹

也幼嫻詩禮于歸後奉堂上以孝聞咸豐間赭寇蹂躪鄉里奉姑避亂山中屢瀕於危卒能脫難亂定家計艱難偕夫耕作旣而謂煥文曰吾家世守縹緗君盍理舊業慰先人於地下乎夜分鳴機伴讀嚴如師友逾年煥文遂游膠庠朱性恭儉饔飧不繼布衣多補綴未嘗向姻鄉乞憐及兄貴亦不倚勢驕人嚴於課子今已成立歿後鄰里唏噓猶慕其懿範焉

武生王俊妻劉氏性端淑慈祥事翁姑極孝敬俊或於時牴牾劉輒婉言勸解俊後改行爲善劉又脫簪餌衣服以助之而於濟急憐貧尤加意焉故賢德之風噪於閭里

監生張濬再繼妻王氏爲名家女柔順知大體歸濬姑早歿奉伯姑唯謹和於同室諸娣姒雖有極難處者忍而下之諷刺詬詈若弗聞也亂後家寖衰典衣鬻珥不少吝從娣王爲同母妹

痛失所天乃愛其孤若已出噢咻撫育恆分其勞貧乏則資給之後因生計奇絀又無出遂鬱鬱以卒

右貞孝節烈第存姓氏者皆采各姓譜牒無事實可攷識者諒之

才媛

駱綺蘭字佩香其先爲右丞後幼聰穎能文工畫尤喜吟詠適金陵龔世治中年喪所天遂依母氏撫孤居金陵則師袁簡齋爲刊其詩入詩話中并列入女弟子集居京口則師王夢樓嘗題其秋燈課子圖云兒命苦於慈母處當年有父爲傳經游邗江則繡金帶圍題詩其上贈尊賓谷一時才名噪大江南北凡璇閨慧質繡閣名姝所至逢迎奉爲懿範所著聽秋軒集陽湖洪稚存序而梓之

倪紹寅妻俞氏性頴悟幼侍父讀書至內則女誡諸篇傾耳獲解寓目不忘即聰慧男子亦無以過

趙翔妻楊氏幼讀書性極靈慧及適趙後每於鍼黹餘閒凡孝經內則女誡諸篇無不過目成誦心領神悟鄉里中均以曹大姑目之

葛秀英字玉貞爲無錫秦鏊蓮室玉貞之母夢梅花而生稍長敏悟過人工詩善奕既歸秦澹園勤儉持家暇則坐小樓讀書吟詠不輟題其樓曰澹香愛梅出天性年十九卒著有澹香樓集朱緒曾錄其詩入金陵詩徵

寶賢福妻周氏幼通文翰兼精星命能決人存亡又善歧黃有就診者無不盡心療治其效若神里中稱爲濟世之航焉

志局剋期告成已　旌未　旌未盡詳載擬書成後細查未

旌者與忠義貞烈統請　旌表按貞孝節烈而外例不請　旌

續纂句容縣志卷十四終

續纂句容縣志卷十五上

邑人張瀛分纂

列女貞烈

咸豐以來殉難婦女

田志蓮妻郭氏志蓮廩膳生舉咸豐元年孝廉方正另有傳郭事翁姑以賢孝稱咸豐十年避亂居南鄉趙家塘聞賊將至郭與家人約同死圍大塘席地坐賊索銀甚急且曰不得當殺汝全家言畢覓刃去郭泣曰吾婦人也安能死賊手且吾不死翁等不得生家人皆哭挽之而賊已露刃至郭厲聲大罵赴水死子婦陳氏優廩生上庠妻從之女適文生駱崇祺十年隨崇祺居張堰邨閏三月賊大至會崇祺病舉家環守子文龍年甫十二被掠去崇祺尋卒田草草殯葬畢攜幼子魁元女杏姑姪女翠姑以繩相屬投塘死

曹政修妻徐氏政修名諸生另有傳徐歸政修七年孝奉姑嫜咸

豐十年避居茅峯下之常甯鎮賊由金壇竄至政修錯愕無措徐急呼曰君速扶母去賊來妾不負君毋遲疑累老母也未幾賊結隊過未犯徐也徐恐逐及姑故攖其怒賊攬裾欲辱之大罵不絕聲賊刳其腹娠數月胎隨臟出政修同社諸友爲烈婦歌以哀之

文生駱濱妻張氏歲貢生張雋堂女也幼嫻女訓通文翰沈靜寡言事舅姑孝咸豐十年避亂至王莊邨賊至濱被掠去張悲憤欲絕倉卒閒偕小姑崇貞抱二子竄至長塘畔欲盡投之又不忍絕駱氏後痛徹心骨弗敢啼淚簌簌下與崇姑計各解兜齧指血大書句容駱三字脫簪珥褁之納兩兒懷置諸路隅從容與崇姑同赴水死邨中老嫗見之抱歸送一子還其家

文生曹錫疇妻張氏咸豐六年城陷隨夫避居宋家莊錫疇既

被掠賊涎張氏欲挾之行張紿曰吾夫已擄無所歸但吾有金寄某所欲取來盍稍待賊笑曰汝從吾去不患無金也張遂隨行數十武至塘畔猝投水賊怒以槊亂刺死曹全智妻王氏六年遇賊鄉間伏地不起賊負之走王紿曰我從爾勿以背負我使人氣促曷任我行從入城何如賊信之行至山澗躍入水死

陳燦庭妻杜氏謝橋人監生杜賢書女御下寬和教子嚴毅燦庭服賈遠方內助之賢傳播三鄉咸豐十年賊焚掠幾徧燦庭歸勸之曰故鄉洶洶無一片乾淨土盍渡江謀棲止乎杜辭曰我家寒儉遠徙不易況累重則一家皆困累輕則父子俱生君與子若依依不舍是速吾死耳家臨大河潛啟戶投之燦庭由是挈子北行至今言之淚猶涔涔下也

劉兆盛繼妻陳氏監生陳郁周四女也陳本望族于歸後克勤

婦職頗著賢聲咸豐六年賊陷句容蔓延鄉曲兆盛遠賈未歸子運恆幼陳苦潛匿無地終日嗚咽不能止里中有避難渡江者陳哀懇將運恆攜至夫所並附書與訣其略曰家踞豺虎君斷不可回道梗烽烟妾亦不能出魂斷淒風恨啣鈌月君善視此子可也是年九月賊勢益張陳投水殉

從九職銜劉閶妻張氏貢生渭母也少嫺姆訓通詩書洎歸劉孝養誠敬戚里稱賢咸豐十年長濠潰賊掠邨堡張告閶曰逆焰甚熾君與子當遠避勿以妾爲念不然妾請先亡以絕君父子之念言未畢哽咽不能仰視時子渭就傅於外遣人囑勿歸俾從師遷善地遂以閏三月八日投河殉節督學童華獎烈行流芳額旌其門渭聘妻李氏亦於是月殉

劉善庭妻經氏性賢淑承懽唯謹善庭懋遷距家窵遠二老龍

鍾惟經是賴咸豐六年賊猝至經自度纖弱不能負姑遠遁而又惴惴爲賊所玷因泣告姑曰昔時娶婦原爲養親今日有婦反爲累親一遭虎口恐不能終侍庭闈也未幾賊退無恙十年賊大至鴟張豕突倍酷於前經聞風悲憤投水死善養妻陳氏先於六月殉

王定銀妻許氏茅山鄉王莊人咸豐六年大營潰其子從九品銜錫蕃不忍行賊至許厲聲罵賊被刃死錫蕃痛哭持械與賊鬬於庭亦死王玉堂妻徐氏亦茅山鄉人十年爲賊執誘之不屈賊縛置輿中抵賊館不屈猝投於池救之起乃大罵不止被戕

文生杜如山妻朱氏性貞靜事翁姑至孝門庭雍洽終歲不聞訢誶聲賊至搜索財物朱大罵舉火焚死王□□妻朱氏幽閒

端淑得堂上懽賊豔其少欲犯之投塘自盡范□□妻郤氏椎
髻摻作婉娩承順賊叫囂入室以器擊之被刃死
陳天明妻貢氏居平以賢孝聞咸豐十年隨夫避亂荒邨聞人
聲洶湧如沸愁霧漫天咫尺莫辨賊至猝不及逃貢抱子藏暗
室被搜出見其美挽裾以逼貢大罵逆囚毋得無禮賊怒手鎗
碎其顱
吳華庭妻周氏周世族女夙端閨範以賢孝式一鄉咸豐十年
賊焚掠邨落慘不忍聞周偕娣姒扶掖翁姑至上元夏埠邨暫
避凶鋒而賊隨在佈塞周懼辱從容告姑曰婦命不辰丁此時
艱恐不能長侍高堂矣言頗悽惻竟於閏三月初十日投水殉
節經瑾妻張氏溫和恪謹亦以賢孝聞是月同在夏埠遇賊大
罵不屈赴水死歷五十餘日始殮面如生

尙德鎭妻王氏賊至其家詢富戶何在王不答剜劓無完膚終不言而死閤邨賴以完

周秀霞妻巫氏鄰有少女賊欲强逼巫在旁怒罵曰賊奴淫八室女無王法甯無天譴耶賊奮起以鎗擊之洞胷死咸豐十年事

朱達高妻陳氏咸豐六年避亂至杭州十年杭城陷賊欲虜陳大罵被刃死

胡本銓妻趙氏姑患風痱肢體不能動飲食洗濯非趙不行凡十年趙侍養不倦悉稱姑意咸豐十年與夫一門俱殉

戴儒發妻樊氏性爽直有鬚眉氣粵逆東下金陵陷句容戒嚴招義團扼守樊謂其子臣淸曰吾若櫛必殄此醜類爾當應募以成吾志後臣淸死難無怨言至同治二年猝遇賊索金不應

被縛樊嚼齒罵曰吾子死於賊吾恨不食汝肉尚有錢給汝耶賊遂殺之

張德周妻鮑氏鳳壇鄉人性端淑孝養舅姑勤苦儉約率以身先家人婦子未敢萌奢惰念德周逾艾失明鮑奉之謹不以廢疾忽之咸豐閒寇起眾欲遠避鮑曰爾等奉翁去余守此老屋庶免毀薪木耳賊突至盡室倉皇渡江鮑當戶坐賊橫矛欲入鮑詈曰何處毛賊此閒虛無人搜括何物乎遂被刺死

姚行懷妻陳氏鳳壇鄉人莊重溫默以賢媛稱咸豐七年賊焚掠至邨家人盡走山中陳不及隨被賊追至篁子圩不屈投闘刀壩而亡徐青年妻劉氏因夫被虜痛哭絕食賊至欲犯之徐怒罵甚厲以刃按其頸罵不絕聲被臠割死

唐同發妻賈氏移風鄉人賊欲虜同發賈挽之不釋手賊刃同

發死賈痛哭罵賊不欲生賊憐其美迫與私賈罵聲益奮奔投塘中賊以矛亂刺死

高登松妻經氏咸豐間賊竄句容登松貿易河南經恐遇寇受辱整衣拜姑訣別出門投水姑追至塘畔呼媳之聲凄楚至不忍聞經乃逡巡出水立淺灘中痛陳大義誓不更生並泣勸姑偕族子速避免蹈凶鋒姑見其志已決不復强灑涕而去經遂入水死登松在豫傳聞賊至老母及全家俱殉忿恨自縊

雍旭揚妻宮氏躬操井臼善事翁姑持家內外整肅性嚴毅不輕言笑人咸憚之喜施捨凡應咸里稱貸不稍吝咸豐十年孝陵營潰賊驟至舉室倉皇賊偵知其家饒裕執宮索金不應倒懸箠楚備受酷刑終不屈被害

雍越凡妻華氏年二十七越凡死華守志撫孤逾歲而孤殤華

悲憤不已遂得狂易疾旋得猶子南勳爲嗣疾稍瘥咸豐六年城潰賊蹂躪南鄉搖掠最酷華爲羣賊所逼佯諾作膳潛至宅後投塘死

唐承福妻劉氏年十七適唐以賢淑著咸豐七年被擄生女才及晬家無擔石儲有勸其改志者劉氏死不從母女煢煢紡績度日至十年大營陷賊焚郗堡劉度不免絕食死王大臨妻夏氏夫歿貞潔自守姑因寇亂俾改適以避夏剪髮自誓同治紀元賊大股過境恐被掠閉戶自經

陳紹芳妻王氏事夫謹夫故孀姑尚高年苦節王以鍼黹奉甘旨姑死貨物以葬有誘之入城中者堅拒之同治元年絕粒死其小姑名羊姑年十四遇賊不屈刃死

楊明純妻劉氏劉東樊長女年二十一夫死家極貧堅苦自守

十五年如一日聞賊將至赴夫墓祭畢輒閉戶絶粒鄰人隔窗詢之勸以食不聽數日而卒其上下衣皆密縫云

陳應芳繼妻周氏龍潭人適陳甫期月應芳死遺腹生一子周痛甚屢欲自裁家人防之甚密乃忍死撫孤淚涔涔漬枕閒恐以夜哭酸人聽也然極貧如洗藉十指作生計不數年子忽殤周悲痛欲絶有勸其立嗣者周泣曰未亡人不急殉者戀此襁褓中一塊肉耳今已矣腸寸寸裂甯計及此耶且使有後則藐孤必不死遂不食屢日時咸豐三年二月也警傳省城陷賊將擾境舉家謀避急渡江周從容曰夫亡子死去將安歸乃鍵戶自縊

步喜進母吳氏仁信鄉人年二十一守節咸豐六年遇賊不屈賊欲刃之吳婉求哀免賊不忍戕而去吳痛哭云豺狼滿野不

時驚擾萬難偷生遂閉戶不食死
周章佐妻張氏年二十八守志咸豐間寇亂蓬轉窮鄉丐食養
姑賊猝至强逼不從被刃死王闓華妻朱氏年三十夫故家貧
拾薪度日苦節彌堅十年賊所在迫脅朱被榜掠飲泣忍痛投
水死朱致中妻成氏年二十三夫亡苦節撫孤見賊痛詈之倒
懸諸梁罵不已遂臠割死節婦殉難者又有巫朱氏秦王氏程
王氏李王氏李侯氏李葛氏巫丁氏張陳氏
巫啟聖妻朱氏年二十五啟聖沒矢志守貞撫孤成立十年賊
淫掠益酷朱痛詆被戕秦有慶妻王氏年三十喪夫閉戶紡績
勤苦治生比鄰罕見其面六年賊擾鄉里王恐被汚自縊死程
大緒妻王氏夫亡青年守志門庭嚴肅終歲不聞嬉笑聲大營
潰賊烽甚熾遂投塘殉李興枝妻王氏年二十九夫亡痛不欲

生以翁姑垂暮奉侍無人遂椎髻操作極盡孝養賊逼不辱遇害李興禮妻侯氏夫故時侯年二十七欲以身殉乃顧衰親稚子益愴悲懷未幾賊至痛駡死難李有連妻葛氏夫亡葛年三十冰蘗勵志苦育遺孤兵亂駡賊被斫死巫恆言妻丁氏夫亡守節時年三十家貧李事孀姑極盡其誠撫二遺孤將有成立而粵寇輒起流離瑣尾遇賊殉節張祚昌妻陳氏年十七夫亡孝事翁姑守節十四年咸豐十年賊至投張郗前塘死

文生陳序東妻張氏福祚鄉人嘉慶戊寅年十八歸序東次年己卯序東以省試未捷抑鬱死張年十九矢志不二無出以胞姪晉文爲嗣上奉孀姑下撫孤子孝慈兼盡里黨咸稱咸豐十一年護賊擁大股過境張遇賊不屈投水死時年六十有二守節四十三年

陳得喜妻闕氏坊郭人性莊慧善鍼黹年十八歸陳柔順得翁姑懽翁姑既歿家欲析闕隱誡得喜曰榮枯命耳遺產請唯伯氏欲君勿校也咸豐初元得喜亡闕年二十六遺孤二忍痛撫之六年縣城陷庶姑房氏遇害舉家避亂至蘇歲大饑屢有勸闕改志者闕握刀自誓曰誰再强聒吾必與同飲此刀時生計日蹙又流轉赴杭中途飄泊幾罹强暴與小姑鳳英衣上下皆聯屬紉縫七年縣城復乃還里十年城又陷闕依母家潛匿窮谷中時賊隊屢過境邨堡焚掠一空無從得食遂餓死鳳英小字龍姑是年在杭投水死

賈式慶妻唐氏歲貢生唐澍女也幼嫻母訓事姑以孝聞咸豐七年忽傳賊至東陽鎮鄰母急呼唐避去唐應曰諾卽脫簪珥出餽金付童養媳令先行既而風鶴虛驚訛言頓息家人咸歸

唐獨沓然越日水浮屍出衣袴均密紉無隙監生萬繼英妻楊氏咸豐十年賊至陳家莊抱三齡幼女投水死數日猶不釋手朱宣朝妻蔣氏志仁聘妻倪氏居梁塘邨爲從姑婦行少艾相若和婉相同以勤儉相砥礪咸豐十年聞縣城陷相謂曰女子終身惟節是重瓦全不如玉碎也臨難幸勿忘閏三月二十一日蔣見賊卽奔賊追至邨後投小塘死倪知蔣殉節遂投荷花塘死

□□□妻趙氏夫無賴屢欲嫁之趙逃歸母家兵亂趙三次投水皆獲救迨母歿趙竟絕食以殉王宗海妻某氏見賊奮身投塘賊撓起復投如是者三賊怒灌油焚之終不屈死馬昭發妻高氏賊反懸諸梁拷訊藏鏹高紿曰在壁破壁不獲復懸如故不允卽臠割焉又紿曰實置窨井賊釋之使導遂赴水死女小

英亦殉

戎萬寶妻許氏性賢淑美姿容避賊荒谷中輾轉至侯家邊賊欲汙不從以刃脅之詐怒罵頭觸刃死王守菘妻孫氏遭亂以灰塗面隱於曲突下賊曳出盥其色曰美甚孫忿以陶器擊之傷賊額遂被支解子女同遇害姚相妻葛氏柔順而貞賊掠郁舍葛潛匿空倉中賊瞥見呼之不出推墮土壁壓死章仁壽妻華氏年十九賊逼不從賊詈亦詈賊擊亦擊賊怒出覓械華急奔投水賊持矛追至亂刺死

楊惟仁媳朱氏咸豐十年四月賊至投水賊窺其盥挽起綑馬背行數里朱紿曰束縛同犬豕令人欲死盍垂鞭款段行乎賊從之抵綠楊館池畔忽奮呼曰阿孃死矣寧受汝辱耶乃聳身入水死

趙賢庚妻許氏福祚鄉許維泉女年二十有奇微有姿首咸豐十年賊强逼之不從遂褫其衣許牴牾撑拒拚命出逃裸身投水死杜起英妻許氏十年閏三月遇賊欲犯之許奔投塘死越宿猶僵立水中不仆侯邦道妻劉氏遇賊以棓擊之賊奪其棓還擊之竄逃投井中死杜正廣妻王氏大杜邨人十年六月賊至邨王大呼賊來爾曹快避賊聞揮刃欲戕急赴水死

張啟湘妻李氏咸豐十年避寇至羅家莊啟湘旣遇害李見賊怒詈不屈賊痛箠之且罵且走投諸深淵猶呶呶罵不已劉達高妻包氏閏三月在神邨遇賊被害子相榮突擊賊格鬭許久中亂刃死

姚德大妻萬氏通德鄉人咸豐十年城陷聞夫被掠子被戕呼天泣曰吾家破滅吾何生爲乃入室自經同時自經殉者王恕

起妻汪氏聞賊至抱子痛哭以繩繫子頸與己頸並縊死徐依順妻湯氏年八十賊拷掠索金湯投水不死賊去邨人舁歸憤泣曰吾老人甯死賊手乎遂自縊高□□妻王氏見烽烟逼近沐浴整衣拜家廟前從容就縊朱□□妻戎氏年六十八聞鄰邨老嫗被賊鞭箠憤極閉戶雉經詹氏胡氏戴氏俱劉姓婦平居相得甚懽大營潰相戒曰吾輩甯死無從賊也賊至皆投繯劉立位妻某氏見三婦抗節不屈亦投繯王德溁妻時氏德溁被害時哀痛不食數日懸梁死女烈姑死尤慘

樊宗源妻陳氏來蘇鄉人賊抄掠至邨強虜不從縛於楹柱剖腹截腸死樊谷銜妻巫氏賊索財不獲矛刺徧體死樊宗墅妻張氏賊婪索無厭張大罵被縶中數十創爇薪燔之孔繼福妻某氏遇賊不從賊斫之痛詈破腹死步德禮妻許氏年十九賊

犯之抵死不辱憤甚梟其首揭於旄頭詹聖志妻王氏堅不受
污釘四肢於板扉罵不絕聲死徐寬忠妻某氏被執懷剪自揕
賊奪之嚎哭憤詈縛懸大樹亂箭射死胡子樹妻某氏賊攬其
裾宛轉抵拒斷指碎顱子女七人同遇害樊祖庚妻謝氏賊至
竄入甕中曳起噴水罵賊反縛投地巨石壓斃陳安親妻譚氏
被掠至馬琳邨夜分賊百計誘之不聽恨甚支解死陳天叙妻
紀氏羣賊欲侮披髮大罵臠分其肉食之其餘裹絮燒死者則
有糜延成妻張氏截去手足叫號死者則有陳立慶妻戴氏痛
加拷掠活埋山中死者則有巫奇裕妻包氏詛咒醜虜劓舌釘
心死者則有巫立明妻施氏等苦死尤烈
侯長祿妻朱氏性嚴毅見者凜然不敢犯咸豐十年賊眾橫索
金錢喧呶滿室朱厲聲罵曰天戈所指行將殄滅醜類肝腦不

知塗於何地橫索安用耶賊大怒倒懸空梁以亂梃擊死

王志佳妻吳氏山前郚人温潤端麗賊爭相奪吳抵拒之乃甘言誘吳唾罵曰賊奴敢爾吾身如鐵石可斷不可屈也賊怒刃之磔其屍同郚吳木匠妻某氏家小康遭亂不忍去賊至匿複壁中搜出敲撲獻金大罵不止賊取壁上鋸指謂曰若不分吾財吾便分若身遂縛柱鋸死

楊祚悅妻吳氏臨泉鄉人年二十于歸時祚悅病已兩月旣婚日夕侍湯藥衣帶不解祚悅卒矢志守節奉姑極孝咸豐七年正月七日聞寇至遂投水死光緒乙未年　旌

萬繼倫妻龐氏臧世培妻吳氏均土橋人夙以賢孝稱咸豐十年五月賊至龐於北街橋上投水死吳懼恐後投西來菴壩內死

烈婦某不知其姓氏或云池頭人攜邁姑弱女避亂過花茂邨突遇一乘馬賊涎其豔下騎欲犯婦堅拒賊怒以刃按姑頸脅之婦紿曰釋我姑我從若但須在深林密箐中相將至花塘畔佯作解帶狀奮身投水姑與女相繼入賊怏怏而去邨人湯光香目覩云

葛佳姑增生葛亮楷三女也（亮楷另有傳）婉娩和順能得親懽咸豐閒寇警迭至佳姑年十八欲抗節殉家人勸止隨亮楷避居澗西畤從姊王葛氏相繼來聞賊氛甚惡四出淫掠各邨婦女皆匿暗室佳姑泣欲自裁姊亦泣曰妹毋躁俟賊至吾與汝同畢命若爾徒增堂上悲耳遂相攜出邨擇清水塘畔同坐初尚無恙次日賊露刃來將近側二女奮起大呼曰賊來胡爲聳身入塘賊欲挽捄遂痛沉水底沒越宿泅起面如生見者驚歎

王龍姑王坪女坊郭閒世族也幼聰慧讀女誡諸書能解大義咸豐十年城陷龍姑年十七隨父避至棋杆郡六月賊至諸女伴走匿山中時坪抱疴龍姑守之不忍去賊闖入龍姑隱榻後賊曳坪起索金坪呻吟不答賊抽刀劈其顱坪暈絕仆地賊去龍姑椎膺仰藥死

羅毛姑文童丞珍妹東陽鎭八年十五遇賊見逼大罵曰吾舊家女義不受辱賊奴敢無禮耶被亂刃斫死時咸豐十年閏三月初十日也

余開生女字武生丁步階年十五賊至擄開生殺之女憤詈擊賊勢不敵赴前塘中死猶罵不絕聲

王德灤女年十五未字父被賊戕母自經女痛不欲生賊至戟手大罵賊婉言慰之罵不已持刃剸賊賊怒斫破其腹

步鎮姑妙感邨正統女年十六咸豐十年在邨被執欲汚之女痛詈不屈賊刃其腹血濺賊面怒攫其心食之屍投烈炬中

笪杏鶯年十九下榮莊人咸豐十年八月賊至邨涎女美強虜之女唾其面急以剪刀自裁羣賊忿甚抱薪焚之屍不燬舁投諸水

樊庚姑古隍人樊道富女咸豐十年年十七被賊掠入僞府充媵侍使歌以侑酒庚姑罵曰恨不碎賊首誰爲賊作青衣耶酋大怒叱令笞之庚姑急取刀自刎遂臠割其屍

施桂弟施大金女居鄧巷邨年十八咸豐十年冬被賊掠去女垂涕不語賊甘言誘之猝以刃中賊顱賊大嗥衆賊縛之以巨釘鑽女心叫罵不絕死

徐繼寬女福祚鄉彭山人年十六字張姓子咸豐十年閏三月

城潰繼寬攜女避至劉家山初六賊騾至擁女上馬去女佯喜緩轡徐行詢賊何往賊曰獻諸王府享天福也女頷之行半里許忽在馬背躍入深淵賊忿怒持矛牽馬俟女氣絶屍浮乃去

王孝芳女瑯琊鄉人性靈慧有姿容賊見之强欲與合女詭曰非不願從但野田草露閒甯不畏天日耶請至前邨行及塘埂女作結襪繫狀拾石子擊中賊目賊震怒來撲女驀跳波中被長矛刺死

巫仁智聘妻謝氏年十七未嫁賊蹂躪鄉曲覩女欲亂之女面鐵色冷氣逼人賊以刀按頸女怒叱曰斷吾頭可也辱吾身萬不能遂被戕

王長璽妹字葛姓貞靜寡言笑聞警即密紉褻衣有死志語諸女伴曰殉節者輒以刃以繩以火以水以藥倉卒間一經援手

欲死不得飲恨終身唯吾得死所矣卭之徵哂不言咸豐七年賊至邨皆見女追逐欲汚女急投圓中賊不敢近

蔣陞品女蔣岡邨人年甫及笄咸豐十年閏三月隨父避亂匿古隍一日大霧迷漫不見咫尺賊驟至强壯盡竄老弱多戕邨中少婦不及逃者輒被辱獨女堅拒憤罵賊怒刃其右膀斷之委去陞品舁歸女痛極哀號婉轉而絶

王正蘭女通德鄉人年十五性柔順父母絶愛憐之咸豐六年向營潰正蘭泣謂女曰兒纖弱若此賊至奈何女喻意中宵嗚咽輾轉不寐鷄晨整衣拜親前泣曰兒不櫛而冠不能脱親阨萬一墮節貟罪實多兒潔身去矣死而有知陰護親也遂投淵死

王大凝女年十六有殊色知大義咸豐六年五月聞寇警以剪

刺喉手顫不能入被家人奪去投繯又斷其索羣賊呼嘯至女號泣曰若輩誤我我求死不得也賊慰以甘言女佯許之賊未防脫身投水死

王四姑王正渠女咸豐十年城陷女謂母曰賊至不得死奈何母曰賊尚未至兒毋自苦女泣曰不然與其死於賊手莫若先死爲愈也母知其志決欷歔泣下女與訣曰恩勤之報正在今日向母再拜而起從容盡節聞者哀之

周雙姑閘頭邨人咸豐六年民團潰雙姑負姪逃轉徙烽鏑中屢瀕於危一日蒲伏水濱忽聞嘯聚聲四圍皆賊度不能脫泣謂姪曰吾忍須臾死者爲孺子存耳死而有知當呵護汝也賊至欲犯姑大罵投水死

范轉姑范繼善女被賊掠之舟中夜伺賊卧以刃斫之賊大吼

女遽啟蓬窗投急湍死

朱春郊女白土鎮人咸豐十年女年十六避難至鄰郡遇悍賊欲污之不從脅以刃女大怒嚼舌噴血罵不絕口被戕是年朱煥文女與文生煥唐妻施氏同罵賊割舌二八口喃喃猶叉手作罵狀被亂刃斫死

巫鳴順女幼姑甫九齡性靈敏爲祖母郃所鍾愛咸豐六年寇亂隨郃避至船塘郙郃齒暮且數日未食飢腸轆轆作鳴不能移寸步欲投水殉女牽衣哀號堅不釋手復乞郙人勸沮郃忽投塘女躍入捄之相抱没項死

吳大田女字邱氏上容鄉人咸豐間屢遭兵火高璿厚垣內多空院十年聞警婦女潛匿其中戶牖堵塞賊不覺過之忽聞啼聲呱呱賊破竇入盡被淫掠女獨鑒其失賊至鍵戶不出賊縱

火焚之女與屋俱燼

施紅英鄒我堂聘妻也端莊靜一有古淑媛風及笄許鄒將完婚我堂忽抱疾而殞紅英痛欲自裁父母防護綦嚴乃止遂過鄒守貞斷髮自矢咸豐季年寇氛甚熾紅英蓬垢流離備經艱厄同治二年遇賊欲汚之紅英大罵遂投水死

王承祚女二姑幼受石氏聘年十七石病歿女誓志死守依父母居咸豐三年金陵陷流寇犯境女懼辱閉門縊死

朱恭武聘妻任氏朱家山人上元任順楨女恭武死女年及笄泣往朱氏守貞孝奉姑嫜操凜冰雪咸豐十年聞髮逆擾境恐不免遂投水死

朱某聘妻某氏幼字朱氏子朱向在蘇業賈女年十七朱遐里將完姻忽中道暴亡女家不知也冰人以汎痾告女鬱鬱不自

得其母曰鄰邨大廟鐵極驗盍往祈之以卜吉凶女不應再三促始往聞途中人嗟歎曰此某氏姑也婉孌若此遽失所天女驚詢侍婢始知爲朱婣卿急返將奩贈服物組繡置庭中火之家人錯愕勸阻女泣曰欲止吾焚即促吾殉火畢衰絰請往守貞至則先謁舅姑繼入靈幃哭極哀聞者流涕飲冰茹蘗不出門庭垂二十年咸豐六年賊勢猖獗恐被辱先投水死

來喜徐化成家侍婢也咸豐七年化成自蘇攜歸故名曰來來婢性憨貌寢而勤於職奉命唯謹十年城將陷徐眷屬先避去獨化成父某與來婢同守居室閏三月三日聞門外人聲嘈雜某出視衆呼曰賊至矣官遁矣返身入室攜貲少許出囑來婢曰姑守此勿去是時四城盡閉獨北關可出趨至門半鬬萬人擁擠久之始出有徐戚某撾徐扉問婢曰爾太公在室乎曰已

去賊入城爾曷不去曰太公命吾守此不敢行戚某遁須臾賊大至摉括財物淫殺婦女街巷血流濺濺有聲奔竄呼嚎者痛骨徹髓羣賊過徐劈門入來婢驚起見紅巾黃衣賊南向坐執刀械數賊環侍猙獰無人狀大喝汝主何往曰逃矣金帛藏何所曰無有賊怒目眥盡裂呼賊眾摉其室徧摉不得益怒叱來婢反縛倒懸鞭箠無算來婢憤詈操吳音賊瞋目不解既而褫來婢衣剜其二乳來婢兩手按之口喃喃詈不止一賊劈其頭將斷猶以血灑賊面賊揕其胸始斃遂支解之賊散有鄰女匿承塵中出語人云

流寓婦女

潘序九繼妻陳氏六合人咸豐閒隨夫避難僑居羅安嶺邨溫柔承順勤儉相夫撫前子如己出生女阿珠甫三齡卽教以禮

阿珠頗靈慧亘知愛敬十年流賊過東陽序九與子同被擄陳抱阿珠悲啼欲殉適有從賊中逸出者憐其哀慟詭言序九父子無恙並寄聲至夜分即歸陳盼數晝夜不返度已遇害乃泣謂姒曰妹誓從夫於地下囊有餘金奉嫁幸顧阿珠妹死瞑目矣阿珠在側大哭曰孃死兒亦同死頓足牽衣行坐不釋是夕陳夢序九攜子歸既寤告姒曰小叔來迎吾母女去吾當從之俄傾賊大至焚掠陳遂抱阿珠投邨西河死越數日序九與子逃歸聞妻女同殉大慟使泅覓其屍已流至西溝胞橋下矗立水中手抱阿珠面如生四方來觀者莫不欷歔流涕

呂家興妻口氏上元人年二十九夫亡哭之慟喪明咸豐十年五月聞賊至投溷圊中死同時陳忠書妻萬氏上元之姚邨人年十八賊見其少艾挾之馬上遇深澗躍入死之

續補節烈婦女

朱式磄妻楊氏邑南鄉人年二十六夫故守志撫孤事姑極孝寇亂流竄荒山未嘗缺養同治紀元姑没時亂未定殯葬畢遣子渡江謀生遂投繯死計守節十四年己　旌

華孝敬妻陳氏咸豐十年粵匪犯境孝敬被擄其子方幼陳浼邨人遶避湖湘者挈之行子牽衣流涕不忍離陳泣曰汝父既掠去汝再不避如華氏之宗祧何吾先死之以絕汝望言畢投水邨人拯之起遂挾其子脫虎口而陳即絕粒死矣

續纂句容縣志卷十五上終

續纂句容縣志卷十五下

邑人張　瀛分纂

列女

咸豐以來殉難貞烈表

婦

五品銜陳士麟妻李氏稟貢生廷鈺妻陸氏　孝廉方正稟膳生田志蓮妻郭氏有傳媳稟生田上庠妻陳氏○坊郭人　從九品王世德繼妻佘氏子三齡十年同投水殉○臨泉鄉人　從九品黃以熊妻王氏附貢生輅同投水殉　母王氏文生以慶妻駱氏婢女貞奴監生以成妻周氏妾陳氏○坊郭人　從九品劉誾妻張氏有傳從九品章亨妻陳氏岳母陳王氏貢生渭聘妻李氏○上容鄉人　附貢生湯獻廷母許氏文生青選繼母蔣氏可貞妻某氏均自焚　文生駱文林妻任氏女定姑存鎬妻黃氏監生　文生戴銘恩妻曹氏臣壽妻王氏　文生戴芹妻蔣氏朝謨妻王氏光梧妻王氏　文生趙珍妻駱氏文生清源妻許氏　文生陳丹巖妻駱氏燦庭妻杜氏○以上六戶有傳○均見府志　文生郜文光母喬氏伯母趙氏嫂陳氏張氏○見版位

文生湯元昇妻戴氏女張姑子婦端木氏均六年不屈投水死○見版位文生曹政修妻徐氏文生錫疇妻張氏均有傳文生駱崇祺妻田氏見附傳子魁兒女杏姑姪女翠姑文生劉嗣昌妻駱氏長傑女巧姑賊至同投水殉文生王聚奎繼妻戴氏十年城陷罵賊死極慘女佾生李廷載妻王氏載子雙保懷保文生王春奎妻周氏同日遇害文生徐鑑妻田氏妾某氏同殉○以上均坊郭人文生李有容妻張氏六年投水死繼妻徐氏女一十年同絕粒○通德鄉人監生萬繼英妻楊氏十年遇賊抱三歲子投水死土橋人附傳監生劉德元母王氏繼妻傳氏弟婦陳氏姪女幼姑均在樊家邊殉難監生劉峻乾繼妻王氏六年殉秉垣妻王氏垣女明珠五姑監生竇昌霖妻湯氏監生步蟾妻林氏監生張寶田妻楊氏女大姑○以上四戶均見府志監生周恆發妻端木氏十年賊至投水死媳貞安妻王氏與幼子同殉茅山鄉人監生路長福妻戴氏六年子延慶大文大武大有同在蘆江橋被戕戴與媳延慶妻笪氏子一女一大文妻王氏子一女二大武妻陶氏子二女二大有妻孫氏同殉難于林梅周

先畫衣塘避亂死○坊郭人　大喜　文童劉立全妻某氏○女一同殉孝義鄉人　文童
章徵福妻任氏賊見欲污投塘死幼子一同殉難○　小姑某福祚鄉人　吳在勤妻孔
氏家人盡被擄只一小孫在側偏郵皆賊遂攜孫投塘死○福祚鄉人　王順標妻史氏三姑俱投水
死○句容鄉人　潘一梅妻汪氏子秋狗俱十一年殉難　潘朝元妻王氏子二俱
絕粒死　笪修章妻張氏賊索金不獲舉火焚死子五齡姪五齡餓死　笪世茂妻
吳氏子四齡均望仙餓死○鄉人　蔣才林妻施氏在外殉難子長龍在宅絕粒死　笪禮錦
唐遵有妻某氏年九十三子道財六十均仁信二被炮擊死氏怖死○鄉人　笪廣懷
妻某氏絕粒死子宏利在外殉難　笪廣懷妻某氏次子長明孫喜林同絕粒　笪
廣聚妻趙氏與媳趙氏不食死子貞財被戕　笪廣訓妻張氏子三齡同不食死
笪宏坤妻史氏子關保年保以上均望同不食死○仙鄉人　戴正崙妻王
氏子邦盛同不食死　陳明洪妻劉氏子一女一同投水死　陳明美妻劉氏
六年抱二子投水繼均通德妻朱氏十年投水○鄉人　董長貞妻解氏子裕與被擄解氏與

爭同被戕。望仙鄉人許興耀妻賈氏賊欲犯之賈攜幼子同投水死王聖學妻潘氏子世元世才才妻某氏元子求兒才子雙福三子十一年九月闔門殉難步雍高妻朱氏三子童兒四子九兒大女喬弟闔宅同被戕步正燦妻李氏子林兒兒頭闔宅同殉○均仁信鄉人巫家載妻汪氏子冬生艮福金福十一年同殉巫可奇妻部氏孫女某姑有傳同至船塘邮遇賊投水死張合生妻羅氏子五齡賊至同投鴿鷹塘死○均瑯琊鄉人華孝彩妻井氏子士松媳某氏孫四齡同殉。臨泉鄉人王慶魁妻張氏子六齡攜至赤山下遇賊投水死徐德誠母許氏女一不屈被戕。均坊郭人朱在甯妻王氏克正妻王氏永昌妻夏氏恭海妻鄒氏俱不屈投水死朱克平妻侯氏克友妻麗氏恭讓妻孔氏永延妻陳氏俱不屈被戕。均朱家山人姚德大妻萬氏土橋鎮人子某有傳王正綱妻丁氏媳某氏女某姑孫女一同投水死劉某妻詹氏胡氏戴氏俱見附傳王恕起妻汪氏見附傳子一○均通德鄉人部某妻陳氏子惟綸俱被擄不屈遇害。孝義鄉人陳周明妻村氏被賊追逼投大河死周萬女

調姑。同殉

杜某妻王氏賊逼惡詈不屈賊怒擊王抱幼子喜小同投水死

許立長妻周氏子本金立本妻萬氏子本才賊至欲犯娣姒各抱其子同投塘死○均福祚鄉人

王永山妻陳氏蘆亭人媳貞椿妻劉氏孫七齡三齡十年同赴水死

王大林妻侯氏十年殉東陽難三子守貴殺賊于高莊郵被戕○通德鄉人

陳立仁妻張氏仕莊人子三齡負母背同被戕女烈姑賊逼不從罵不絕口死

高中金妻湯氏女烈姑同殉

王朝貴妻某氏女八齡同殉

陳廷高妻某氏廷傑妻某氏同在湯家邊被戕

倪國朝妻許氏媳步氏俱戕○以上均來蘇鄉人

管正儀妻巫氏女年十一同殉難

管修身妻史氏子三齡同殉○均望仙鄉人

管柏以渭妻李氏妾某氏。承仙鄉人

高雍瑞妻某氏媳熙龍妻張氏同殉○仁信鄉人

唐道裕妻杜氏抱幼子同投水死

管學發妻某氏子五齡同殉

楊兆先妻某氏子某年十二同殉

徐玉明妻某氏子某年十一同殉

呂天金妻張氏女二。同殉

謝本富妻呂氏子某。同殉

謝本順妻王氏子懷祿懷壽同殉○以上均孝義鄉人

欒繼

貞妻潘氏女二姑俱不屈被戕○臨泉鄉人　陳天明妻貢氏幼子一有傳○望仙鄉人
王世榮妻某氏子冬福春福同殉　步熙伯妻巫氏子錫元同殉　步
雍禹妻丁氏女某姑同殉○均仁信鄉人　巫奇琚妻某氏子闘壽同戕○望仙鄉
人　樊啓進妻某氏子林兒同戕　高耀玉妻步氏子三元同戕　高順
黃妻劉氏女筱鶯同殉　吳廷春妻高氏子庚兒女春鶯同戕　吳慶容妻
蔡氏子生兒同殉　王智祿妻巫氏子臘狗同殉○以上均仁信鄉人　丁學芬
妻陳氏子嚴保同在瓜洲被戕○來蘇鄉人　焦道華妻李氏子三齡同投水○通德鄉人
楊仕達妻萬氏媳武氏同投水○茅山鄉人　胡子樹妻某氏附傳子女共七口
同投水死　吳在庸妻孫氏子女俱被戕　吳志生妻孫氏子某同被戕○均茅
山鄉人　包道生妻王氏子三小同殉○孝義鄉人　糜國洪母某氏妻王氏
同殉　糜國忠妻某氏嫂趙氏同被焚死○均來蘇鄉人　劉立鈞妻趙氏子三
人同殉　劉立秀妻某氏子二人同殉　馬昭發妻高氏被懸不屈投塘死女小

英絶粒　胡德文妻吳氏媳啟周妻徐氏啟福妻某氏俱絶粒○均孝義鄉人　杜啟
盛妻戴氏投水子光春殉○福祚鄉人　史茂桐妻田氏一門四口殉　唐玉福
妻某氏子一同殉難　王宏成妻楊氏子小犬小貝同殉　王聖祥妻吳
氏女一同殉○　唐道玉妻陳氏子生保同殉○以上均句容鄉人　潘一藎妻
笪氏女川弟同殉　王世珂妻朱氏子秋狗同殉　王厚高妻蔣氏女喬弟
同殉○均仁信鄉人　趙治仁妻倪氏子壽兒女美姑○同殉○移風鄉人　張履元
妻許氏女某姑履端妻郭氏同投井死　朱永倡妻夏氏子某同投水死○朱家山人
周鯤妻王氏子恆榮十年同殉　周松雲妻張氏子一女一賊至負子女投塘死○
均臨泉鄉人　施家璩妻胡氏家政妻某氏十年同殉　張銘彝妻芮氏六年在逋
遜不屈投水死女順珍玉珍同殉　張麻子妻某氏六年城陷擄女某姑出北門遇賊不屈投任
家園塘死○均坊郭人　嚴可蘭妻唐氏妾王氏○句容鄉人　高星遠妻黃氏孫女
金珠同投井　高順崇繼妻王氏子銀生同投井　楊正炯妻高氏子忠垣同在陽山

郵殉　王凝均妻許氏子某女一均絕粒○承仙鄉人　許樹穡妻張氏十年與長
女許姑同殉　雍仁林繼妻李氏媳延荃妻楊氏七年遇賊不屈同戕○均臨泉鄉人　劉
餘金妻韓氏女七齡同殉　劉慶松妻朱氏女十齡同殉　劉貽發母章
氏妻陳氏同殉　劉餘仁妻王氏女八齡同不食死　巫道鳳妻張氏子四齡
同絕粒死　王世彬妻某氏子女共五口同殉　王世福妻某氏子女共四口同殉
王道康妻范氏子十二齡同殉節於亭子郵　王世德妻韓氏子五齡同殉○
以上均孝義鄉人　胡有源妻曹氏被戕妾某氏投水殉　許世堅妻陳氏媳戴
氏女一賊至同投水死　張培元妻王氏女羊子同投水死餘皆餓死　胡是儉
妻倪氏十年賊至負幼子投水死　譚善齡妻張氏不屈被戕女某姑絕粒死　孫思
棖妻許氏女一同投水　孫思棋妻王氏女一同投水　徐家誠妻戴氏
抱女投水死○以上均承仙鄉人　唐承福妻劉氏有傳女某姑　戴太喜妻梅
氏媳艮恭妻巫氏子老八俱被戕艮恭被賊追至丹徒絕粒死　喬有連母某氏妻張氏子義

鈞俱被擄不屈死○均仁信鄉人　陳玉漢妻貢氏子正華正倫羊子小牛媳華妻俞氏倫妻趙氏同絕粒○孝義鄉人　鄒我進妻王氏在茅山遇賊欲污抱三歲子投水死　譚守梁妻王氏女某姑媳馬氏同被戕○均仁信鄉人　房祖武妻楊氏媳俞氏不屈同拷死○孝義鄉人　唐承樹妻周氏十年不屈投水死女孝姑同殉　張德知妻秦氏十年遇賊負一女投水死　唐承昌妻楊氏遇賊負一女投水死　經餘旺妻周氏十年負一子投水死○以上均上容鄉人　史茂洄妻尤氏子婦唐氏幼孫一　嚴嗣科妻某氏媳某氏孫某孫媳某氏　嚴福田妻胡氏子某女一　嚴于富妻某氏子某　嚴于理妻某氏子某一門六人　嚴福文妻某氏子某媳某氏　胡本盛妻馮氏子某　何太明妻某氏子元小　何太義妻某氏子倍小○以上均句容鄉人　宋明春妻刁氏子某○通德鄉人　徐富賢妻許氏六年被戕繼妻張氏十年被戕　丁大發妻某氏女一　唐兆貞妻沈氏子某女一○均孝義鄉人　胡有勳妻岳氏子某女一一門四人　胡有文妻某氏子某

一門○均句容三人鄉人　吳文耀妻郘氏投水死子某女一均絕粒○瑯琊鄉人
嚴福榮妻某氏全家殉○句容鄉人　郘世美妻某氏一門絕粒死○鳳壇鄉人　吳
守理妻孔氏幼子一幼女一岳母某氏均投水　劉惠堂妻陳氏姪女二姑四姑
十年城陷不屈同投水死　王聞法妻張氏六年賊至抱週歲子痛哭投水死○瑯琊鄉人　高盛
斌妻某氏子秉榮十一年餓死眾食其屍　步某妻朱氏娣某氏同不屈被戕姪永龤被
擄念母屢逸賊怒剖腹死　朱宣朝妻蔣氏姪媳志仁聘妻倪氏誓不受污同投水死○有傳　武咸方
母某氏投水死妻某氏絕粒　笪修成妻某氏不屈投廁死女年十六罵賊刺腹死○
以上均來蘇鄉人　曹政修母某氏妻某氏同投水死　劉懷林妻吳氏媳趙氏
女趙治海妻同殉○均承仙鄉人　劉達高妻包氏十年在神邨殉難子相榮擊賊被戕○上
容鄉人附傳　戴儒發妻樊氏有傳子臣清○來蘇鄉人　朱藥樵妻欒氏女某姑
同在李家集殉難　沈立兆妻濮氏七年抱幼子同投水死　雍世柏妻高氏女六
姑俱十年不屈被戕　某妻朱氏式磬女抱幼子同投河死　湯晉賢妻戴氏女七姑

同投水死

朱士福妾張氏子宏利宏順宏亨俱投水死

趙國順妻雍氏六年殉繼妻戴氏十一年絕粒○以上均臨泉鄉人

呂某妻胡氏子某同殉○仁信鄉人

凌啟堂妻嚴氏子長秀同殉難○來蘇鄉人

陳起富妻戴氏媳鄒氏同殉

張玉廷妻唐氏被逼不從戕死子正了頭七齡絕粒

李茂蘭妻某氏子三齡女十一歲同治元年俱絕粒

李盛祿妻某氏女七齡同絕粒死○均來蘇鄉人

畢長增妻吳氏妾某氏俱不屈投水死

張老渭妻李氏女七姑年十七十年遇賊不屈同投水死○均茅山鄉人

戴長旺妻張氏子有文媳楊氏俱同治元年投水死

朱道長妻姜氏同治元年絕粒死子盛鳳被戕○均鳳壇鄉人

闕興餘妻張氏女貞姑六年同投水死

章廣文母王氏廣田妻華氏

李炳南妻張氏大元妻高氏○均上容鄉人

臧世培妻吳氏十年投水死

杜啟發妻許氏啟舜妻羅氏啟義妻張氏俱殉

杜光元妻蒯氏世相妻滕氏光泰妻王氏光順妻張氏俱殉○均通德鄉人

凌祥仁妻朱氏祥義妻萬氏同殉

唐兆元妻沈氏世茂妻嚴氏同殉

紀興通妻嚴

氏傳經妻丁氏家麟妻汪氏俱殉　趙美員妻高氏美書妻許氏美蘭妻魏氏美林妻孫氏美珠妻潘氏俱殉　王啟貴妻莫氏啟方妻孫氏同殉　畢全才妻王氏全有妻丁氏正道妻孫氏正德妻孫氏明龍妻某氏俱殉　嚴世滿妻周氏全文妻沈氏全武妻王氏俱殉　史繼高妻某氏茂紀妻王氏道藩妻馮氏俱殉　鄒全調繼妻某氏被戕肇金妻某氏俱殉　朱學孟妻吳氏邦清妻魏氏邦和妻潘氏俱殉○以上均句容鄉人　吳明元妻紀氏明順妻張氏同殉瑯琊鄉人　江仁元妻許氏老江四妻王氏同殉○通德鄉人　戴利豪妻吳氏子庚林同殉　高德禮妻譚氏子某同殉難○均移風鄉人　徐延壽妻某氏管家邨人賊逼不屈抱弱女同投圜死　包有才妻唐氏張巷邨人十一年抱子同投水死　董昌玖妻王氏同治二年賊欲強污氏紿曰家在前邨遂出與女投水死　鄒正勳妻朱氏子順壽　某婦某氏姑一女一有傳○臨泉鄉人　雍延錦妻宮氏孝瑚聘妻李氏均殷峯橋土山河殉　雍永熙妻宮氏永燕妻沈氏松年妻高氏年女祿姑立益妻闕氏均十年殉　趙某妻孫氏俞氏曹氏辛氏辛氏

俱殉 俞某妻徐氏雍氏均殉 朱曉祁妻李氏昌馭妻陶氏惟允妾殷氏俱殉

朱攸崇妻欒氏女二姑同殉 時艮壁妻李氏女大姑同殉 姚國平妻

譚氏七年被戕奇高妻楊氏同殉隆廷妻汪氏同治二年焚死世泰妻鄒氏同被焚隆高妻陳氏世

福妻徐氏均姚家邨人 曹炳和妻朱氏文忠妻某氏一門同殉 王善璠妻駱氏

妻妹駱大姑婢女如意十年均在五墟邨殉 王天增妻趙氏天文妻趙氏正祥妻趙氏正貴

妻蔣氏均十年殉 張春泉妻王氏崑瑤妻蔣氏 張耀廷母某氏妻魏氏女三

姑同殉 張文福母許氏嫂陳氏弟婦楊氏蔭椿妻王氏映壽妻戴氏慶松妻胡氏 張

昇新妻芮氏子細仔 張才琴妻駱氏子在大岡頭殉 張銘春妻芮

氏女小姑六年均在西城邨殉 張啓堂母曹氏妹幼姑 楊長榮妻王氏女玉

珍 楊艮董妻某氏子婦某氏俱殉 劉洪聲妻朱氏承基妻汪氏 劉

德沅母張氏姑母胡劉氏 鄒正登妻陳氏下鄒邨人正奎妻于氏均同治元年殉

商仁應妻王氏仁祥妻王氏 經德瓚妻王氏恆慧妻張氏 經德禧

妻石氏德博妻張氏　經德厚妻楊氏正依子婦張氏　湯某妻戴氏端木氏
湯傳長叔母竇氏妻朱氏　田某妻朱氏史氏　沈某妻濮氏宮氏
楊氏俱殉　沈致和妻某氏女小姑　沈立富妻周氏女小姑　李賢
連母郭氏花塘頭人妻某氏均十一年殉　宋勝浩妻沈氏柱榮壽妻宋氏均在范家莊
殉　向德鎮妻王氏有傳世鏻妻王氏祚坦繼妻邱氏祚儁妻王氏　竇大欣妻
劉氏大士妻梅氏世孝妻潘氏俱殉　李正瑩妻呂氏女二　孫怡州妻李氏
子婦李氏　濮某妻朱氏葛氏朱氏俱殉　史某妻紀氏戴氏　蔣正楷母
萬氏自銘母孔氏　戴某妻雍氏向氏　戴艮徽妻袁氏世華妻袁氏世榮妻周
氏○府志作瑩　駱正堂妻吳氏正湘妻王氏　陳步階妻徐氏子一　塔墓
邨李氏一門三人○自雍宮氏以下均見府志　屈興貞妻某氏幼子一俱殉　史茂
清妻某氏子某六年俱殉難　張智周妻某氏女一六年同殉難　吳士修妻
戴氏女翠姑同投水殉　陳正隆妻何氏女好姑同投水殉　陳臨康繼母張

氏妻夏氏姑母于陳氏　笪國禧妻施氏國祥妻鄒氏○以上七戶均見版位

以上婦一門殉難

五品封典趙炘妻許氏十年不屈死　候選訓導楊應春母貢氏楊巷部人同治元年自焚死○均見府志　候選訓導李元祺妻張氏見版位　主簿沈駿妻傅氏　江蘇候補未入流張金鑑僕婦李嫣殉蘇州難　未入流笪壽薐妻吳氏殉浙江難　補用游擊王桂生母嚴氏在許巷殉○府志誤作王桂　世襲雲騎尉趙裕昆妻李氏殉難○以上五人均見府志　五品藍翎史義亭母鄧氏不屈投水死○茅山鄉人　五品銜陳厚寬妻張氏殉蘇州難○坊郭人　六品軍功巫明乾妻韓氏不屈投水死○孝義鄉人　議敘八品朱安國妻孔氏六年罵賊死　從九品許大昌母黃氏殉難○以上二人均見府志　從九品周美詩妻趙氏不屈投水死○茅山鄉人　從九品宣達楨妻魏氏遇賊不屈死○臨泉鄉人　職員戴光元妻王氏不屈殉難　廩貢生朱昌

耀妻李氏不屈殉難。府志誤脫廩貢生　增生王汝棻妻顧氏在曹郵殉　增生劉長森子婦駱氏不屈殉難。以上三人均見府志　增生楊煦繼妻高氏六年殉。孝義鄉人　文生史紹書繼妻某氏被賊擄掠不屈戕死。句容鄉人　文生朱煥唐妻施氏附傳。白土鎮人　文生周誥妻蔣氏周古隍人十年殉　文生郭雲衢妻陳氏六年遇賊投水。坊郭人　文生劉桂芳妻夏氏遇賊不屈被戕。仁信鄉人　文生蔣中慶妻孫氏被逼自戕死。臨泉鄉人　文生杜如山妻朱氏不屈被火焚見附傳。瑯琊鄉人　文生樊餘慶妻朱氏有姦容賊犯之不屈大罵投水賊以矛鈎出腸死。來蘇鄉人　文生張煥文妻朱氏殉常熟縣難　文生戴立基妻曹氏投新昌橋河死。臨泉鄉人　文生吳星曜妻蔣氏不屈殉難　文生華信堂妻王氏十年殉難　文生吳承增妻張氏在花茂郵自縊　文生張家麟妻王氏不屈自縊死。鳳壇鄉人　文生李有榮妻張氏高山郵人六年投水死　文生淩國文妻某氏遇賊不屈被戕。來蘇鄉人　文生楊熙妻高氏　文生

駱重觀女劉駱氏　文生淩長俊妻駱氏　文生駱道腴妻裴氏　文生曹國治妻貢氏　文生孔振宗妻巫氏府志誤去文生　文生郜耿光妻魏氏十年殉難。以上七人府志誤作邵。均見府志　文生陳玉珂妻孫氏見版位　監生王凝亮妻許氏殉難　監生許世桂妻孫氏同治元年殉難。均承仙鄉人　監生駱長華妻潘氏不屈殉難。坊郭人　監生倪德兆妻許氏城陷扼吭死。承仙鄉人　監生龔乃衡妻吳氏十年在倪塘遇賊大罵被戕　監生王家騊妻葛氏附傳。均坊郭人　監生李傳紀妻戴氏　監生宣瑞堂妻魏氏　監生湯元謨妻陳氏十年在池頭郜被戕　監生吳縉廷妻湯氏被害　監生王淦妻史氏六年城陷投水死　監生朱懋妻蔣氏楊柳郜人賊逼不屈投水死　監生秦烜堂姊居秦氏在居家邊不屈死。府志作居烜堂姊秦居氏　監生戴熙宇妻石氏在葛橋殉。以上二人均見府志　文童夏禮庭妻施氏三年流寇過東陽欋辱自縊。瑯琊鄉人　文童羅鳳儀妻楊氏賊逼投河死。

鳳壇鄉人　文童張祚堯妻魯氏遇賊不屈投水死○坊郭人　文童欒起喜妻竇氏遇賊不屈殉難○臨泉鄉人　武生呂步階妻李氏賊逼投河死○仁信鄉人　張餘珍妻陳氏　張餘美妻許氏俱張古墩人投山岔河死　尤士有妻許氏被掠不屈死　王正明妻許氏投河死　杜正廣妻王氏有傳　杜啓良妻孔氏不屈賊推入水死　鄒家楨妻某氏投水死　楊有貴妻許氏杜名義妻李氏俱投河死　徐某妻陳氏被賊繫拷死　孔繼盛妻戴氏投河死　陳萬康妻某氏強逼不從殺死道旁　孔廣興妻王氏索財不得被戕

李某妻王氏　許本厚妻李氏俱投塘死　田義明妻王氏投水死

許某妻趙氏投塘死　陳興貴妻周氏投河死　吳在有妻孔氏

周繼功妻王氏俱投塘死○以上均福祚鄉人　張心端妻傅氏賊至不屈死

王安漳妻許氏十年殉難　王安渭妻曹氏殉難○均承仙鄉人　馬昭元妻樊氏秀華郵人賊逼不從投水死　呂昌福妻沈氏不從賊被戕　何宜壽妻

潘氏被拷死于紀家邊　王定高妻張氏餓死　王榮林妻張氏被鎗刺死
唐正開妻戴氏六年索財不得被戕　成進常妻潘氏六年遇賊投塘賊復以槊挑起刺死
周昌和妻某氏不屈被戕　胡有恩妻戴氏遇賊投水死　嚴可艮妻
唐氏被創投水死　于祥光妻王氏投水死　于發昌妻吳氏十年投水死
于元雄妻陰氏遇賊投水被賊刺死　于發榮妻吳氏十年被戕　嚴全道
妻何氏遇賊不屈被𦔮砍死　嚴全禮妻何氏罵賊不已被戕　沈昌東妻朱氏
遇賊不屈被拷掠投水死　何太福妻畢氏　嚴成聚妻胡氏俱遇賊不屈投塘死
畢兆興妻某氏　嚴進文妻冷氏　王全生妻黃氏俱遇賊不屈被戕
朱高富妻周氏　朱高芳妻陳氏　朱隆友妻周氏　成長
明妻趙氏俱遇賊不屈投塘死○以上均句容鄉人　嚴萬老妻胡氏遇賊大罵被戕食其
肉　唐世舉妻丁氏投塘死　陶兆勝妻湯氏十年殉于林梅周先畫衣塘○坊郭
人　徐世金妻王氏　王興茂妻陳氏　王茂發妻某氏俱六年賊

逼不從被戕　徐祖謨妻某氏六年負米遇賊打死　徐祖厚妻許氏　徐祖興妻某氏　徐祖方妻劉氏　徐祖培妻張氏俱同治元年殉　張長富妻某氏　呂得明妻賈氏俱賊索財被戕○以上均孝義鄉人　副鄉約趙聚妻辛氏六年罵賊被戕　丁昌全妻許氏　紀遠佩妻朱氏俱十年罵賊被戕○均白土鎮人　周其梃妻梅氏　周其萊妻蔣氏　周其樞妻韋氏　周其本妻陳氏均周古隍人十年殉難　王祖藩妻某氏珠庄人殉高淯難　王正順妻某氏九年在高淯殉難　陳明太妻朱氏被戕投屍于水　陳明德妻王氏投水死○均通德鄉人　孔廣全妻王氏　王立祿妻胡氏　沈永忠妻唐氏俱不屈投水死○均瑯琊鄉人　孔廣全妻王氏　秦世儒妻王氏　朱恭位妻李氏　侯長柏妻張氏俱貞潔懼污賊至投水殉　莊永有妻朱氏賊至投井中　黃敬和妻秦氏被逼投糞圊中賊以刀刺死　黃全成妻張氏被執痛罵賊戕之屍投塘　王正才妻戴氏　侯啓和妻吳氏俱被執大罵刃死　孔

昭溥妻謝氏投水被矛刺死　侯長祿妻朱氏有傳　姚相妻葛氏見附傳
王繼明妻周氏賊擄不屈被矛刺死　侯邦道妻劉氏有傳　侯正茂妻
姚氏事姑孝賊至投水死　侯天起妻欒氏賊逼投水　侯正起妻韓氏賊逼不從
甘就刃死○以上均通德鄉人　王志發妻劉氏賊逼不從甘言誑賊至邨邊投塘死　巫恆
富妻戴氏　李旭文妻巫氏俱不屈投水死　張慶寶妻戴氏賊至投水
孔昭鵬妻張氏被執痛詈賊賊以巨石壓之刺其喉死　張士林妻朱氏賊至藏柩中搒
出被戕　張盛華妻萬氏賊至懼污臥棺中覆蓋死○以上均瑯琊鄉人　王守菘妻
孫氏有傳　周恆先妻陳氏　周章吉妻張氏　王安立妻張氏
經餘祿妻孔氏　劉義生妻尹氏　孔廣明妻龐氏　張延
齡妻李氏　歐陽正純妻周氏　歐陽正端妻張氏　周宜餘
妻許氏俱遇賊不屈投水死　許立進妻淩氏　許翹之妻王氏　夏正
濤妻劉氏　周亘佐妻徐氏　孔昭正妻方氏　楊餘香妻韓

氏　孔昭立妻張氏　黃國佐妻楊氏　王朝元妻戚氏俱不屈被戕　李明生妻戴氏被焚○以上均崇德鄉人　謝德松妻徐氏不屈被戕　陳富讓妻袁氏被執索賄罵賊破腹死　吳大紳妻謝氏○均鳳壇鄉人　文道開妻朱氏　居某妻秦氏俱投水死○均孝義鄉人　焦存發妻陳氏賊逼不從大罵被戕　周渙占妻魯氏十年投水○均通德鄉人　經瑾妻張氏有傳○臨泉鄉人　姚名正妻徐氏年八十八在新興邨投水殉　萬從禮妻朱氏在吳岡投水殉　劉某妻張氏河橋邨人被逼大罵不屈剖腹死　劉某妻時氏被逼投水　劉立位妻某氏　朱某妻戎氏　徐依順妻湯氏　高某妻王氏俱見附傳○以上均通德鄉人　徐青年妻劉氏見附傳○仁信鄉人　姚行懷妻陳氏見附傳　姚景韻妻謝氏　張德周妻艷氏有傳○均鳳壇鄉人　嚴德明妻陳氏　蔡介眉妻巫氏　蔡其春妻鍾氏　蔡其進妻朱氏　蔡亮安妻周氏　蔡光顯妻周氏　周尚元妻蔣氏

呂懋陶妻嚴氏　呂庠敬妻石氏　朱聯祥妻巫氏　朱葆賢妻鍾氏（俱殉難）　石於年妻唐氏（罵賊被戕○以上均仁信鄉人）　趙賢庚妻許氏（有傳）　吳在春妻張氏（賊追脅不從懸梁痛榜張紿賊賊釋縛急投塘死）　孔憲勷妻某氏（賊逼不屈投塘死）　陳周恆妻張氏（賊掠物火其居張逃賊追逼遂投塘死○以上均福祚鄉人）　杜啓英妻許氏（有傳）　丁以聚妻郤氏（賊至閉戶自焚）　徐某妻王氏（賊欲犯王王紿賊投水死○均通德鄉人）　鄒延順妻滕氏（遇賊欲污遂投塘死）　杜士全妻孔氏（不屈投河死）　杜某妻李氏（賊逼憤罵投塘死）　徐定嘉妻陳氏（索財不得被亂刃死）　章明玉妻魏氏（賊逼不屈中數創投塘死）　章仁壽妻華氏（見附傳）　吳在仁妻任氏（遇賊不屈投泗莊湖溝死○以上均福祚鄉人）　蔣惟愷妻笪氏（遇賊投水死）　朱某妻毛氏（莊里郚人遇賊投水死）　尚德淦妻陳氏　尚祚坦妻邱氏（均十年殉難）　劉兆盛繼妻陳氏（有傳）　劉善庭妻經氏（有傳）　劉善養妻陳氏（附傳）　吳華庭妻周氏（有傳○以上均上容鄉）

人　陳燦庭妻杜氏謝橋人有傳　縻宏道妻孫氏　縻宏發妻朱氏　縻宏聖妻尹氏　縻祚穀妻巫氏　縻廷棟妻楊氏　縻祚順妻陳氏　縻祚江妻沈氏均不屈殉難　縻國元妻巫氏　巫至廣妻楊氏　巫至聚妻縻氏　巫時培妻朱氏俱殉　王永吉妻某氏賊索財刺死　王某妻房氏　許某妻王氏　王某妻朱氏　王某妻張氏俱殉　王某妻鄒氏　吳佳正妻某氏　周某妻芮氏　張慶倫妻李氏　縻延緒妻朱氏　縻宏喜妻王氏　縻延明妻笪氏俱不屈被戕　縻延成妻張氏見附傳　縻宏猷妻吳氏　縻宏治妻倪氏　縻宏久妻梅氏　縻宏高妻倪氏　縻延琳妻周氏　縻延錚妻笪氏　縻宏性妻鄒氏俱不屈被戕　樊宗才妻某氏磔死　樊長松母陳氏被戕　陳立慶妻戴氏見附傳　陳立壽母某氏　陳德發妻某氏　陳立章妻衞氏俱同時殉難

戴恆佳妻芮氏在茅山自縊　戴利家母某氏自縊　戴利近妻倪氏
戴恆燊妻糜氏　戴禮太妻吳氏俱殉難　戴正月妻張氏投水
戴恆奇妻朱氏　戴利乾妻某氏　戴利美妻朱氏　戴利
長妻樊氏　戴利鳳妻倪氏俱同時殉難　吳爵貞妻虔氏不屈投水
吳禮先妻巫氏矛刺死　吳恆賢妻胡氏　吳利垣妻戴氏　吳
恆立妻嚴氏　吳允貞妾某氏　吳嘉貞妻王氏　吳傳茂妻
紀氏俱殉　朱榮基妻陳氏索財不得亂刃砍死　朱傳金妻施氏　朱日
中妻胡氏俱殉　王老四妻某氏東山郝人破腹　紀春明妻陳氏
紀春富妻張氏賊索銀不得俱破腹　紀家旺妻衛氏懸梁焚死　紀春緯妻
張氏　韋盛正妻唐氏　韋玉英妻芮氏俱殉　陸長才妻張氏
趙亮旺妻鄒氏　高懋平妻鄒氏均破腹　高懋和妻鄒氏破焚
鄒正康妻高氏破腹　程開松妻張氏　鄭傳興妻某氏　胡

庚有妻程氏俱在螞蝗塘殉難○以上均來蘇鄉人 潘自建妻李氏年七十八殉難 潘朝發妻某氏 茅正昌妻吳氏 笪名志妻王氏 笪名富妻鄭氏俱被戕 笪名恆妻某氏 笪教義妻某氏 笪教華妻巫氏 笪貞修妻吳氏 笪廣珠妻某氏俱殉難 笪廣德妻高氏被擄掠投塘死 笪廣厚妻鄭氏反縛焚死 笪名義妻某氏 笪廣順妻某氏俱殉 笪安懷妻殷氏在裔莊被戕 笪修鼎妻譚氏 周家炳妻夏氏俱焚死 張永壽妻紀氏 施孝斌妻某氏俱被戕 施孝賢妻某氏焚死 徐志富妻某氏 王世炳妻施氏俱殉 笪立才妻胡氏被戕 笪名球妻丁氏矛刺死 樊德廣妻張氏 高成裘妻陳氏 習朝棟妻陳氏俱殉 習永林妻巫氏被戕 習朝紀妻某氏 戴儆合妻王氏 戴榮茂妻笪氏俱被焚 習朝亮妻施氏投水 戴儆森妻王氏 程世新妻吳氏 程世漢妻

劉氏　李阿大妻某氏　程盛德妻某氏　程盛輔妻施氏
程彥增妻某氏俱不屈被戕　程世有妻陳氏　程彥高妻施氏
程嘉林妻湯氏俱被害○以上均望仙鄉人　唐崇忠妻徐氏　史國義
妻李氏　唐崇福妻趙氏　唐道文妻某氏　唐崇桂妻某氏
唐道茂妻某氏　唐道有妻某氏　唐儒芝妻某氏均被害
高熙文妻紀氏　高熙滄妻某氏懸梁焚死　高堯典妻張氏　吳
存商妻施氏俱被戕　吳久忠妻步氏被刺死　吳存武妻某氏投水
吳存良妻巫氏自縊　陳清德妻徐氏　陳禮富妻王氏　陳
清珮妻成氏　陳清型妻周氏俱被戕　丁秉康妻孫氏縛諸稻牀焚死
丁順秀妻秦氏被逼投水○以上均仁信鄉人　淩盛全妻朱氏在湯家邊被戕
張正太妻某氏在施家邊被戕○均句容鄉人　潘一利妻陳氏　潘一
帽妻某氏　潘本善妻王氏　潘自修妻范氏　潘一枝妻范

氏俱絕粒死○以上均望仙鄉人　莫某妻呂氏　朱有餘妻王氏俱絕粒死○均來蘇鄉人　孫發金妻笪氏　笪某妻紅氏　笪美才妻潘氏俱絕粒死○均望仙鄉人　李成鶴妻邰氏絕粒死○瑯琊鄉人　笪林福母吳氏被搒死　笪某妻居氏矛刺死　笪教射妻張氏　王某妻東氏俱被戕○均望仙鄉人　張德章妻朱氏投水死○來蘇鄉人　戴長仁母巫氏刺入水死　戴延惠妻趙氏　戴啓德妻滕氏俱殉○均移風鄉人　孔廣起妻某氏　笪名濂妻張氏　笪教國妻張氏俱殉○均望仙鄉人　趙宗仁妻許氏　趙大湘母曹氏俱絕粒死　許治昇妻朱氏　許治焻妻衞氏　許世琇妻阮氏　許世政妻孫氏　許培珪妻方氏　許世壞妻夏氏　許世壎妻胡氏　許世墩妻胡氏　許世基妻周氏　許培琳妻胡氏　許世濟妻趙氏　許世渭妻戴氏　許培琮妻孫氏　許世滔妻胡氏　許培珅妻衞氏　許

萬沛妻王氏　許世信妻周氏　許萬年妻周氏　許萬山妻張氏　許萬鎡妻劉氏　許世璋妻王氏　許萬繡妻孫氏俱絕粒死　胡德秀妻陳氏　胡德文妻耿氏　胡德彩妻王氏俱絕粒死　陳廣某妻趙氏　陳廣金妻趙氏　陳大茂母某氏俱絕粒死〇以上均承仙鄉人　丁朝璐妻高氏　莫愜清妻鄒氏　郭廷緯妻王氏　錢玉福妻華氏　郭應生妻莫氏　戴清芳妻郭氏　趙安定妻某氏俱不屈投水死〇以上均來蘇鄉人　孫道明妻朱氏　紀名輿妻魏氏　畢日增妻郭氏俱不屈投水死〇均句容鄉人　呂得憲妻華氏　呂文啓妻某氏俱不屈投水死〇均孝義鄉人　唐啓棟妻任氏遇賊不屈被戕〇來蘇鄉人　李長春妻徐氏遇賊不屈被戕〇孝義鄉人　胡盛通妻孫氏遇賊不屈被戕〇來蘇鄉人　戴延德妻許氏遇賊不屈被戕〇移風鄉人　唐啓龍妻張氏　朝進妻東氏姓逸竹塘邨人不屈被戕　鄒我長妻芮氏　許傳榮

妻毛氏不屈被戕○均來蘇鄉人　劉勝來妻某氏　劉明寶妻段氏
劉明才妻戴氏俱不屈被戕○均孝義鄉人　朱[redacted]富妻某氏　莫恆惠
妻王氏俱不屈被戕○均句容鄉人　趙忠定妻王氏遇賊不屈被戕○崇德鄉人
李定賢妻某氏　畢繼萬妻某氏　高艮富妻張氏俱不屈被戕○
均句容鄉人　王廷忠母孔氏　徐方啓妻錢氏俱不屈被戕○均來蘇鄉人
戴廷昇妻錢氏不屈被戕　張餘楨妻徐氏　唐德隆妻李氏
徐應鑑妻鍾氏　朱志明妻徐氏　施國成妻潘氏　湯可慶
妻某氏　劉長有妻孫氏俱被焚死○以上均來蘇鄉人　孫初明妻某氏被焚
死○句容鄉人　趙信惟妻某氏被焚死○崇德鄉人　畢成松妻某氏被焚死○
句容鄉人　陳正邦妻高氏　唐道壽妻高氏俱自縊○均來蘇鄉人　謝
成德妻張氏青山圩人　陶兆榮妻紀氏上達岡人　戴長庚妻董氏俱自
縊　劉賢玉妻唐氏　許傳祥妻張氏　許永德妻張氏俱不屈殉

難○均來蘇鄉人 紀名瑞妻曹氏 唐崇德妻史氏俱不屈殉難○均句容鄉人 唐道祿妻葛氏 唐道有妻高氏 唐道緒妻某氏

唐道才妻某氏 唐道明妻某氏 唐美恩妻高氏 張有德妻樊氏 孫盛餘妻束氏 徐玉明妻某氏 束國藹妻李氏

郭延興妻朱氏 任德臣妻束氏 莫恆茂妻吳氏 郭延發妻史氏 郭天祥妻張氏 管盛富妻笪氏 盛如松妻趙氏 尹長發妻陳氏 孫興高妻某氏 鍾安祿妻王氏 劉萬生妻張氏 劉盛惠妻徐氏俱不屈殉難○以上均來蘇鄉人 趙國旺妻張氏遇賊不屈殉難○句容鄉人 李有庚妻陳氏遇賊不屈殉難○孝義鄉人 張德熙妻湯氏 鄭方茂妻某氏 高秉有妻鄒氏俱不屈殉難○均來蘇鄉人 張慶楨妻曹氏大河莊人子刺死 孫宏■妻某氏隆金 徐元忠母某氏投圍中死○均句容鄉人 呂存貴妻某氏殉丹陽難 張長富妻

某氏不屈被戕　徐仁金妻王氏強逼不從被戕　成德榮妻徐氏不屈被戕　徐祖漠妻某氏被擄死　徐富順妻某氏　徐祖厚妻許氏　徐祖興妻某氏　徐宗洪妻某氏　徐祖方妻劉氏　徐祖培妻張氏　徐祖庶妻某氏　徐祖進妻某氏　徐祖元妻畢氏俱絕粒死○以上均孝義鄉人　張德政妻陳氏　張德亮妻某氏　徐祖壽母某氏俱絕粒死○均來蘇鄉人　謝益昇妻貢氏絕粒　呂得朋妻賈氏不屈被戕○均移風鄉人　徐厚墉妻經氏　蔣中清妻吳氏俱自縊死　楊正起妻王氏　楊光合妻王氏　楊大周妻王氏　楊大瀛妻丁氏　周恆塘妻湯氏　王世濂妻汪氏　駱繼倫妻王氏　方宜芝妻劉氏　竇艮珠妻方氏　趙開金妻某氏　杜世紋妻吳氏　杜世維妻朱氏　張承元妻杜氏　吳在文妻朱氏　張應堂妻欒氏　楊學友妻雍氏　杜德連妻陳氏　夏啓

懷妻王氏俱殉 夏啓和妻茅氏 陳履炘妻杜氏 李明貴妻
楊氏 王思鎮妻趙氏 經學樟妻楊氏 經學棟妻王氏俱投
河死 經學椿繼妻吳氏被戕 蔣中蘭妻朱氏 蔣正桃妻何氏
蔣正榜妻孔氏 蔣正昱妻趙氏 趙傳征妻潘氏 趙某
妻陶氏 湯韶善妻某氏 駱繼隆妻趙氏 杜世浩妻楊氏
方在成妻張氏 陳維忠妻某氏 杜世榮妻徐氏 陳應
道妻賈氏 張完玉妻戴氏俱不屈投水死 趙開先妻高氏 楊士
明妻某氏 趙開枝妻某氏 趙文信妻某氏 趙文海妻某
氏 許欲善妻徐氏 陳述榮妻潘氏 方艮培妻陳氏 趙
文重妻張氏 杜成興妻胡氏 杜德蓬妻陳氏 杜德華妻
欒氏 欒慶山妻竇氏 吳某妻欒氏 陳忠惠妻某氏 陳
應培妻某氏 張舉五妻束氏 張元某妻梅氏 張元董妻

杜氏　張開五妻潘氏　張元崑妻梅氏　朱本善妻尹氏　步雍華世祥妻竇氏　陳昌性妻趙氏俱不屈被戕○以上均臨泉鄉人　步雍元妻蔣氏　步雍富妻高氏　唐崇寬妻步氏俱不屈被戕○均仁信鄉人　巫家珍妻包氏　巫家敦妻某氏　巫宜賢妻某氏　陳正麟妻某氏　陳安壽妻某氏　陳咸道妻董氏　陳咸允妻某氏　陳咸岐妻楊氏　陳正仙妻程氏俱不屈被戕○以上均望仙鄉人

趙仁才祖母某氏十年中炮死　杜文祥妻某氏被榜掠死　蔣正先妻竇氏被焚　楊光敬妻徐氏　楊一純妻李氏　楊一昌妻章氏　周恆莪妻張氏俱不屈被戕　湯韶金妻吳氏不屈投水○以上均臨泉鄉人

陳正義妻楊氏同治元年遇賊不屈被火焚死　巫立瑜妻夏氏　樊祖見妻孫氏　高耀柏妻紀氏　高耀典妻徐氏　李子興妻高氏　李子瑞妻某氏　李朝源妻高氏　李成益妻魏氏　李

子美妻陳氏　笪世文妻某氏　樊道盛妻武氏俱不屈被戕○以上
均望仙鄉人　吳廷順妻沈氏　吳廷灝妻某氏俱不屈被戕○均仁信鄉人
王金富妻梅氏　梅邦道妻施氏　梅本謙妻施氏　陳朝
秀妻李氏　陳國銘妻施氏　徐國昌妻夏氏　徐立德妻朱
氏　徐立英妻張氏俱不屈被戕○以上均望仙鄉人　戴永龍妻樊氏不屈
被戕○來蘇鄉人　步熙仁妻王氏遇賊不屈被戕○仁信鄉人　巫崇榮妻某氏
巫昭朋妻某氏俱不屈被戕○均望仙鄉人　張餘三妻蔣氏　范某
妻郤氏見附傳○均孝義鄉人　朱志宏妻郤氏遇賊不屈被戕○仁信鄉人　巫
道高妻張氏　范某妻郤氏俱不屈被戕○均孝義鄉人　張德彬妻葛
氏罵賊被戕　曹政金妻林氏　周恆壽妻朱氏俱不屈被戕○均茅山鄉人
步雍瑞妻張氏　步雍耀妻施氏　步雍求妻笪氏俱不屈殉難
○均仁信鄉人　巫家兆妻朱氏　馬奇高妻某氏　陳咸喜妻高

氏　陳安耀妻樊氏　陳安興妻洪氏　陳安鍾妻高氏　陳咸明妻某氏　陳咸壽妻步氏　樊昌茂妻高氏　樊昭坤妻徐氏俱不屈殉難○以上均望仙鄉人　吳賢秀妻朱氏　吳廷喬妻施氏　吳慶直妻于氏　吳慶鈺妻程氏　吳慶聚妻楊氏　王金有妻謝氏　王智忠妻笪氏　王聖常妻吳氏俱不屈殉難○以上均仁信鄉人　梅本珂妻潘氏　陳允富妻華氏　陳國英妻樊氏　陳貞發妻冷氏　李本法妻施氏　笪敎從妻翁氏　巫昭福妻某氏俱不屈殉難○以上均望仙鄉人　王大耀妻李氏　王志生妻侯氏俱不屈投水死○均通德鄉人　唐道全妻汪氏　巫美秀妻唐氏　吳毓喜妻朱氏　李老三妻蔣氏　徐國茂妻趙氏　巫秀榮妻某氏　樊祖考妻楊氏俱不屈投水死○以上均望仙鄉人　朱生秀妻郤氏　張某妻唐氏　王啓有妻紀氏　王某妻朱氏見附傳　楊惟

仁媳朱氏有傳　劉某妻朱氏　張某妻蔣氏　張某妻孔氏
張某妻葛氏　王某妻葛氏　陳尊祧妻孔氏　時開寶妻張
氏俱不屈投水死○以上均瑯琊鄉人　王立昌妻俞氏　孔繼富妻沈氏
蔡成榮妻王氏俱不屈投水死○均茅山鄉人　唐道文妻丁氏臠割死　巫
奇裕妻包氏見附傳　巫立明妻施氏被縛柱釘心死○附傳　陳安親妻譚氏
被擄至馬琳邨誓死不屈磔死○均望仙鄉人附傳　王智揚妻吳氏　錢志俊妻朱氏
俱不屈剖腹死　詹聖志妻王氏見附傳○均通德鄉人　陳正儒妻董氏年七
十四　巫昭興妻某氏　貢元文妻紀氏　王聖元妻譚氏　王
聖年妻笪氏俱被倒懸死　樊昌曜妻陳氏　樊昌暇妻張氏　笪
禮錦妻王氏　張席珍妻韓氏俱不屈被焚死○以上均瑯琊鄉人　陳安甯
妻笪氏不屈被巨石撞死　樊啓方妻張氏不屈被梃擊死　徐寬忠妻某氏
見附傳　樊緒倉妻朱氏被擄不屈亂刃砍死　樊緒治妻史氏遇賊被追迫投井死

王智才妻邱氏被梃擊死　郜某妻劉氏被擄欲污急投水死○以上均通德鄉人
鄧邦福妻包氏被絞死　曹尚忠妻戴氏不屈被榜死○均茅山鄉人
嚴福鹿妻朱氏不屈殉○句容鄉人　楊憲明妻某氏蔡家邨人不屈殉　許傳
錫妻某氏不屈殉○福祚鄉人　王祖祿妻尚氏　經士越妻丁氏　經
士錕妻淩氏俱不屈殉○均臨泉鄉人　趙治源妻徐氏　王文琪妻許
氏　趙治進妻經氏　趙治義妻丁氏　韓正朝妻唐氏　韋
宏皋再繼妻王氏　韋明法妻席氏　韋明槐妻呂氏　韋明
桂妻王氏　周美諒妻徐氏　趙家奇妻某氏在溧水界殉難　趙成
信妻李氏在揚州境殉難　趙士序妻某氏　趙志貞妻經氏　趙家
旺妻許氏　趙家財妻某氏在山岔殉　湯志全妻樊氏　湯志松
妻某氏俱不屈殉難○以上均通德鄉人　糜國高妻譚氏　糜尊治妻某
氏　糜尊富妻某氏　糜國喜母某氏　糜尊玉妻某氏俱不屈殉

難○以上均來蘇鄉人　戴朝榮妻高氏　戴士慶妻周氏　楊學能妻戴氏　楊一才妻魏氏　雍孝治妻華氏　雍延佑妻宮氏　雍延政妻朱氏俱不屈殉難○以上均臨泉鄉人　劉立舉妻王氏絕粒　劉立珮妻某氏　郭天成妻孫氏俱投圜中死　郭應先妻紀氏絕粒○均來蘇鄉人　董秉讓妻歐陽氏絕粒死○望仙鄉人　蔣中坤妻某氏　高正富妻某氏　高德信妻尙氏　高某妻紀氏俱絕粒死○均移風鄉人　耿元盛妻王氏　耿元興妻郭氏俱絕粒死○均孝義鄉人　馬志發妻李氏　馬志才妻某氏　馬志聯妻唐氏　蔣明禮妻某氏俱絕粒死　周某妻某氏在駒驪山下被焚死○以上均仁信鄉人　鄒正悌妻王氏　鄒我虎妻高氏　趙殿旺妻某氏　章玉和妻呂氏　張慶旺妻蔣氏　王全朝妻某氏　王德昇妻高氏　王德寬妻裔氏　劉勝金妻張氏　劉勝豪妻房氏　劉明高妻樊氏

朱德全妻雷氏　芮繼恭妻笪氏　芮繼餘妻仇氏　陳萬壽妻芮氏　劉茂喜妻畢氏　曹志謀妻某氏　高學篁妻王氏　高秉有妻仇氏俱絕粒死○以上均來蘇鄉人　史茂榕妻郭氏　潘繼朝妻曹氏　潘繼義妻某氏　潘繼成妻某氏　潘繼先妻史氏　史兆芝妻董氏　史茂階妻張氏　史兆鼇妻嚴氏　嚴可親妻萬氏　嚴可朋妻董氏　嚴德元妻某氏　嚴德法妻岳氏　陰進福妻嚴氏　陰榮宗妻王氏　嚴承功妻朱氏　嚴德培妻朱氏　嚴德章妻胡氏　丁有高妻闕氏　丁人吉妻何氏　丁有福妻唐氏　丁有聲妻夏氏　丁有貴妻畢氏　丁有庠妻孫氏　丁德宏妻孫氏　丁德寬妻朱氏　朱家法妻紀氏　孫克俊妻丁氏　孫克傳妻董氏　孫克本妻王氏　孫清明妻郭氏　孫清亮妻某氏　潘繼玉妻貢氏・潘

繼祥妻成氏　潘繼光妻丁氏　潘成逮妻某氏　潘繼賓妻
某氏　潘繼法妻孫氏　潘成元妻孫氏　潘三强妻孫氏
潘繼堯妻成氏　潘傳玉妻趙氏　潘成隆妻王氏　潘成盛
妻曹氏　潘繼保妻陳氏　唐德寬妻紀氏　嚴福喜妻施氏
嚴志慶妻某氏　嚴福廣妻潘氏　楊秀吉妻唐氏　余啓
光妻唐氏　王榮益妻某氏　王榮有妻徐氏　王榮棟妻何
氏　唐世祥妻潘氏　楊明第妻唐氏　楊明盛妻唐氏　吴
元明妻鄒氏　沈正發妻王氏　于元興妻楊氏俱不屈殉難○以上
均句容鄉人　潘本興妻姚氏　潘立源繼妻某氏　潘立恕妻陳
氏　潘自序妻丁氏　潘自文妻魏氏　潘自安妻巫氏　潘
立富妻某氏　潘自求妻張氏　潘一信妻某氏　潘一瓚妻
鄭氏　潘自君妻包氏　潘一棠妻汪氏俱不屈殉難○以上均望仙鄉人

王世泰妻某氏　王聖謨妻[illegible]氏　王聖鍠妻某氏　王聖懿妻張氏　王聖治妻包氏　王高年妻笪氏　王聖才妻許氏　步正謙妻巫氏　步正壽妻笪氏　步熙洪妻李氏　步正先妻譚氏　步正儒妻樊氏　步正英妻李氏俱不屈殉難○以上均仁信鄉人　湊才濟妻吳氏投井○坊郭人　柳餘安妻周氏不屈投水死○孝義鄉人　李大淮妻某氏高家邊人不屈投水死　張加發妻王氏丁家圩人被數創投水　朱宣倉妻史氏不屈投水死○來蘇鄉人　戴士祥妻吳氏　戴學潤妻樊氏　韋明保妻于氏　韋明庚再繼妻趙氏　趙家全妻王氏　高榮宗妻許氏　巫某妻酈氏　呂其順妻樊氏俱不屈投水死○以上均通德鄉人　李某妻楊氏　蔣家淇妻某氏俱不屈投水死○均臨泉鄉人　湯全章妻吳氏不屈投水死○通德鄉人　于發順妻陰氏小溪邨人不屈投水死　王盛全弟婦某氏朱巷人不屈投水　湯廷蘭妻吳氏李家邊人不

屈投水死　張某妻王氏下邨人不屈投水　朱達金妻某氏被擊死○來蘇鄉人　張玉昌妻王氏俱罵賊被戕○均通德鄉人
趙家書妻韋氏在戴巷被戕　湯全美妻王氏
王道全妻糜氏　糜國春妻朱氏　糜茂海妻巫氏
巫國文妻某氏　糜尊謨妻巫氏　張慶喜妻巫氏俱罵賊被戕○以上均來蘇鄉人
周秀霞妻巫氏有傳　周太廉妻陳氏
巫發秀妻某氏　高登華妻馬氏俱罵賊被戕　戎萬寶妻許氏有傳
○以上均通德鄉人　劉裕昌妻駱氏罵賊被戕　劉鴻鈞妻王氏　陳承康妻吳氏俱被戕○均坊郭人
趙堯森妻陳氏被戕○移風鄉人　鄒我武妻某氏被戕○來蘇鄉人
徐洪順妻某氏後塘邨人被戕　張慶壽妻曹氏
張慶德妻巫氏俱被戕○均移風鄉人　楊義瑝妻朱氏　楊維英妻趙氏均楊毛仇邨人俱被戕
張正興妻笪氏　潘自康妻董氏　潘立侑妻汪氏
潘一誥妻徐氏　潘本勤妻某氏　潘立淮妻

巫氏　潘立節妻紀氏　潘一典妻陳氏　潘本經妻包氏
潘立宰妻某氏　潘一汶妻某氏　潘立楚妻紀氏俱被戕　潘
一坤妻陳氏被賊倒懸死　張永豐妻陳氏被磔死○以上均望仙鄉人　史
德彩妻朱氏被戕○句容鄉人　三老媼姓氏逸解塘人年七十二在郭家邨被戕　陳
正發妻張氏後李邨人拷掠死　高秉信妻王氏　高盛朝妻趙氏
鄒我仁妻郭氏俱拷掠死　糜茂忠妻張氏被焚死○均來蘇鄉人　董裕
尚妻李氏　董秉春妻某氏俱拷掠死　董裕海妻洪氏被焚死○均望
仙鄉人　湯廷貴妻徐氏拷掠死○鳳壇鄉人　許某妻何氏不屈被戕○崇德鄉人
芮朝曾妻張氏　張仁富妻陳氏　張金亮妻許氏俱投水殉
芮某妻郭氏十年在寨里邨被戕　孔歪嘴妻紀氏不屈投水死○以上均坊郭人　陶
某妻吳氏杜桂人投水　朱恭錫妻戴氏朱家山人不屈投水死　吳振遠妻
湯氏　周貞發妻楊氏　歐陽承才妻某氏　戴朝奎妻王氏

俱不屈投水死○均臨泉鄉人　楊祥茂妻芮氏　王正洋妻楊氏　許天
成妻李氏　王守模妻向氏　王守棟妻華氏　羅某妻張氏
俱不屈投水死　姚道生妻萬氏不屈被戕○以上均通德鄉人　朱宣餘妻吳氏
遇賊不屈被戕○來蘇鄉人　許十六妻某氏不屈被戕坊郭人　唐世洪母許氏
趙家塘人遇賊不屈被戕　吳清和妻潘氏遇賊不屈被戕○臨泉鄉人　吳華基母
許氏不屈被戕　王大寬妻汪氏遇賊不屈被焚死　王大富妻戴氏夫亡削髮
爲尼聞賊至自焚死　華光庭母某氏臨泉鄉華家邊人　徐天祥妻高氏
徐天香妻張氏俱殉難○均坊郭人　吳德鎔妻楊氏　周登瀛妻王氏
楊一順妻周氏俱殉難○均臨泉鄉人　華明漢妻丁氏　芮雋才
妻華氏　凌長傑妻許氏俱殉難○均坊郭人　朱克友妻龎氏朱家山人殉
難　王家瑞妻楊氏被戕○臨泉鄉人　樊緒有妻王氏投水死○仁信鄉人
楊正灯妻朱氏十年殉○孝義鄉人　王廷幹妻高氏在凝家邊殉難　嚴成揚

妻馮氏　嚴成業妻褚氏　嚴成松妻華氏　嚴可周妻徐氏
嚴本高妻李氏　馮和雙妻某氏瞽目　凌長虎妻某氏　陳
達明妻張氏　陳如彭妻嚴氏　陳達高妻田氏　陳達清妻
嚴氏　陳德順妻嚴氏　凌和仁妻陳氏　凌德仁妻汪氏
凌道亨妻馮氏　凌德義妻嚴氏　凌道金妻唐氏　袁孝龍
妻唐氏　袁公茂妻魏氏　嚴福廣妻倪氏　嚴福康妻何氏
嚴福元妻潘氏　嚴世福妻戴氏　嚴世恆妻尹氏　沈振
宏妻倪氏　沈昌進妻唐氏　周恆金妻唐氏　周恆德妻紀
氏　呂昌眞妻唐氏　張慶高妻何氏　張慶禮妻胡氏　張
慶晉妻何氏　張慶孝妻陳氏　張慶艮妻唐氏　何咸堂妻
顧氏　何咸山妻某氏　何咸景妻朱氏　何宜完妻胡氏
何宜成妻王氏　嚴成升妻沈氏　嚴成均妻張氏　嚴可康

妻唐氏　嚴可有妻某氏　嚴可甲妻某氏　袁德讓妻唐氏
袁孝富妻貢氏　袁德眞妻黎氏　袁德成妻張氏　王太
元妻史氏　王朝芝妻萬氏　王朝蘭妻鄒氏　王淸秀妻嚴
氏　孫全明妻某氏　任永發妻孫氏　貢正金妻費氏　貢
正甯妻丁氏　貢道發妻潘氏　貢道庸妻唐氏　貢道勝妻
唐氏　貢道彭妻唐氏　貢正富妻某氏　王興才妻貢氏
貢崇位妻某氏　唐明修妻成氏　王全高妻潘氏　王孝民
妻唐氏俱不屈殉難○以上均句容鄉人　王凝愛妻周氏　王凝柏妻趙
氏　王凝桓妻趙氏　徐承錫妻王氏　徐艮治妻許氏俱絕粒死
○以上均承仙鄉人　謝繼楠妻皇甫氏不屈被焚死○鳳壇鄉人　韓進廷妻陳
氏見賊痛罵被拷死○孝義鄉人　孔某妻王氏　孔某妻任氏俱青城埠人六年不屈
同投水死　雍藝發妻李氏殉蘇州難　雍延錦妻高氏十年投塘殉○均臨泉鄉

人　裔元黃妻姚氏被逼投塘死○移風鄉人　王士魁妻某氏賊至投水　陳茂華妻錢氏　陳興萬妻胡氏　陳有聚妻王氏　戴禮元妻許氏　戴定明母王氏　居大有妻韓氏　居明方母某氏　張子富妻吳氏　王文有妻陳氏　韓全方妻某氏　韓安邦妻劉氏　韓耀富妻某氏　韓熙連妻某氏　韓熙堂妻徐氏　韓洪彩妻趙氏　韓熙旺妻蔡氏　韓熙林妻王氏　韓文仁妻戴氏　韓熙方妻某氏　韓文祥妻某氏　韓朝發妻郤氏　李全仁妻陳氏　滕正福妻張氏　滕正財妻巫氏　滕道章妻郭氏　滕道仁妻裔氏　滕道義妻徐氏　滕正培妻紀氏　滕道祥妻徐氏　滕道純妻徐氏　滕士壽妻鄒氏　周正富妻滕氏　周正祥妻曹氏　劉本森妻王氏　劉慶安妻匡氏　劉慶昭妻朱氏　劉厚金妻王氏　劉慶仁妻滕氏

劉慶賢妻萬氏　劉德榮妻柳氏　劉餘來妻王氏　巫道富妻王氏　巫至悅妻陳氏　巫希富母某氏　巫至朝妻張氏　耿至春妻王氏　王永生妻某氏　王廷舉妻某氏　王廷發妻某氏　王士明妻郤氏年七十餘　王士方妻李氏　王士瑜妻張氏　王智文妻某氏俱絕粒死　王達貴妻張氏被戕　王士禮妻張氏　范傳友妻某氏　范傳餘妻江氏　范傳榮妻某氏　王美和妻郤氏　裔世恆妻某氏　文美亮妻李氏　金長有妻戴氏　王循禮妻劉氏　張[redacted]妻郤氏　胡大春妻賈氏　胡德深妻某氏　胡德禮妻范氏　許邦相妻余氏　許明升妻王氏俱絕粒死○以上均孝義鄉人　尹明祥妻時氏　尹明全妻袁氏　陳恆興妻謝氏　裔正愷妻張氏　裔正瑞妻許氏　裔元質妻許氏　裔明堂妻章氏　李德玉妻王氏　李德

金妻王氏　滕盛茂妻葛氏　郁長通妻■氏　吳明金妻某
氏俱絕粒死　張明光妻葛氏不屈備受楚毒卒焚死　王尚林妻巫氏　王
永忠妻裔氏不屈備受苦刑卒焚死　戴忠生妻王氏賊逼銀不得被焚死　居士
盛妻某氏　林義寶妻周氏　王達進妻劉氏　張延綱妻佘
氏　許邦權妻張氏　王忠友姑母王氏俱被戕　吳文煥妻劉
氏　李賢文妻郘氏　李德朝妻毛氏　李賢相妻徐氏俱投水死
巫道清妻趙氏　王召鶴妻某氏俱自縊　徐正財妻某氏
李德隆妻王氏年七十三　許長林妻李氏俱被拷死○以上均移風鄉人　王
通昱妻汪氏北城上人被執欲污猝投塘死　許貞漢母某氏　俞學金妻
朱氏　曹某嘉妾某氏　阮家庸妻張氏　阮家鋙妻姚氏俱不
屈投水死　阮聖美妻某氏　阮賢寶妻王氏俱被戕　俞學安妻王
氏　俞學儀妻鄭氏　俞學師妻戴氏俱被焚死　許繼廩妻桂氏

十年賊至家口被擄乃縊　倪昌鯉妻俞氏賊至慘死　俞秉松妻孫氏　俞正
燦妻孔氏　俞野堂妾管氏　倪衍培妻王氏　倪熾海妻周
氏俱殉○以上均承難仙鄉人　王永昭妻周氏在白羊門被戕○坊郭人　李全平
妻王氏十年平被擄王自縊　胡有福妻許氏十年被擄至壩沿遽投入水賊怒以矛刺死
李彭年妻周氏十年投水死數日面如生　趙治坤妻汪氏賊至投水　倪熾鑑
妻王氏見夫被擄遂投水殉　趙家栻妻某氏見賊必罵不已後投水死　趙家和妻
許氏　張心照妻周氏　徐克地妻張氏　許宸紹妻曹氏
王德榮妻孫氏　孫永洞妻呂氏　孫世英妻顏氏俱投水死　俞
正配妻蔡氏遇賊痛罵被戕　朱繼春妻張氏遇賊砍死　徐良灘妻孫氏
喬俊鵬妻丁氏　倪懷泮妻胡氏　許貞佃妻劉氏俱被戕
徐良湘妻戴氏被亂刃死　焦繼恆妻徐氏在唐陵庵燒死　蔡永富妻戴
氏十年閉戶○以上均承不食死仙鄉人　姚鳳池妻余氏賊至閉戶自縊　姚德昌

母華氏　儲紹寬祖母韓氏俱被擄不食死○均瑯琊鄉人　戴永鼇妻許氏　戴太賢妻歐陽氏　戴太餘妻陳氏　戴太文妻某氏　喬孝林妻王氏俱絕粒死○以上均仁信鄉人　房美同妻姚氏絕粒死○孝義鄉人　沈惟敬妻王氏　沈正濤母楊氏　沈正康妻糜氏俱絕粒死○均移風鄉人　王士久妻某氏　陳玉德妻糜氏俱絕粒死　柳餘安妻周氏投水死○均孝義鄉人　謝清源妻李氏投水死○鳳壇鄉人　喬祥純妻譚氏投水死○仁信鄉人　房懷位妻鄒氏年八十投水死○孝義鄉人　戴艮芝妻某氏　戴艮理妻某氏俱投水死○均仁信鄉人　許維仁妻朱氏被焚死○福祚鄉人　戴太奎妻梅氏被焚　笪某妻解氏　喬孝壽妻戴氏俱不屈被戕○均仁信鄉人　房德衡妻糜氏　陳朝秀妻董氏　陳某妻巫氏俱不屈被戕○均孝義鄉人　沈惟虎妻糜氏遇賊不屈被害○移風鄉人　房德榮妻高氏　房祖明妻沈氏　房同方妻周氏俱不屈被害○均孝

義鄉人　湯可慶妻某氏被亂刃死。鳳壇鄉人　戴太德妻某氏被戕。仁信鄉人
唐世福妻方氏　李明德妻劉氏俱被拷死　李艮賓妻陶氏
李艮臣妻薛氏　李國舉妻王氏　曹敏哲妻高氏　張長育妻楊氏　張遠高妻戴氏　唐序邦妻某氏　吳秉哲妻尚氏俱不屈投水死　王開成妻錢氏罵賊不屈投水死　尚世銘妻王氏　尚世隆妻張氏俱被戕　李家祥妻陳氏　曹成名妻樊氏　王光英妻曹氏遇賊不屈自刎　張延隆妻崔氏　張長生妻王氏　張孝基妻唐氏　經立德妻謝氏俱不屈被戕　尚德盈妻經氏被焚死
章正宏妻方氏焚死　陳正芳妻吳氏　陳齊智妻唐氏俱十年殉。○以上均上容鄉人
周永吉妻丁氏賊逼不從被砍死　呂元基母姜氏投河死○均仁信鄉人
胡有典繼妻王氏殉無錫難句容鄉人　許珍謙妻趙氏
蔡艮浩妻朱氏均見兩江忠義冊　屈國謙妻史氏　王延美妻吳氏

黎大信妻田氏　黎世金妻朱氏　曾艮寬妻周氏　湯艮學妻吳氏　唐啓林妻汪氏　唐壽生妻駱氏　田明居妻某氏　汪大潮妻樊氏俱絕粒死○以上均來蘇鄉人　侯其榮妻張氏　蔣一純妻某氏俱絕粒死○均移風鄉人　張大生妻某氏絕粒死○孝義鄉人　周進修繼妻王氏　周秀昆妻王氏　周應東妻陳氏　周貞嘉妻吳氏　周錫貢妻王氏俱十年同日殉○以上均茅山鄉人　雍炳南妻沈氏不屈投水死○臨泉鄉人　張應楨妻歐陽氏不屈投水死○孝義鄉人　汪溳文妻李氏不屈投水死○坊郭人　湯正德妻徐氏　成德源妻朱氏俱不屈投水死○均來蘇鄉人　楊正厚妻吳氏　楊邦居妻范氏　楊家福妻某氏　楊國茂妻吳氏　史元浩妻某氏　吳洪鈞母某氏　周篤昌妻王氏　吳明愷妻曹氏　周衍錦妻孫氏有孕　周繼德妻某氏　陳傳金妻柳氏俱不屈投水死○以上均茅山鄉人　王長浩妻某

氏　陳聯蓮妻唐氏　田興孝妻汪氏俱不屈被戕○均來蘇鄉人　劉裕恆妻鄒氏不屈被戕○坊郭人　倪盛倫妻章氏　趙永楨妻某氏　王善惠妻韓氏　戴德全妻張氏　尹永君妻樊氏俱不屈被戕○以上均移風鄉人　張長書妻某氏被戕○孝義鄉人　唐繼坤妻許氏　王凝錫妻賈氏　周鴻華妻呂氏　王裕堂妻徐氏　曹正貴妻周氏　王安成妻某氏俱不屈被戕　周篤生母丁氏罵賊縊死○以上均茅山鄉人　倪可田妻高氏　蔣一琪妻倘氏俱被戕○均移風鄉人　茅慶玉妻某氏拷死　成有德妻吳氏焚死○均茅山鄉人　章朝恆妻張氏被焚死　張才簣妻葛氏剖腹死　雍旭揚妻宮氏有傳○均臨泉鄉人　趙倫福妻徐氏在潦塘殉　張延高妻李氏在范家莊殉難　魏元盛妻吳氏　李義松妻蔣氏俱十年殉　吳保南妻欒氏　湯惟富妻戴氏　湯偉仕妻高氏　湯家濤妻陸氏　張明棣妻陶氏　張

琨瑶妻蔣氏　楊貫三妻吳氏　楊秉衡妻趙氏　楊良安妻戴氏　楊萬春妻盧氏　楊良福妻趙氏　張惟馨妻陳氏　張仁益妻邱氏　張在西妻朱氏　陶玉林妻湯氏　陳炳陽妻楊氏　陳敏春妻張氏　陳恭敬妻端木氏　蔣裕祥妻華氏　陶宗景妻鍾氏　陶言訓妻張氏　戴儒岐妻任氏　戴元昌妻潘氏　俞宏亮妻萬氏　吳立勤妻戴氏　丁龍山妻吳氏　賈式慶妻唐氏有傳　王德芬妻錢氏　王文佩妻陳氏　經懷珍妻張氏　張秀有妻余氏　王文宏妻蔣氏　王德蘭妻趙氏俱不屈投水死　商仁義妻楊氏不屈被戕　湯瑞五妻王氏　陶宗坤妻湯氏俱不屈自縊死　華聚榮妻陳氏　許光某妻駱氏俱投井死　楊象周妻陶氏　蔣掄青妻周氏俱自縊死　宣正鶴妻吳氏　華潤三妻徐氏在華家邊被戕　陶仁渭妻吳氏　陶大益妻吳氏

陶宗佳妻陳氏　李熙高妻劉氏俱被戕　戴秉章妻宮氏十年罵賊

投水　吳元甫妻方氏　許大生妻徐氏俱被害　陳某某妻萬氏

鈐塘郵人遇賊不屈投塘死　朱位中妻張氏殉蘇州難　朱鳴和妻陶氏　朱

天培妻李氏　朱可如妻袁氏俱十年不屈投水死　朱舜典妻陳氏同治

元年殉難　朱書占妻陶氏　朱昌復妻孫氏均楊柳郵人俱六年投水死　朱

宣成妻張氏　王某妻朱氏　王德桂妻高氏　朱志煒妻張

氏　笪修懷妻某氏　笪修章妻尹氏　笪名珍妻嚴氏　笪

名寶妻王氏　笪立高妻朱氏　笪修隆妻某氏　胡正奇妻

某氏　胡正福妻朱氏　胡正方妻戴氏　張慶和妻某氏

湯盛寶妻某氏　高汝鑑妻鄒氏　高汝笙妻張氏　高秉文

妻張氏　高老五妻徐氏　高樾南妻許氏俱絕粒死　成老六毋

某氏投水死　巫家成妻糜氏　蔣恆科妻王氏俱十年被逼投水死　糜

宏昌妻張氏投水刺死　笪修仁妻芮氏　笪修金妻周氏　胡正萬妻某氏　高盛有妻趙氏　高公仁妻王氏　高忠輝妻鄒氏俱不屈慘死○以上均來蘇鄉人　王宗海妻某氏遇賊投水三拯三投賊怒用油綿裹焚死

吳木匠妻某氏有傳○王志佳妻吳氏附傳　陳兆元妻吳氏罵賊被戕　李和壽妻某氏　王士直妻淩氏俱不屈被拷死　李中立妻唐氏　王哲斌妻曹氏俱遇賊不屈被戕○以上均上容鄉人　朱繼椿妻張氏

吳爲喜妻竇氏　吳士東妻朱氏　吳士瀾妻徐氏　吳士金妻魏氏　吳士貴妻竇氏俱遇賊不屈被戕　戴立錕妻竇氏在馬鞍山被戕　戴臣發妻楊氏遇賊不屈被戕　俞宏福妻張氏在龍都鎮被戕　吳朝明妻楊氏　吳明盛妻張氏　吳大祺妻章氏俱遇賊不屈被戕○以上均臨泉鄉人　淩啓錦妻倪氏　朱某妻施氏俱遇賊不屈被戕　朱榮瑞妻張氏在謝巷被戕○均來蘇鄉人　周貞勳妻吳氏　孔廣緒妻謝氏

俱遇賊不屈被戕　李發元母某氏在下袁郵被戕　倪盛科妻某氏　朱承
順母胡氏俱遇賊不屈被戕　趙廷魁妻李氏　朱有華妻梅氏　王
廣壽妻某氏　胡有華妻俞氏　胡志仁妻莫氏俱被逼不屈投水死○
以上均茅山鄉人　朱本祥妻方氏　張某妻周氏　濮克鑑妻王氏
賓艮春妻吳氏　楊艮棟妻李氏　端木賢甯妻蔣氏　端
木樂明妻章氏　賓艮隊妻張氏　端木炘妻王氏俱被逼不屈投水死
○以上均臨泉鄉人　翁昌榮妻張氏　姚景汲妻某氏　俞學金妻
朱氏　朱家然妻王氏　王長熠妻倪氏俱被逼不屈投水死○以上均承仙鄉
人　周恆盛妻郭氏　朱志瀛妻吳氏　朱宣台妻巫氏俱被逼不
屈投水死○均來蘇鄉人　王光耿妻周氏被逼不屈投水死○上容鄉人　某某妻孫
氏陳家圩人被逼不屈投水死　戴儒森妻胡氏　朱宣占妻陳氏　錢益
宗妻武氏俱遇賊痛罵被戕　聞元琦妻梅氏十年被戕○均來蘇鄉人　王安

豹妻周氏　王安玉妻經氏俱投水被矛刺死○均崇德鄉人　胡本明妻
葛氏十年服滷死　朱家扆妻某氏被吊拷死　張茂春妻萬氏六年被亂刃死
萬隆旺妻王氏六年與媳俱被擄夜放媳逃賊覺被拷死○均茅山鄉人　凌長禮妻
吳氏被懸梁焚死○來蘇鄉人　許世堡妻盧氏賊索財不得用炮烙死　王宜蕃妻
陳氏六年見馬賊即奔死不受賊污　某某妻趙氏有傳○均承仙鄉人　孔繼福妻
某氏十年罵賊不屈身中數創猶罵不絕口遂被刳腹死　朱逵初妻笪氏　戴光貴妻
朱氏　朱志金妻縻氏　朱志玉妻樊氏俱義不從賊閉戶餓死○以上均來
蘇鄉人　許世洽妻王氏　許培瑞妻吳氏　許萬鋒妻王氏
許培慶妻曹氏　王凝惠妻趙氏　胡之原妻王氏俱義不從賊閉戶餓
死○以上均承仙鄉人　凌朝瑋妻某氏　凌朝欣妻朱氏　凌啓崇
妻芮氏　凌啓瓚妻貢氏　凌啓瑞妻陳氏　劉某妻魏氏
張玉盛妻戚氏　嚴全旺妻王氏　李盛義妻高氏　唐禮財

妻某氏　唐信福妻某氏　王延禮妻武氏俱義不從賊閉戶餓死　唐
信順妻潘氏被賊索財不得榜掠投水死　朱達年妻張氏　朱宣厚妻某
氏　朱志滄妻許氏俱遇賊不屈殉○以上均來蘇鄉人　王立交妻趙氏
許珍家妻柏氏　周永楨妻戴氏　王行仁妻葉氏俱遇賊不屈殉○
均承仙鄉人　倪承山妻羅氏　吳士鼇妻經氏　陶忠滿妻戴氏
魏永工妻王氏　潘自修母某氏　徐起兆妻謝氏　石洪
英妻戴氏　石先祥妻戴氏　鄒玉岡妻李氏　濮克善妻戴
氏　徐萬順妻某氏　楊紹庭妻麗氏　楊祚銀妻湯氏　楊
元林妻王氏　楊明杜妻某氏　李烜山妻戴氏　吳德陞妻
某氏　雍富泰妻侯氏　潘世新妻趙氏　潘泰盛妻林氏
宮雨田妻陶氏　魏昌玉妻某氏　俞魁一妻雍氏　濮克銀
妻俞氏　楊正芳妻俞氏　王趙懷妻俞氏　曹家安妻某氏

曹家惠妻尹氏　曹順發妻楊氏　朱攸才妻陳氏　戴老二妻某氏　戴至惺妻湯氏　戴朝模妻經氏　戴立芸妻雍氏　戴朝仁妻張氏　戴立松妻李氏　戴某妻龎氏　趙明瑤妻某氏　湯時宜妻端木氏　湯聖山妻陳氏　湯時貴妻吳氏　吳啓珍妻某氏　萬瑞堂妻朱氏　萬光榮妻雍氏　戴某妻經氏　華思藩妻某氏　周宏林妻某氏　魏元成妻楊氏　戴正先妻吳氏　華孝友妻某氏　竇忠財妻陳氏　經章成妻周氏　竇啓懷妻吳氏　竇忠學妻蔣氏　蔣裕源妻魏氏　張惇和妻華氏　陳正福妻某氏　方昌忠妻魏氏

魏一錦妻吳氏　蔡大瑱妻邱氏　蔡大杏妻徐氏　戴德賢妻吳氏　戴德成妻章氏　宮晉臣妻楊氏　朱起才妻張氏　朱士華妻徐氏　王錦玉妻包氏　王錦珍妻楊氏　王

老四妻楊氏　王賢明妻湯氏　楊學宏妻戴氏一楊正富妻
蔡氏　楊正隆妻戴氏　劉某妻楊氏　石如珍妻曹氏　温
榮才妻駱氏俱遇賊不屈殉難　楊三猴母張氏被賊燒死　俞雍三妻徐
氏投塘死○以上均臨泉鄉人　陳繼開妻王氏被焚死　汪錦文妻李氏
六年投水　朱嘉惠妻戴氏　朱道成妻某氏　朱興佑妻高氏
朱道榮妻文氏　朱道洪妻巫氏俱六年不屈被戕　劉永和妻王氏
朱道全妻高氏　王昭才妻張氏　朱盛祿妻孫氏　朱盛
連妻張氏　朱盛方妻巫氏　朱興榮妻紀氏俱十年不屈被戕　朱
盛坤妻湯氏　朱盛禮妻毛氏　朱興志妻楊氏俱同治元年不屈被戕
○以上均鳳壇鄉人　劉永仁妻王氏　賈德延妻解氏俱同治元年不屈被戕
裔某妻賈氏　江艮盛妻許氏　江艮珠妻朱氏　江某妻
居氏　江某妻滕氏　江某妻徐氏　賈延直妻張氏　湯長

知妻王氏　湯長青妻楊氏　王長偉妻嚴氏俱同治二年不屈被戕〇以上均移風鄉人　朱道美妻王氏　朱道海妻戴氏　朱道科妻劉氏均不屈被焚死　朱盛齡妻巫氏　朱嘉剛妻馮氏　朱嘉恩妻戴氏　朱道春妻戴氏俱不屈餓死　朱勝寶妻某氏十年投水〇以上均鳳壇鄉人　張啓順妻侯氏　張興達妻陳氏均排岡郡人不屈餓死　章某妻王氏　章某妻笪氏　賈某妻文氏俱不屈餓死〇均移風鄉人　王大求妻戴氏　王大榮妻孫氏俱被拷死〇均瑯琊鄉人　巫長凝妻張氏十年殉難　闕建[redacted]妻張氏六年投水　唐序倫妻王氏十年自縊　唐序雲妻陳氏　唐序勝妻楊氏俱十年被戕　唐序邦妻張氏十年在臨泉勱投河　唐序啓妻趙氏十年在赤山被戕　唐承江妻李氏　唐承祿妻王氏俱十年在三岔被戕　唐承壽妻章氏十年在開泰被戕　唐承忠妻張氏十年在赤山被戕〇以上均臨泉鄉人　王邦貞妻曹氏　王固貞妻吳氏　王

宗海妻汪氏俱十年自縊死　喬芝母某氏同治元年絕粒　歐陽恆義妻某
氏同治元年殉難〇以上均仁信鄉人　陶汝調妻劉氏　竇步隨妻林氏
宮義松妻李氏　雍衡甫妻李氏　徐步龍妻張氏　朱乾美
妻戈氏府志誤作王氏　朱昌隆妻許氏府志誤作昌朧均楊柳郁人十年不屈投水死
朱學松妻張氏殉蘇州難　吳達賢妻周氏十年殉難　吳立魁妻楊氏
陡門口人投水死　于有琦妻殷氏東邊塘人同治二年被戕　梅芝山妻董氏
梅金源妻許氏　王某妻郭氏　王炳妻駱氏　王應鶴妻
戴氏　張延宗妻楊氏張巷郁人同治二年殉　張永妻許氏　張椿年
母郭氏六年投國公廟井死　張瑜妻郭氏六年在北門外殉難　張慶鳳妻楊氏
張巷人　楊德高繼妻糜氏楊巷郁人十年不屈死　楊德昇妻張氏楊巷郁人
同治二年殉　楊義學妻許氏楊巷郁人同治二年殉　楊正潮妻經氏　章
安邦母毛氏　章順賢妻葛氏不屈被戕　劉某妻朱氏　劉朝養

妻楊氏臨泉鄉人　田志源妻李氏　談秀升妻謝氏　嚴治妻甘氏十年殉難　邱貞祥妻吳氏十年殉難　包景昌妻王氏曹莊殉　唐壽生妻駱氏唐莊殉　毛麗江母任氏　毛廣聰祖母李氏　湯琢章妻蔣氏　歐陽利雲妻王氏　秋某妻吳氏自焚死　夏禮廷妻施氏曹家邊人不屈死　鄧某妻李氏　魏昌吉妻湯氏孔塘埂人在湯巷殉難　顧明德妻夏氏　華某妻呂氏　華文培妻劉氏　芮永喜母張氏六年投國公廟井死　陳朝秀妻董氏李邨人十年殉難　陳仁廣妻田氏　殷恆福妻駱氏凌邨殉　韓永秀妻張氏曹屋邨殉　文長庚母徐氏十一年殉　居某妻秦氏　居鼇妻戴氏　姚聚昌妻潘氏　高順崇妻王氏　曹全智妻王氏附傳　陶心茂妻吳氏臨泉鄉人　王景琛妻駱氏府志作魯琛　駱同富妻李氏　笪敎祥妻巫氏　濮克愚妻萬氏　石正猷母李氏在臨泉鄉殉難　歐陽國烜妻謝

氏歐巷人十年投水　呂樹倫妻李氏　孔昭暹妻駱氏十年殉難　孔廣
源妻陳氏　許天成妻黄氏十年殉難　蔣自新母竇氏　謝守基
妻唐氏　戴樹堂妻汪氏府志作王氏　戴星海妻楊氏　戴希呂
妻王氏　戴秀松妻王氏　戴鶴年妻曹氏　戴芳園妻朱氏
趙永尊妻鄒氏趙莊八　陳綸浩妻吳氏府志誤作倫　陳世祥妻
李氏在赤岸橋罵賊被戕　陳啓成妻朱氏　王博纁妻周氏　王孟超
妻高氏　傅某妻陳氏　畢某妻孔氏　紀某妻鄧氏　許某
妻李氏　曹於稊妻貢氏　王玉堂妻徐氏附傳呂懋和妻龔氏
府志未詳　呂朝聘妻王氏　呂象初妻姜氏　朱寶妻鍾氏　張
英年繼妻駱氏　吳明愷妻傅氏　曹某妻黄氏　王善蔄妻
駱氏　陳義順繼妻張氏　王邦貞妻曹氏　經某妻張氏
巫立堂妻陳氏　馮應權妻鄭氏　胡某妻劉氏　胡某妻劉

氏　唐承恕妻周氏　蔡光顯妻周氏自陶劉氏以下均見府志　何宜書妻丁氏　王玉生妻汪氏　凌盛餘妻某氏被戕　嚴福明妻凌氏被賊戕死　沈有正妻唐氏　何太仁妻畢氏　朱學玉妻某氏　孫全道妻魏氏　譚正興妻某氏　魏安祿妻某氏　潘繼模妻某氏　王順盛妻某氏　陳興久妻某氏　張才富妻某氏　徐有祥妻楊氏　唐德魁妻潘氏　秦大經妻汪氏　吳正通妻王氏　王德隆妻吳氏　史繼元妻吳氏均被擊死　嚴全德妻朱氏被繫死　朱高仁妻畢氏　徐順天妻劉氏　徐富才妻某氏以上均句容鄉人　嚴鳳興妻王氏　冷興才妻張氏　韋某妻王氏均孝義鄉人　王某妻裔氏　孔老三妻某氏　余禮貞妻張氏　孟濟均妻王氏均通德鄉人　裔順成妻陳氏　蔣厚瑛妻劉氏　倪繩安妻竇氏　呂延榮母蘇氏　張履貞妻許氏

陶桐書妻吳氏　戴世華妻袁氏　楊艮熹妻許氏　楊序成
妻高氏　姚聚興妻潘氏　俞宏昭妻潘氏　趙獻煊妻歐陽
氏　駱春華妻張氏　王德芳妻錢氏　俞用三妻徐氏　張
履端妻郭氏　端木樂文妻汪氏　戎永齡妻蘇氏以上均見版位
高德松母某氏同治元年遇害　高德賢妻陳氏不屈被焚　高德祥妻戴
氏閉門自焚　高德根妻陳氏絕粒○均移風鄉人　董昌瑾妻洪氏　董
昌瑜妻巫氏俱絕粒死　閔道政妻楊氏　閔道秀妻陳氏均絕粒死
閔道明妻陳氏　閔道興妻某氏　閔允芝妻楊氏俱被戕　習
永福妻某氏　巫邦起妻陳氏　巫邦敦妻周氏俱絕粒死　巫邦
章妻某氏　巫國福妻吳氏　巫國有妻某氏俱被戕　巫國寶
妻姚氏在外殉難○以上均望仙鄉人　麋國煊母王氏十年不屈被戕○來蘇鄉人
孔傳高妻許氏六年十月投水殉○見譜牒　范士科妻文氏十年爲賊不屈憤極不食

死　許邦元妻王氏十年賊逼不從投水死　許明升妻王氏十年賊至不食死

均孝義鄉人　歐陽承彩妻某氏同治元年投塘死。崇德鄉人　戴某妻陳氏

楊榮春妻雍氏十年絕粒　萬繼倫妻麗氏土橋人十年投水死附傳　曹

某妻杜氏　許某妻傅氏許家塘頭人賊至投水殉　鄒正清妻某氏　鄒

正乾妻朱氏　朱鳳翔妻某氏　石朝舉媳萬氏

女

文生華文煥姊巧姑蘭姑荷姑六年不屈投水坊郭人　監生吳鏞女順芳

懷芳均在東陽鎮殉難　尹延秀女大姑二姑同絕粒　凌啓連女烈姑弟年十三

次十齡三八齡妹六齡姑不從賊同餓死　周雙姑姪某有傳

以上女一門殉難

廩貢生張朝楹女元藍年十六六年遇賊不屈投水坊郭人　增貢生孔廣生

聘妻張氏六年殉難見府志　貢生王鈺女二姑見府志　增生葛亮楷

女住姑有傳坊郭人　文生駱重晉女大姑字王見府志　文生陳桂
芳女華姑性貞孝賊至自縊死○瑯琊鄉人　監生駱登瀛女能姑　監生裴
韋雲未婚姪婦周氏　監生楊長貴女秀英以上三人均見府志　監生
呉大田女字邱有傳○上容鄉人　監生孫永祁女五姑六年賊至投水死○承仙
鄉人　監生魯廿琳聘妻王氏坊郭人　職員孫永佳女大姑六年賊至
投水死○承仙鄉人　吏員徐化成女婢來喜有傳　文童羅永珍女毛姑
有傳○瑯琊鄉人　闞傳寶女貞姑　闞傳達女俱投水殉　徐繼寬女聘
張有傳○均福祚鄉人　笪廣訓女茅莊人年十五在謝巷郡賊逼不從亂刀砍死　鄒順仁
女年十三不從賊被戕　糜宏信女大姑糜墅人年十七賊逼不屈被炮轟死　徐盈富女
年十六有姿容十年賊逼不從被戕○均來蘇鄉人　朱春郊女有傳　朱煥文女有傳○
均白土鎮人　王五姑被戕○句容鄉人　孔昭敬聘妻秦氏莊敬有德六年賊至懼辱
投水　王孝芳女烈姑見附傳　巫仁智聘妻謝氏有傳○均瑯琊鄉人

侯天才女貞姑賊至投水死　王大凝女有傳　王正渠女四姑有傳　王正蘭女有傳　王興林女罵賊不屈被焚死　楊興文女年二十遇賊不屈投水　○以上均通德鄉人　范繼善女轉姑有傳　尙世緘女桃姑十年殉難　尙世績聘妻王氏十年不屈殉難　王得棻聘妻錢氏十年殉難○均上容鄉人　吳琴貞女某姑罵賊不屈被磔兩段　高汝順妹某姑年十七賊逼不從被戕○均來蘇鄉人　習永良女年十五殉難○望仙鄉人　徐正豪女大阿姑賊欲污不屈被戕　徐萬昇女韻姑恐被污投水死　郭全林女不屈投水○均茅山鄉人　包榮朝女遇賊欲犯投水自盡　許傳仁女東山郵人十年不屈被戕　張長富女大河莊人年十四不屈被燒死　汪春源女勤英　汪春沛女賢英俱投施家邊塘殉難　楊大姑十年不屈投水死○臨泉鄉人　步雍厚女十年不屈被戕○仁信鄉人　施大金女桂弟鄧巷郵人見附傳　王長璽妹聘葛有傳　葛姑娘不屈投水　巫鳴順女二姑有傳○均瑯琊鄉人　李朝貞女十年投水　糜國訓女愛姑

糜國璜女大姑俱不屈被釘死　芮四跎子女年十五被逼不從戕死○均來蘇鄉人　朱應達女小姑句容鄉人　楊聚才聘妻尹氏年十九在城不屈被戕

紀天興聘妻賈氏在楊家邊遇賊不屈投水　蔣陞品女有傳　留姑姓逸　駱

崇貞見附傳　王同祥女北城上人十年殉　巫至章女字陳不屈被斷兩臂死

巫道禮女年十七絕粒○均孝義鄉人　胡有萬女二姑年六十餘賊至投繯死

許守富聘妻孫氏年十八賊至投水死○均承仙鄉人　魏建勳長女成

姑幼嫻姆訓年十九在上元殷岸邨遇賊不屈投水　魏裕元聘妻夏氏同姊妹七人避至殷岸邨

懼逼投水○均臨泉鄉人　戴艮梓女棄水死○仁信鄉人　陳國雲女鳳英見附傳

陳國祥女蘭姑字綽仙六年賊至投泮池殉　王苹女龍姑有傳○均坊郭人

周愜生女聘王賊至恐污遂投水死　周孝全女年十五遇賊投塘　朱士亮女

年十八賊欲犯遂投水被矛刺死○均茅山鄉人　貢氏女巫家灣人年三十二賊至不屈推入水死

田明照女年十八隨伯明熙避亂遇賊即投水賊持竿撈女上岸欲犯不從被戕　商正源聘

妻楊氏　吳華南女玉姑　湯家齊聘妻陶氏　楊家鐘聘妻張氏　楊家順聘妻端木氏　楊宏連女大姑　陶凝昌女六姑　朱大姑字楊楊柳邨人以上皆不屈投水　陳興治女南社邨人年十七十年見賊投水死　朱繩聘妻孫氏楊柳邨人年十四六年投水死　高汝森女桂英十年被戕　朱榮慶女同治元年投水　王世興女殉難　凌長榮女年十五殉難　戴某女年十七殉難○以上均來蘇鄉人　許翼庭女大姑殉難○承仙鄉人　滕志方聘妻王氏年十八十年遇賊不屈投塘被刺死○茅山鄉人　華本信女六年遇賊不屈投赤山湖死○上容鄉人　李一鳳妹　魏元仁女　曹國維女喬姑　曹家合女三姑俱殉難　經德廉女大姑字戴年十七被擄誘脅半日不屈戕死　戴二姑不屈投河○以上均臨泉鄉人　喬大姑榨上邨人同治元年絕粒死　王德芳聘妻錢氏　裴滿貞葦雲姪女　朱孔羣女大姑　朱孝棟聘妻孫氏　王淮洲女二姑字孫土橋鎮人投水殉　錢枝元女二姑字王十年

在王家邨殉難　姚奇安女小英姚家邨人十年不屈死　許大文女巧姑　戴朝楷聘妻經氏　朱智遠聘妻駱氏　駱崇晉女字王以上均見府志　魯正朝女貞姑福祚鄉人　王某女轉姑孝義鄉人　俞宗洛聘妻駱氏十年殉蘇州難　徐王氏女徐雲林見版位　趙耀民女信姑端趙邨人

節婦

文生朱淼祖母李氏昌祐妻李氏　文生駱中驊妻曹氏敬堂妻吳氏　文生駱沅叔母李氏正湘妻王氏○均見府志　文生趙成澍妻吳氏夫死守節一門八口同日殉難○承仙鄉人　監生王錦繼妻包氏年二十二守節六年罵賊投塘死媳貞豫妻張氏十年殉　監生王慶瑞妻陳氏心一妻周氏　吳某妻郭氏子宇鶴媳駱氏十年殉難　盧某妻樊氏子慶臻十年殉難　樊某妻葛氏一門殉難　張某妻孫氏子康訓　陳紹芳妻王氏有傳克銀女羊姑　張成基母許氏妹閨貞　楊艮棟妻李氏子婦未婚張氏　湯家寬妻戴氏子一湯巷人

張瑾懷妻李氏女大姑二姑三姑以上俱十年殉○自王包氏以下均見府志　王健善妻杜氏年二十九守節撫孤至庚申年六十八賊索金不得被繫梁焚死子四聚德聚瑤聚江聚海聚姪隆福同被戕聚江妻許氏聚海妻張氏俱絕粒死○通德鄉人　俞學淵妻許氏夫死守志十年與幼女赴水殉難○承仙鄉人　蔣厚澤妻王氏年二十一守節撫孤十年大亂攜幼子投水殉難○上容鄉人　步喜進母吳氏　程大緒妻王氏以上二戶均青年守節一門殉難畧見附傳

以上節婦一門殉難

從九品李步瀛妻孔氏　文生駱重鼎女張駱氏俱十年殉○均見府志　文生魏元白妻韓氏附傳東陽鎮人　文生紀光庭妻陳氏年二十四夫故守節二十年殉　文生郭業芳妻淩氏年二十四守節六年殉難　監生趙清澈母史氏　文童趙步瀛妻景氏俱十年殉　文童李永祀妻任氏　杜陳應方繼妻周氏有傳　張國選妻李氏　張曉章妻耿氏　杜某妻笪氏　楊明純妻劉氏有傳　經德瑚妻孫氏　經某妻雍

氏　雍德培妻華氏　俞宏宇妻楊氏　朱道澄繼妻李氏
吳承兢妻欒氏錢家邊人　吳士鼇繼妻曹氏　王茂遷妻陳氏
張貞昌妻楊氏徐郝人　周篤樑妻華氏俱十年殉難　陳八淵妻笪
氏陳武莊人十年殉　葛大任妻陶氏葛橋人　謝貞魁妻巫氏大墓郝人同
治二年殉　陳慶元母文氏版位作任氏　楊錫侯妻朱氏　孫凌九妻
朱氏　濮德昌妻朱氏臨泉鄉人　張春林妻梅氏　張曙堂妻朱
氏　王景燦妻華氏　談經妻駱氏　沈立富妻周氏　經德
厚妻楊氏　經森妻張氏　趙某妻史氏　巫立堂妻陳氏俱殉
難○自趙清澈母史氏下均見府志　吳大渥妻李氏青年守節遇賊殉難○見版位　周章
佐妻張氏有傳○崇德鄉人　秦有慶妻王氏附傳　李興枝妻王氏附傳
李興禮妻侯氏附傳　王聞華妻朱氏附傳　巫恆言妻丁氏附傳
○均瑯琊鄉人　朱致中妻成氏附傳○來蘇鄉人　李有連妻葛氏年三十守

節撫孤賊至遇害附傳　張祚昌妻陳氏年十七守節庚申殉難附傳　朱勝寶妻韓氏年二十四守節撫孤極孝咸豐十年投水　王大臨妻夏氏有傳　王大宏妻黃氏青年守節賊至投水○均土橋鎮人　劉興忠妻某氏守節十四年聞賊至自縊死○通德鄉人　唐道祥妻某氏張巷郵人守節三十四年殉難　戴廷昇母王氏史家邊人年二十六守節同治二年殉難　徐厚坤妻楊氏守節十年投水死○臨泉鄉人　巫啓聖妻朱氏附傳○望仙鄉人　王順愷妻黃氏年二十夫故極貧撫孤守節二十三年庚申殉難　孫艮甘妻某氏青年守節咸豐六年投水殉○福祚鄉人　朱在鈞妻湯氏朱家山人守節三十年庚申殉難　陳某妻張氏年二十八守節撫孤至年六十一卒死兵難○孝義鄉人　吳德錡妻戴氏守節三十九年年五十八庚申遇賊不屈殉難　陶某妻吳氏石函頭人青年守志撫孤成立十一年遇賊不屈殉難　王正信妻雍氏庚寅年二十八守節庚申遇賊不屈被亂刃死　高敦禮妻雍氏青年守節七年閉戶不食死○均臨泉鄉人　陳得喜妻闕氏有傳坊郭人　樊緒善妻朱氏六年善被擄朱守節十年投水○來蘇鄉人　俞禮成妻朱氏青年守節

癸亥被賊焚死
俞運元妻孔氏青年守志殉當塗難
俞正琴妻陳氏守節十五年十年賊至赴水殉難
俞學俊妻石氏年二十七守節庚申賊至殉難
俞秉美妻朱氏年二十九守志家貧子幼拮据為生同治初年慘遭兵劫骸骨無存
倪繩琰妻戴氏年二十四守節咸豐時遇賊不屈投水殉
王福泰側室姚氏年二十一泰故守節十九年死難
王凝憙妻史氏年二十六夫故守節賊至閉戶餓死
許治炳妻王氏青年守志撫孤賊至不食死○以上均承仙鄉人
張某妻許氏守節四十年同治元年賊至不食死
蔣厚瑛妻劉氏年二十七夫故守節二十年至十一年賊至投水死
唐承福妻劉氏有傳○均上容鄉人
陳某妻淩氏文生陳定之嫂青年守志罵賊投水被賊亂刺死○茅山鄉人
郘義成妻趙氏年三十夫故十年被賊砍死○鳳壇鄉人
王延芳妻徐氏年二十一夫歿撫孤守節四十二年十一年遇賊死難○通德鄉人
朱清泉妻李氏楊柳郡人守貞完白十年被戕
王某妻汪氏孝義鄉人
朱邦仁妻某氏句容鄉人
倪懷琮妻戴氏唐陵人夫故守節十年閏三月遇賊不屈投水死
雍越凡妻華氏有傳
嚴治妻甘氏青年守節撫孤遇賊不屈被害
包維

邦妻王氏青年守節撫孤十年殉難　劉勳妻徐氏有傳　湯惟瑶妻蔣氏守節多年殉粤匪難　施家憲妻朱氏年二十五守節撫孤賊至閉戶餓死　鄒我孝妻施氏守節至殉難　張金貴妻駱氏年二十五守節咸豐六年殉難　汪長鉅妻唐氏

以上節婦殉難

貞女殉難

歲貢生駱重恆女字焦府志　貞女駱焦氏城陷赴水死府志　朱蒸武聘妻任氏有傳　王承祚女字石有傳　鄒我堂聘妻施紅英有傳　朱某聘妻某貞姑有傳　凌餘觀女貞姑年六十餘十年殉

流寓婦女

監生劉兼山妻許氏上元人女一十年殉　王元肇妻孫氏上元人六年不屈投水死　大兒二兒同殉

以上流寓婦女一門殉難

文生龐懋林母陶氏上元人在治西北鄉投水殉

監生李楚賢妻王氏上元人六年不屈中鎗死

江能立妻吳氏

江能榮妻朱氏俱上元人十年在治北馮岡邨殉難

潘序九繼妻陳氏六合人有傳

蕭某妻呂氏揚州人年七十一在後北墅殉

陶某妻吳氏上元杜桂人十年投水

賈泰長妻任氏上元人十年在妹塘被戕

呂明盛妻某氏溧水人在張巷里被戕

李松齡妻周氏

李光益妻婁氏俱六合人在臨泉鄉殉

端木賢淸妻張氏溧水人十年在西荆塘投水

孫維坤妻陶氏上元人投水死

陳忠書妻萬氏上元人十年殉附傳

王國年女貞姑上元人六年被擄赴女館姑佯喜從行至大橋畔猝投水賊怒以槊抵之而沒

呂家興妻節婦某氏上元人哭夫喪明賊至投圜死附傳

孫志忠妻節婦徐氏上元人年十九守節二十九年咸豐十年遇賊投水死

殉難婦女有見傳而不見表者或載諸忠義一門內茲不復仿續纂江甯府志例也

續補貞烈婦女

劉世昌妻駱氏妹小姑巧姑投水殉　姚某妻馬氏伯姑萬氏　王正淘妻
戎氏姪女一投水死　竇向榮妻劉氏女一十年投水　徐道仁妻笪氏子仁
浦仁培六年一門殉坊郭人　陳六妻某氏老九妻某氏同投水○臨泉鄉人　王應合
妻戴氏事姑孝十年遇亂攜二子不屈同被戕　王博纁妻周氏與姑以上婦投水○女一門
殉難
廪生王文熙妻陳氏　文生竇英華妻吳氏　監生竇佩芳妻
朱氏　監生竇儒珍妻陳氏　竇保初妻湯氏　竇步蟾妻林
氏　竇學渠妻梅氏　竇純如妻潘氏　竇庸成妻張氏　王
遵禮妻竇氏俱遇賊不屈被戕　樊志楠妻王氏十年殉難　樊祖富妻郎
氏六年殉難　陳湯氏　陳尹氏　陳周氏　陳徐氏　陳朱氏以上
皆鈐塘郵人十年同絕粒　朱達高妻陳氏有傳　朱元明母張氏　增貢生徐

廷佐妻趙氏遇賊觸樹死難　議敘趙燮堂妻許氏遇賊墜崖死難　許珍灝妻王氏罵賊磔死以上均見兩江忠義冊○以上婦

文生陳序東妻張氏有傳　文童何政華妻笪氏青年守志兵亂痛子被戕投水亡

趙尊仁繼妻孫氏道光二十八年守節咸豐十年因亂殉難　陳正祿妻某氏杜澤村人傭工養姑守志二十年咸豐十年自縊　朱與驥妻劉氏守志十年因亂殉難　趙宗棠妻傅氏守節撫孤十年遇賊不屈殉　張餘廣妻李氏青年苦節投水死難○以上節婦

楊祚悅妻吳氏有傳　朱式塘妻楊氏有傳○以上續補節婦

武生王永祚女字梅咸豐三年殉難○以上貞女殉難

文生許金鑑女年十七未字罵賊不從節節肢解死　王煜女投水死難均見兩江忠義冊○以上女

續纂句容縣志卷十五下終

續纂句容縣志卷十六

邑人楊世沅
張　瀛同纂

金石上

句容爲縣最古三茅奥區環繞其閒金石之多甲於他邑閱年既久剝蝕殆盡咸豐丙庚閒烽火摧殘更不可問然葛碑梁井歷刼不磨得毋有呵護者耶今據楊氏世沅所輯句容金石記不下三百餘種可謂夥矣復采數十種著於目其存者甄録碑文而以本朝石刻記於次卷後之君子庶有考焉志金石

秦

李斯篆刻見景定建康志引茅山記

吳

衡陽太守葛祚碑額見寰宇訪碑録正書今存

上海東方圖書館
同文書局

晉

潘公墓甓 元康五年在治北芙蓉山下今存

義臺甎 咸和四年見寰宇訪碑錄

張壯武祠甎 咸康四年見江甯金石記

僕射紀穆侯瞻碑 見集古錄目

平西將軍廣漢侯葛府君碑 見江甯金石待訪目

太上黃庭內景經 楊羲書見欎岡帖

宋

昭靈沈襄王廟碑 見建康志

梁

陶隱居井銘 天監三年陳懋宣書在華陽觀見建康志

青元觀碑 天監七年陶隱居撰見宏治志

誌法師墓誌銘天監十三年陸倕撰見寶華山志

石井欄題字天監十五年見寰宇訪碑錄今存

許長史舊館壇碑天監十七年陶隱居撰孫文韜書見寶刻叢編

碑陰見金石錄

華陽石碣頌普通三年陶隱居撰見復齋碑錄

茅君九錫文普通三年張繹立孫文韜書見集古錄目

碑陰兩側題名普通三年孫文韜書見茅山志

陶隱居墓誌大同二年三月昭明太子撰簡文帝書見寶刻類編

陶隱居墓銘自撰見輿地紀勝

陶隱居碑簡文帝撰見金石錄

陶隱居墓志陸倕撰見江甯金石待訪目

陶隱居帖在玉晨觀見輿地紀勝

太元眞人碑孫文韜書見輿地紀勝
義和寺額昭明太子書見輿地紀勝
朱陽館碑簡文帝撰見金陵新志
長沙館碑陶隱居撰見金陵新志
曲林館碑陶隱居撰見金陵新志
燕洞宮碑王文貞撰見金陵新志
明慶寺碑陳昭撰見金陵新志
南康簡王神道闕見十二硯齋金石過眼錄今存
唐偽周附
李衞公市曹義井記武德　年見宏治志
法主王遠知碑貞觀十六年江旻撰徐碩隸書見集古錄目
道士王軌碑乾封二年十一月于敬之撰王元宗書見集古錄目

王軌碑後題名 總章元年六月李義廉書見寶刻類編

紫陽觀王先生碑 總章二年見輿地紀勝

重立葛仙公碑 調露二年正月陶宏景撰陳昇書見金石錄目

王法主碑 文明元年劉禕之撰齊懷壽書見集古錄目按茅山志碑目作鳳閣侍郎劉緯撰

王法主神道闕 在茅山見續纂郡志今存

岑君德政碑 景龍二年二月張景毓撰僧翹微書見集古錄目

崇元宮碑 太極元年四月孫處元撰楊幽徑書見集古錄目按茅山志碑目作崇元觀碑楊幽經書

崇禧觀碑 太極元年見輿地紀勝

修孔子廟碑 開元十一年見江甯金石待訪目

立陶隱居碑 開元十二年九月梁邵陵王蕭綸撰隸書不著名氏見集古錄目

貞白先生碑陰記 開元十二年司馬子微述並書見寶刻類編

玉清觀四等碑 開元十五年陶巨莊撰見輿地紀勝

祠三清文　天寶七載明皇御製並書見集古錄目

祠宇宮碑　天寶七載柳識撰見江甯金石待訪目

華陽頌　天寶九載立陶宏景撰元宗詔附見集古錄跋尾

疊玉峯摩崖　大歷三載顔頵書見續纂郡志

元靖先生碑　大歷七年柳識撰張從申書見集古錄跋尾

廣陵李君碑　大歷十二年五月顔眞卿撰並書見集古錄目今存

赤山湖記　大歷十二年十月樊珣撰見建康志

盧循道三州刺史王師乾神道碑　大歷十三年楊綰撰張從申書見集古錄目

祠宇宮白鶴廟記　大歷十三年柳識撰劉明素書見諸道石刻錄

紫陽觀靈寶院鐘款識　大歷十四年六月見金石萃編

張孝子祠殘碑　建中　年呂倕立石今存

景昭大法師碑　貞元二年正月陸長源撰竇泉書見寶刻類編今存

吳郡張常洧紀孝行銘 貞元五年高孚撰見宏治志

旌表孝子碑贊 貞元五年承瓌撰見宏治志

吳郡孝子張常洧廬墓記 貞元 年李哲撰見宏治志

賜李鍊師詩詔 貞元十四年明皇御製任艮友書見集古錄目

三茅君下泊宮記 貞元十五年黄洞元撰盧士元書見寶刻類編

修下泊宮記 元和九年王師簡撰任參元書見集古錄目

紫陽觀常住莊園記 長慶二年八月見江甯金石待訪目

崔元亮遊茅山題記 長慶三年見集古錄目

紫陽先生碑 寶歷二年三月李白撰柳公綽書見金石錄目

碑陰 李蘩撰柳公綽書見金石錄目

崇元聖祖院碑 寶歷二年賈餗撰徐珽古八分書見集古錄目

李德裕茅山三像記 寶歷二年八分書見集古錄跋尾

靈寶院記大和三年王棲霞撰李子元書並篆額見金石林時地考

陸洿茅山題名大和三年篆書見集古錄目

禁山碑　大和七年見輿地紀勝

大泉寺碑開成三年姚謩撰僧齊操行書見金石林時地考今存

李德裕贈孫尊師詩　會昌三年裴方質八分書見集古錄目

崇明寺尊勝經幢　大中七年見寰宇訪碑錄今存

孝子張府君旌表碑咸通十四年王承福書雪珍題額見寶刻類編

張孝子祠殘碑側題名　咸通　年今存

崇明寺殘碑　乾符四年九月見寰宇訪碑錄

良常山蒼龍溪新宮銘　山元卿撰蔡少雲書見茅山志

武仙童碑　見諸道石刻錄

元靖先生勅書碑　見建康志

昇眞王先生謚贈碑見建康志

明皇授籙碑在崇禧觀見輿地紀勝

元宗授上清籙碑在華陽洞見輿地紀勝

崇元聖祖廟碑李德裕撰見輿地紀勝

許司徒墓碑在奉聖寺側見建康志

三茅山記見集古錄目

尊勝經幢正書無年月見寰宇訪碑錄今存

西平將軍杜陵侯葛府墓碑在縣治西七里見建康志

附體元先生潘尊師碑聖歷二年陳子昂撰見金石林時地考

南唐

貞素先生棲霞碑保大壬子徐鉉撰並篆額徐鍇八分書見寶刻類編

重立吳太極左仙翁葛元碑陶隱居撰保大十四年七月見復齋碑錄

題葛仙翁碑陰文保大十四年王元撰並書王邕題額見寶刻類編

題陶隱居銘保大十四年見輿地紀勝

青元觀殿碑保大十五年賈穆撰見輿地紀勝

紫陽觀碑己未十二月徐鉉撰楊元鼎書並篆額見寶刻類編

茅山徐鍇題名太歲庚申見寶刻類編

王文秉小篆千字文大唐庚申見集古錄跋尾

王文秉紫陽石磬銘歲在辛酉張獻撰見集古錄跋尾

般若心經王文秉刻字在句容人家見集古錄目

許眞人井銘徐鉉撰並篆書見金石錄目

元素先生碑徐鉉撰在玉晨觀見輿地紀勝

復禁山碑徐鉉文見金石林時地考

故元博大師王君碑徐鉉文見輿地紀勝

茅山徐鉉題名篆書見復齋碑録

騎省石徐鉉題名見諸道石刻録

北宋

奉勅禁茅山樵採記大中祥符二年見建康志

華陽洞陳遵題名天聖四年見江甯金石記今存

五雲觀碑慶歷二年晏殊撰胡恢書見茅山志

華陽洞丹陽陳淵浚澳題名慶歷八年見江甯金石記今存

重修夫子廟記皇祐二年方峻撰見宏治志

華陽洞太常博士范民長裴道題名皇祐二年見江甯金石記今存

重修青元觀記熙甯十年袁轂撰見重刻石

新移夫子廟記元豐二年葉表撰見宏治志

集仙橋下詩碣元祐元年見建康志

金剛般若波羅蜜經 紹聖元年七月

佛説觀世音經 紹聖二年四月

賢刼千佛名經 紹聖三年五月 以上三碑見存塔上

崇禧觀甎 紹聖三年見續纂郡志今存

崇明寺大佛殿莊功德記 元符三年正月李潛撰並書在崇明寺唐碑之陰見寰宇訪碑錄今存

莊功德記碑側 元符三年見江甯金石記今存

茅山蓬壺洞石豫題名 崇甯元年正月見寰宇訪碑錄

茅山華陽洞陳夅先等題名 崇甯元年四月見寰宇訪碑錄今存

茅山玉柱洞題名 崇甯元年見寰宇訪碑錄

茅山玉柱洞喬叔通題名 崇甯四年十二月見寰宇訪碑錄

元符觀碑 崇甯五年八月鮑慎辭撰見茅山志

元符萬甯宮記 大觀元年二月蔡卞撰見茅山志

後序大觀元年四月鮑慎辭記見茅山志
茅山華陽洞會審言等題名大觀元年五月見寰宇訪碑錄今存
華陽先生解化碑政和元年四月蔡卞撰並書見茅山志
宣和御製化道文碑政和二年張繼先書見茅山志
沖隱先生遺愛碑政和二年十一月張繼先撰見茅山志
沖隱墓志銘政和三年蔡卞撰並書見茅山志
觀妙先生幽光闡揚之碑政和五年陳輔撰蔡仍書見茅山志今存
華陽宮記政和七年郭衡撰見建康志
觀龍歌眞宗御製並書見茅山志
訓廉銘
子民箴以上二碑英宗賜縣令者見乾隆志
葛仙翁鍊丹井銘方峻撰見宏治志

昭靈沈襄王碑　陳堯咨撰見建康志

元符萬甯宮經藏記　見茅山志按碑目秦焴撰闕文

棲眞觀碑　尹士牟撰見建康志按茅山志作盧士牟

元陽觀記　朱拱臣撰見茅山志

華陽洞張瓌胡恢題名　見江甯金石記今存

華陽洞陳輔郭微題名　見江甯金石記今存

南宋

崇禧觀銘　紹興三年十月張商英撰見建康志

武仙童像碑　紹興三年十月見茅山志

崇明寺轉輪藏記　紹興九年馬雲夫撰見蒼潤軒碑跋

茅山廣濟廟敕牒　紹興二十年見寰宇訪碑錄

大觀聖作之碑　紹興二十四年龔濤建見宏治志今存

重修夫子廟記 紹興二十四年三月江賓王撰見宏治志

玉晨觀錢端英題名 紹興三十二年閏月見寰宇訪碑録今存

圓寂寺碑記 乾道八年周孚撰見宏治志

華陽洞題名 丁酉歲季冬見寰宇訪碑録

重修建康府句容縣南廟記 淳熙四年趙善言撰書見南宮乘

總管趙士旴墓志 淳熙八年見建康志

凝神菴記 淳熙十年九月李處全撰見茅山志

玉晨觀錢端英題名 淳熙十一年四月見寰宇訪碑録今存

句容縣題壁記 淳熙十五年黄敏德撰見建康志

句容縣均谿和買記 [redacted]泰四年韓沆撰並書見建康志

嘉定皇后受籙碑 嘉定三年朱拱臣撰並書見茅山志

白雲崇福觀記 嘉定四年九月戴谿撰黄中書曾暎篆題見茅山志

重立三茅像記　寶慶三年李德裕撰見建康志

放生池記　紹定元年張佖撰見舊志

五瑞圖序跋　紹定二年三月劉宰撰見宏治志今存

句容建學記　紹定五年劉宰撰並書見建康志

洞陽宫記　嘉熙　年張湜撰並書見茅山志

顏魯公祠堂記　湻祐二年王遂撰並書見建康志

句容縣城甎　湻祐六年今存

加封三茅眞君誥　湻祐九年三月見宏治志今存

砌街記　湻祐　年張榘撰見宏治志

重修靑元觀記　咸湻三年花新撰王子巽立見重刻石

明淸堂記　咸湻四年趙子寅撰見宏治志

陰符淸淨二經　孝宗御書在凝神庵見江甯府志

景福萬年之殿六大字理宗御書賜元符觀見建康志
靈休介福元壇六大字
聖德仁祐之殿六大字
褒僊鎮寶四大字
寶珠林三大字以上四種俱理宗御書賜崇禧觀見建康志
資政管元善墓銘白時中撰見建康志
明慶寺記見建康志
羅天感應碑見茅山志
永僊觀宗先生碑見建康志
徐公墓碑銘鄧光薦撰見宏治志
瑞麥圖記徐筠撰見宏治志
德壽殿紫石茶磨御製銘賜凝神庵見茅山志

東陽鎮盧君廟記 何輿撰俞孜書見寰宇訪碑錄

華陽洞程迪題名 見寰宇訪碑錄今存

華陽洞畢之翰等題名 見寰宇訪碑錄今存

華陽洞魏中庸等題名 見寰宇訪碑錄今存

元 僞宋附

句容縣修學記 元貞二年七月□文龍撰見寰宇訪碑錄

崇明寺羅漢院奉祀田記 大德元年胡芳叔撰文見張氏譜

僧覺春題名 大德七年刻于崇明寺莊功德記之側見江甯金石記今存

加封孔子詔 大德十一年閻復擬別速臺書見宏治志今存

重建縣學記 至大二年五月王搆撰潘汝勣書見宏治志

朱東溪墓銘碑 至大二年王去疾撰趙孟頫書見乾隆志

華陽道院銘 至大三年元明善撰趙孟頫書見古金石考

旌表樊淵孝廉碑記 皇慶二年見宏治志

崇禧萬壽宮額勅 延祐六年仁宗御賜見寰宇訪碑錄今存

崇禧萬壽宮道士陳志新謝表 延祐七年三月見續纂郡志今存

昭靈沈襄王祠記 延祐七年見續府志今存

崇禧萬壽宮碑 至治元年王去疾撰趙孟頫書見宏治志今存

崇壽觀碑 至治二年虞集撰並書見宏治志

石燈銘 泰定元年張嗣眞重刻見茅山志

句曲山洞泉銘

福鄉井銘

宏道壇銘 以上三銘俱泰定元年王虛子撰見茅山志

重修天王寺記 泰定二年十月胡炳文撰程恭書張季修題額見宏治志今存

鄉賢祠記 泰定三年七月胡炳文撰程益書劉元明篆額見宏治志今存

加封孔子詔碑陰題識至大三年七月劉元明書篆額

南山處士張民瞻墓誌銘天歷元年今存

句容縣學田記至順二年二月許艮知撰吳口文書見寰宇訪碑錄今存

加封文宣王夫人幷官氏制至順二年六月見寰宇訪碑錄今存

加封啟聖王及王夫人制至順二年九月今存

加封顏子孟子制至順二年見宏治志正書今存

加封曾子子思制至順二年九月見宏治志今存

封豫國洛國公制至順二年九月見宏治志今存

西岩處士朱公墓志銘至順二年十月文載補志

劉仙翁冠劍盧室碣至順四年正月見續纂郡志今存

白雲崇福觀記元統元年十月趙世延撰楊剛中書見寰宇訪碑錄

縣學聖旨碑元統二年三月見寰宇訪碑錄

總霸高公碑銘至元二十九年劉因撰郭畀書并篆額文載補志

句容縣恭刻制詞記後至元四年五月張起巖撰孔思立書見宏治志今存

碑陰今存

縣學大樂禮器碑後至元五年五月趙承禧撰曹復亨八分書姚紱篆額見宏治志今存

碑陰見寰宇訪碑錄今存

重建城隍廟記至正元年八月周伯琦撰章仁恕立石見宏治志

重建達奚將軍廟記至正二年正月林仲節撰樊嗣祖書並篆額見宏治志今存

碑陰題名見寰宇訪碑錄今存

重修明德堂記至正二年貢師泰撰見宏治志

重修儒學記至正八年五月偰篤哲撰見宏治志今存

崇明寺經藏院記至正八年八月僧廷俊撰僧師一書見宏治志

西石路記至正九年忽欲里赤撰見宏治志

小金山寺記至正九年南海牙撰見宏治志今存

玉晨觀記至正十年二月金鑰撰見茅山志

元林朱公墓志銘至正十三年二月俞希魯撰文楊如山書篆載補志

元符萬甯宫記至正十三年見寰宇訪碑錄

重修社稷壇記至正十三年樊仲式撰見宏治志

三清閣石星門記至正十三年十二月楊氏藏有拓本

附重建虎耳山龍神廟記龍鳳九年俞希魯撰見宏治志今存

黄原朱公墓誌銘癸卯二月趙權撰載補志

明

封句容縣城隍神誥洪武二年正月見宏治志

御製嘉瓜頌洪武五年六月見宏治志

瑞麥頌洪武　年樊齎撰見宏治志

瑞麥記 洪武 年趙仲衡撰見宏治志
重修學校記 洪武十五年朱純撰見宏治志
重修戟門記 永樂十五年胡黴撰見宏治志今存
重建宣聖祠記 永樂十九年孔希瀚撰見宏治志
重修明德堂記 宣德三年苗衷撰見宏治志
玉泉寺記 宣德四年謝璘撰見宏治志
石樓岡祠堂記 正統元年張文炯撰見補志
刑部郎中謝君墓表 正統五年十二月王英撰見宏治志
興國知州樊公墓銘 正統十年魏驥撰見宏治志
儒學進士題名記 正統十三年周敘撰見宏治志今存
重修青元觀記 正統十三年十二月林瑱撰見宏治志
射圃記 正統十四年陳敬宗撰見宏治志

禮部戒士榜文 正統　年韓鼎立石今存

砌街記 景泰四年邢寬撰見宏治志

右都督贈溧陽伯紀僖順公神道碑 景泰四年許彬撰羅亨信書見紀氏家乘載補志

重修三清殿記 景泰四年王直撰見宏治志

怡雲孫處士墓表 景泰五年陳鑑撰今存

前光寺記 景泰七年劉鉉撰見宏治志

昭聖寺碑銘 景泰　年王韶撰見宏治志

賜吏部尚書曹義祭葬碑 天順元年立今存

重修三聖廟記 天順五年吳節撰見宏治志今存

南京吏部尚書曹公神道碑 天順五年李賢撰見宏治志今存

夌公永通墓碑銘 天順六年張諫撰見宏治志

中書舍人曹廷端墓表 成化元年倪謙撰見宏治志

瑞麥記成化三年陳汝珪撰見宏治志

欽天監監正高公墓碑銘成化三年章綸撰見宏治志

華陽洞天祈嗣靈感之碑成化四年五月陶元素撰徐暹書並篆額見茅山志

重修龍源道院記成化五年張紳撰今存

太僕張公神道碑成化七年商輅撰見宏治志今存

重修龍潭水馬驛記成化十一年許彥忠撰見宏治志

崇明寺千佛閣記成化十二年僧文煥撰今存

碑陰題名今存

崇明寺千佛院紀先宗事實記成化十二年僧文煥撰今存

碑陰題名今存

重修塔記成化二十年王韶撰見宏治志

象山知縣凌傳墓碑銘成化二十二年劉宣撰見宏治志

重建文廟記成化二十四年尹直撰見宏治志

青州府通判居公墓碑銘成化　年劉宣撰見宏治志

封翰林院編修文林郎曹公墓碑楊榮撰朱暉書成化　年立

監察御史戴先生墓碑銘宏治元年王韶撰見宏治志

天下宗庭四大字宏治十年閻承德書今存

大茅峯聖佑觀記宏治十年五月楊一清撰張紳書王韶篆額見茅山志

重修東霞寺記嘉靖元年魯鉞撰今存

重修廟學記嘉靖二年楊廉撰汪偉書見乾隆志今存

聖賢道統贊嘉靖四年陳鳳梧撰今存

白雲崇福觀記嘉靖七年今存

賜右副都御史丁沂祭葬碑嘉靖八年十二月立今存

葺張孝子常洧之碣記嘉靖十一年王暐撰見乾隆志今存

三茅遊異記　嘉靖十五年二月盧發端撰見茅山志

積金山庵碑　嘉靖十五年四月陳沂撰李麟書李黨篆額見茅山志

積金峯玉皇閣記　嘉靖十五年四月喬宇撰並篆額李麟書見茅山志

重刻唐孝子常消之碑　嘉靖十五年陳文浩立石今存

玉晨觀洞宮記　嘉靖十六年九月陳沂撰並書丹篆額見茅山志

名宦鄉賢祠記　嘉靖二十三年楊洵撰見乾隆志

誥贈都察院右都御史王昇王槐制　嘉靖二十四年立石在王氏祠今存

積金峯三官殿記　嘉靖二十九年張子宏撰見茅山志

義勇武安王創建神祠記　嘉靖三十五年陳詔撰今存

驪山高母張孺人墓誌銘　嘉靖癸丑年瞿景淳撰楊廷相書文載補志

重修文廟記　嘉靖四十年許彥忠撰見乾隆志

張孝子義臺五大字　嘉靖四十一年今存

重刊熙甯青元觀記嘉靖四十二年陳永敖書賈正元重立今存

重刊咸淯青元觀記嘉靖四十二年賈正元重立在上碑陰

嘉靖御註視聽言動心五箴碑在學宮碑五今存一

嘉靖御製敬一箴在學宮今存

嘉靖聖旨碑嘉靖七年立在學宮今存

菜銘碑嘉靖　年徐九思立見乾隆志

徐侯茅山生祠記嘉靖　年李寵撰見乾隆志

重刻東陽盧君廟記嘉靖　年見寰宇訪碑錄

新建句容縣城記嘉靖　年李春芳撰見乾隆志今存

唐顏魯公祠堂碑記隆慶六年正月重立今存

督學題名記隆慶三年七月焦竑撰朱之蕃書見乾隆志

文星樓碑隆慶三年沈升撰見乾隆志今存

司訓崔天池先生墓碑 隆慶 年沈升立見乾隆志

周侯生祠記 隆慶 年殷邁撰見乾隆志

社公廟碑記 萬歷元年高一登撰今存

察院題名記 萬歷四年宋儀望立石并識今存

笪仲拾公墓誌 萬歷七年笪鳩撰今存

有道閣希言碑 萬歷十五年李天麟撰今存

乾元觀記 萬歷十八年程拱日書今存

乾元觀萬松道院記 萬歷十八年高湑撰今存

勅賜大茅峯九霄宮碑記 萬歷二十一年六月李國詳撰蔡拱日書喻政篆額見茅山志

儒學文昌閣記 萬歷二十二年焦竑撰見乾隆志今存

重修朱化義民坊記 萬歷二十三年正月朱宗光撰書載補志

新建督學察院記 萬歷二十三年余孟麟撰見乾隆志今存

顏墳菴碑記萬歷二十四年朱宗光撰文載補志

李文定公題藏寺壁詩萬歷二十五年李茂材立石章草刊字興化李氏藏有拓本

新建陳侯生祠記萬歷二十六年朱之蕃撰見乾隆志

奉律亭記萬歷三十三年葉向高撰在茅山今存

華山雪浪大師塔銘萬歷三十六年鄒迪光撰見寶華山志今存

寶華山隆昌寺銅殿碑萬歷四十三年十一月焦竑撰見寶華山志今存

碑陰見寶華山志今存

寶華山護國隆昌寺碑萬歷四十三年十一月黃汝亨撰見寶華山志今存

碑陰見寶華山志今存

丁公生祠記萬歷四十四年顧起元撰見乾隆志今存

碑陰題名今存

常司訓先生去思碑萬歷四十四年見乾隆志今存

茅山鬱岡重建乾元觀記萬歷四十六年顧起元撰書今存

道人江文谷傳萬歷四十六年于孔兼撰李敎順書在茅山今存

修建都察院碑萬歷　年宋儀望撰見乾隆志

新建華陽書院碑記萬歷　年李春芳撰見乾隆志今存

司鐸吳泌南先生去思碑萬歷　年楊於庭撰見乾隆志

丁侯德政記萬歷　年茅一桂撰見乾隆志

廣東參將陳南塘墓坊萬歷　年朱之蕃書在土橋北今存

魏太尉鍾繇千字文萬歷　年王損庵摹刻於茅山邑人胡景洛蒙藏拓本

重建聖祠寢室記天啟二年孔貞運撰余合書鄭三益篆額在福祚鄉今存

重建歸善庵碑天啟二年王祚遠撰今存

修古柏枝洞記崇禎元年十月盧世潅撰見茅山志

重修學宮奎閣碑崇禎　年見乾隆志

永禁開窰穿鑿碑崇禎十五年二月立石今存

朱氏世德之碑見乾隆志

華陽洞楊一清詩刻題名今存

重修宣聖祠記吴文梓撰見乾隆志

吴侯去思碑張榜撰見乾隆志

過成山江左書院記孔貞運撰見乾隆志

鳴鶴山建三台閣碑金蘭撰見乾隆志

督學金公德政碑記王祚遠撰見乾隆志

朱松溪處士墓銘碑陳榛撰見乾隆志

建東新閘記楊時喬撰見乾隆志

重修玉晨觀碑顧璘撰王逢元書徐鵬舉篆額見茅山志

雪浪大師塔銘見寶華山志今存

陳鳳梧詩碣大茅峯龍王殿嵌壁今存

五王殿碣見乾隆志

捐修啟聖祠碣見乾隆志

晉馮少君碑秦立立石見乾隆志雜識今存

何節婦橋碑明參政張紳撰唐皋題詩見建置

蘭亭石刻

佛說四十二章經石刻以上二種今存

補遺

梁燕洞宮碑邵陵王撰見茅山志碑目

唐經藏碑檢校尚書彭澮奉勅撰見同上

孫先生碑三傳籙記待御馮寬撰見同上

白鵠廟記柳識撰張從申書見同上

徐法師碑　大理寺評張唯素撰見同上

鄧威儀碑　南唐徐楷撰見同上

宋玉霄庵碑　和州使君盧士牟撰見同上

武仙童與朱觀妙書　政和八年楊守程題誌勒石見茅山志

凝和陳先生碑　闕撰人名見茅山志碑目

羅天感應碑　山人俠遺撰見同上

冲隱先生遺表碑二通　笪淨之撰見茅山志

王液庵記　劉宰撰見茅山志碑目

元玄洲倡和詩碣　至治二年四月張羽趙孟頫同撰書見茅山志

明封光祿大夫大學士李鏜墓碑　按碑數通俟訪詳補墓在龍潭鎮碑尚存

續纂句容縣志卷十六

續纂句容縣志卷十七上

邑人張瀛分纂

金石中

吳衡陽太守葛祚碑額 正書今存

吳故衡陽

郡太守葛

府君之碑

呂府志云葛祚碑額正書鉅刻屹立句容城西梅家邊 所引搜神記已見舊志祚傳中

按額書方徑二寸五分碑文漶漫不可辨碑長六尺寬二尺厚六寸首銳中穿俯立不仆石紋斑駮奇古可愛

晉潘公墓甓 分書陽文在縣治北四十里芙蓉山下

元康五年番公辟

番公　周買　丙丁

磚長九寸五分寬四寸六分厚一寸六分辛丑二月芙蓉山下樵者以尖擔植地見磚槨疑有窖藏掘之得古磚盡碎尚餘數十枚上書元康五年番公辟頂頭一邊有番公二字一邊有周買二字又旁邊有丙丁二字皆陽文分書按漢宣帝晉惠帝均有元康年號文雖古樸質不甚堅緻恐非漢代物山下居民攜取立盡秋八月瀛始獲其一以質好古者

梁石井欄題字　正書今存

梁天監十五

年太歲丙申

皇帝愍商

旅之渴乏乃

詔茅山道士

闕

永若作井

及亭十五口

呂志云井在句容城守署欄刻三十五字乾隆甲辰陽湖孫

觀察星衍始訪得之

瀛按欄高二尺口圍七尺下周九尺字跡漶漫隱約可辨筆

意似瘞鶴銘見存學宮

南康簡王神道闕 正書今存

梁故侍中中軍將

軍開府儀同三司

南康蕳王之神道

南康蕳王之神道

軍開府儀同三司

梁故侍中中軍將

續府志述莫氏友芝云梁書南康簡王績高祖第四子也普通五年加護軍將軍大通三年薨於任贈侍中中軍開府儀同三司金陵新志南康簡王墓在句容西北二十五里同治己巳甘泉張肇岑訪獲按石柱二亦左右順逆讀簡作蕑者當時省體據梁書績以安右將軍領石頭戍事尋加護軍薨于任梁代墓闕多書贈官而不書所終之官蓋當時通例如此光緒辛丑瀛至其處地名石獅埠柱高二丈頂有圓蓋字跡明顯獅高丈餘奇偉雄古色黮黑對踞闕旁潤汗欲滴

唐王法主神道闕正書今存

神道

法主師之

太平觀王
唐故國師
續府志云文逆讀此西闕也句容尙兆山訪得之集古錄目有太平觀主王遠知碑又有王知遠後碑知遠乃遠知之誤據茅山志遠知化於貞觀九年八月志云時稱王法主與闕文合呂志仙釋有遠知傳輿地紀勝有王法主碑唐劉褘之撰齊懷壽書碑曰昇眞以文明元年立在茅山

壘玉峯摩崖 正書

壘
玉

唐大歷三載吳
開國公嘗道此

建中三

道士吳　　築

瑯琊顔頵題

續府志云光緒六年句容尙兆魚訪得之壘玉字徑尺小字亦徑寸許唐肅宗乾元改元即稱年代宗朝不復稱載此書大歷三載私家題署不必與官文書合吳開國公不知何人顔魯公先世南瑯琊人遷北後亦居瑯琊頵爲魯公長子見新唐書魯公傳據通鑑建中三年魯公仍官京師其明年即宣慰李希烈矣頵以貞元六年授五品正員官在魯公授命之後亦見新唐書魯公傳頵書金石家未著録此摩厓字甚偉麗又出忠義之門洵可寶也壘玉右空行刻□□庚□春李承芳刷洗承芳疑是明人

瀛按此石據茅山道士云徧訪不獲金陵續詩徵云得諸鍾山豈摩崖石壁尙可移置耶姑錄之暇日重訪

廣陵李君碑 正書今存文補載雜俎

有唐茅山元靖先生廣陵李君碑銘

金紫光祿大夫湖州刺史上柱國魯郡開國公顏眞卿撰并書

大歷十□年夏五月建在玉宸觀

呂府志云觀乃陶隱居之朱陽館唐太宗時更名華陽觀元宗時更名紫陽宋祥符初始改今名觀於嘉靖三年遭鬱攸之厄碑已毁碎乾隆己亥冬嘉定錢少詹大昕遊茅山將碎碑聚置一處得二十一枚存千五百餘字後桐城汪中丞志伊以所藏拓本全文重刻併立碎碑之側碑中所稱隱居先生陶宏景也昇元先生王遠知也體元先生潘師正也正一

先生司馬子微也元靖父私謚貞隱碑作正隱葢魯公避家

諱爾

瀛按此碑汪中丞輂至學廨補刻另刊縮本及記砌石建亭

而覆之丙庚之亂零落無存同治壬申張氏肇岑訪得二石

逾年秦學博煥偕諸生獲大小碎石三十四片總五百二十

六字合摹刻三石嵌諸廨壁縮刻及汪記二石均斷缺

張孝子祠殘碑正書今存

□□□□□

□□□□知盛□

□□□□張君□□

不忒□□□□□□□

州眞盗□□□□□捌立

墓□載□□□□□□□吳郡張
□其道□□□□□□□□□□□
職□□金□□□□□御史譚公爲清時
□□壁□□□□□大君之□□文人之□
□□□□□□□其親以順交□□以信□□
□□□□□□□□□□息□□□□乃出
□□□□□□□□孝□□□□宜乎不朽
□□□□□□□□之□□□□□□□
乃紀貞石□昭□□□□□碑旣□□□
潤州句容縣令呂倕　奉義郎行丞□
呂志云碑已殘缺在句容義臺孝子名常淯有廬墓之行集古錄中有其碑目今已不存此碑殆建中時縣令呂倕所立

故中有其名碑側又有咸通時題名也

咸豐元年句容知縣姚文跋云張孝子殘碑缺不可讀惟唐建中朝句容令呂倕姓氏邑乘可考缺殘珪斷璧道光已亥文權知縣與震澤張淵甫學博缺知之者旣禱於祠下得之庖湢閒靈爽式著如獲遺珠缺時過一紀捧檄重來三復摩挲慮其或墜謀于缺俾彰著在耳目片石斯存匪歆孝子之遺徽抑亦此邦之文獻也張氏子孫其永寶之此跋亦斷缺

瀛按此碑久斷沒於瓦礫中剝蝕殆盡明嘉靖閒葺祠始移入室道光時姚大令文見之始嵌諸壁亂後手搨一紙審眡數日彷彿可識者止此七十字惟末行未磨滅耳

景昭大法師碑正書今存

華陽三洞景昭大法師碑額篆書

朝議大夫檢校國子司業兼御史中丞吳郡開國男陸長源撰
朝議大夫檢校尚書兵部郎中兼侍御史上柱國竇臮書并篆
額

大哉宇宙懸日月提萬象而首出者其惟道乎夫通聖神該品
彙冠百靈而獨立者其惟人乎道所以包渾元經始萬象者也
人所以稟純粹司會百靈者也故人因道而集祉道因人而垂
休不朽之功兆乎造物無言之德洽乎生民蕭散乎汗漫之間
沖融乎希夷之表與天籟而吹萬並谷神而長存者矣紫陽真
人大法師諱景昭字懷寶本丹陽延陵人也其先系自顓頊大
彭之後在虞爲陶唐氏在夏爲御龍氏在商爲豕韋氏因國命
氏芬馥蔓延以至於裔孫孟孟爲楚太傅賢爲漢丞相昭入吳
爲侍中昭兄愼爲司空法師卽司空十六代孫也司空薨葬於

延陵子孫因而家焉祖道會父思蒧皆邱園養素道高跡隱載於列仙之籍法師方娠稟異自幼表奇孕元和之粹靈體太元之妙質初以素書發蹟配度於延陵之尋仙觀後以丹臺著稱隸居於長安之肅明觀屬元宗廣成問道姑射頤神放心於凝寂之場垂拱於穆清之上法師因得羽儀金籙頡頏玉繩籍籍京師垂二十載爰辭上國思還故鄉重隸茅山之太平觀天寶中與元靜先生奉詔修功德造紫陽觀因而居焉遂於鍊丹院傳黃素之方修齋醮之法翔雲瑞鶴飛舞於壇場甘露神芝降生於庭院初法師師事大法師包士榮榮師事崇玄觀道士包法整整師事上士包方廣廣師事華陽觀道士王軌軌師事昇元先生王遠知遠知師事華陽隱居陶宏景自道源錫派元教傳宗玉堂銀闕之八羽葢毛旌之客府無虛籍代有其徒法師

至行稽乎元化通識合乎靈造與其有也萬物不得而不有與其無也萬物不得而不無得喪以春秋爲死生盈虛以天地爲旦暮雲外虎頭之佩雪中鶴氅之裘孩季通而撫子元師仇公而祖黄太教戒示乎傳授服餌見乎延長侍杖屨者迹徧於江湖傳經籙者事同乎洙泗一居山觀三紀於玆還神契乎時來寂魄同乎物故以貞元元年癸卯委蛻於紫陽之道場顔色怡悦屈伸如常春秋九十有二以其月己酉遷神於雷平山之西原元靜先生壽宮之左傳授蘇州龍興觀道士阜洞虛得沖虛之妙用躡上眞之元蹤梁市之客胥來華陽之人閒出矣道士韋崇詢主修齋醮祭俯仰節度道士朱惠明掌法籙經書修眞秘訣法師上編仙籙旁契道樞神含混元德與純粹誘進羣動感通眾靈邈然非寰宇之閒超然在風雲之表至如身躧世故

跡混俗塵發忠孝以飭躬演信義而旌行蓋隨時而不器豈常
道之可師與浙江東西節度度支判官檢校尚書兵部郎中兼
侍御史扶風竇公曰臯布武區中栖心象外與法師聲同道韻
理契德源追往想琴高之祠傳神著務光之傳見徵副墨用琢
他山其詞曰惟道之大提功混茫惟人殆庶與道迴翔素韻凝
寂元功靈長肇形無迹啟迪逾光矯矯法師錫羨華陽本族命
世在虞系唐御龍事夏豕韋居商巍然靈表自幼而張理冠容
成質侔夏黃尋仙發蹟肅明始揚宵禮金殿晨朝玉皇丹臺道
侶白雲帝鄉楚山萬里故國丹陽醮宮鳴磬齋室焚香芝生庭
院鶴舞壇場茅君秘洞葛氏真方來時去順齊彭泊殤化鱗風
翥委蛻雲驤峯巒邐邐松桂蒼蒼塵生杖屨苔染巾箱龍銜采
眊虎綴槃囊閬風元圃瑤軒玉堂追存如在頌德不忘孤石歸

然萬古連岡

貞元三年獻春正月上元之辰建造

呂志云在玉晨觀按泉字靈長著述書賦七千六百四十言精窮旨要故此碑書法端凝而有風骨洵藝林之墨寶也碑側有錢端英紹興壬午閏月及湻熙甲辰四月題名

大泉寺碑 行書今存

大唐潤州句容縣大泉寺新三門記 并序文見舊志

鄉貢進士姚藼撰當寺沙門齊操書西河郡欒宏慶鐫開成三年歲次戊午十一月乙卯廿六日庚辰立記勾當功德主寺主常誼

呂志云大泉寺在句容東北五十里碑因寺立不知何以置於崇明寺內碑云劉宋開明二年按劉宋紀元無開明年號

蓋緇流流傳之誤而譽遂未深攷耳

按碑長五尺寬二尺五寸書二十二行亂後雖斷砌合完好如初在崇明寺前

崇明寺尊勝經幢 正書今存

呂志云石幢二通在句容崇明寺大殿後東西相對一刻乾符四年立一立于中□□年十月內二字漶漫疑爲僖宗中和年有修建徐弁陸則等名

張孝子祠碑側題名 今存

按呂志在殘碑側今嵌壁上不可錄

尊勝經幢 今存

見前石幢二 幢雖存一中間已裂一剝蝕無字惟幢下埋瓦礫中抉剔視之六方尚存數十字亟宜移置寺內

宋華陽洞口陳遵陳淵范民長陳孚曾審言陳輔等題名 今存

呂志云按眞誥句曲華陽洞最敞東通王屋西達峨嵋南接羅浮北連岱岳洞中飛鳥交横風雲蓊鬱原埠壠堰草木水澤與外無異然未聞有人窮其勝者今洞口有正書題名陳輔等七人雖未署年月攷之皆宋人也按洞口題名甚夥呂志所載未嘗缺失

金剛般若波羅蜜經正書今存崇明寺塔上經文不錄

較經壇長僧從覺

勸緣興敎禪院傳法沙門清濟發願文文俚不錄錄以下題名

同管勾造塔徒弟僧承安承實等

管勾造塔表白僧修進

塔院住持沙門叔英

施財女弟子許氏大娘子朱氏大娘子

勾當開經并書朱仲起張元刋

發心募緣弟子朱文鍔立石
大宋紹聖元年孟秋月庚子日謹題
造塔都料汪有智　石匠王攢
佛說觀世音經正書今存塔上經文不錄
發願文文俚不錄錄後題名
紹聖二年四月日勾當弟子男張仲才仲艮仲固仲舉記
當院徒弟同管勾僧承安承實
當寺專管勾造塔表白僧修進
當寺校勘壇長沙門從覺撰文
當寺塔院住持沙門叔英立石
勸緣興教禪院住持傳法沙門清濟
勸緣都會首弟子張嘉祥書

謹具捨錢同會施主姓名如右
張嘉祥　僧叔英　姚德全
陳臻　丁琦周妻張氏八娘
張氏六娘
已上各施錢伍貫文足
劉懷信施錢貳貫文足
潘師喆　陳臯　經用
僧從覺　胡祥　丁和
周縣君張氏　謝氏五娘　魯氏二娘
徐氏二娘　鄭氏一娘　董氏八娘
吳氏念六娘　張氏三十娘　呂氏十九娘
張氏三十二娘　張氏三十五娘　吳氏三十一娘

劉氏十三娘

己上各施錢壹貫文足

右願同會男女弟子承

斯造像之因各證菩提

之果諸尊諸佛念念無

忘大聖大悲親承禮敬

人人罪業如日消霜地

獄寃親聞茲解脫

都會首張嘉祥後文是年六十二也

造塔都料汪有智石匠駱文侃張元同男士永刊

題名中吳氏念六娘張氏三十娘今無是稱按古人最重宗

法以行爲字如元九歐九吳十九之類至有名百一百二者

蓋統一族而序之也後人宗法不講五服外視爲路人可慨也夫宋造鐵佛百尊俱存塔內光緒二十六年十一月十二日邑人張瀛識

賢劫千佛名經正書今存塔上佛名不錄錄發願文及題名

粤惟大劫初啟三界漸成光音布金藏之雲洪雨滴大千之界現優曇於大海應賢劫以傳燈劫長劫短或減或增燈燈不絕佛佛繼興度無量衆攝化有情者

邑有開士李京高祺衆信等家傳孝悌誓發四宏繼須達之遺風作阿育之白業同興奉佛之因共結菩提之果各抽淨賄用刊千佛安窣覩波艮緣斯備功不唐捐先願按唐字恐誤皇風永扇佛日增輝作他生之巨祉爲見世

之津梁生生常奉於真風世世長親於佛會
家門肅睦祖禰超升同緣隨喜福果他生見
賢劫之道場禮龍華之彌勒虛空有盡此福
無窮　　大宋紹聖三年五月　日
當院徒弟同管勾僧承安承實
當寺專管勾造塔沙門修進
當寺校勘藏經沙門惠清序文
當寺校勘壇長沙門從覺
當寺塔院住持沙門叔英立石
勸緣興教禪院住持傳法沙門清濟
當縣後行手分胡祥書
當縣會首前行高祺

都會首雜事李京
同勸緣押司錄事許隆祁先
今具捨錢施主姓名如後
興教禪院住持沙門清濟一千省
押司錄事許隆　祁先　印典徐道
雜事李京　前行高祺已上各二千省
前行胡宗元　徐政　李安　經初
後行許用　王華　胡祥　經眞　劉嚴
許宣　包象　丁和　許澄　蔡宼
鄉司團首丁珉　高嵩
書手樂容　高明　經祥　戎初
貼司丁琦　胡章　孔琪　江源　張珪

廳子姚敎　掐子戴忠等七八已上各一千省

市居本府助敎江仲文三千省　管忠政　管忠順

王公定已上各二千省　郭禮　許怡　姚德全　汪明

高慶福　劉懷信　湯世程　江仲華　陳慶

王慶顏　劉振　汪仲初　王仲億　汪宣

李遷　徐安平　高慶安　劉洙　劉滋

孫子隆　許昭慶　周轍　陳阜　張通

許世章　曹元　河北　李訓　王密　苗忠義

各一千省　李京母徐氏二千省　妻梅氏一千省

江仲文妻許氏二千省

劉滋妻張氏六娘一千省　丁琦妻張慧賢一千省

鄉居望仙鄉巫錄二千省　句容鄉田嵩千五省

仁信鄉譚懷政　解忠昭　移風鄉江珪
福祚鄉楊隆　孝義鄉張宣　上容陳臻
通德鄉杜晦　望仙鄉巫執中　巫岐
巫仲徽　巫敦書已上各一千省　金陵袁居中刊
以上三碑金剛經橫石總五丈四尺長九寸觀音經石十五段千佛名經石三十段均長九寸在塔上搨工罕至閱九百年鈎畫如新被圬者自堊所涂一二石稍模糊耳按此三種書刻雖非出自名手實較勝於近代金石家失收何耶
崇禧觀塼正書今存
崇禧
續府志云塼長三寸五分博二寸句容倘兆山訪得之據茅山志崇禧萬壽宮即唐太平觀宋敕改崇禧觀元延祐六年

賜宫名則塼爲宋代建觀時所造

崇明寺大佛殿莊功德記正書今存文見舊志

呂志云山陽李潛撰并書元符庚辰正月望日立刋於唐碑新三門記之陰碑首刻觀世音像端嚴妙好筆意似李龍眠碑側正書僧惠明等紀募緣所得之數

莊功德記碑側正書今存

見上

觀妙先生幽光闡揚之碑行書今存

上清大洞國師乾元觀妙先生幽光顯揚之碑

先生姓朱氏諱自英字隱芝句曲朱陽里人也生八九歲牧牛郭干村兒曹卷蘆吹笳鞭角馳牛陟降爲戲先生辭不能牧兒哈焉先生笑曰爾騎牛曷若我騎鶴徐徐出笛袖閒裂竹而鶴

舞空下先生跨背鶴騰輒墜牧兒駭呼自是從牧時能致鶴或謂不祥父母遂棄之入道師玉宸觀道士朱文吉訓篤隸業先生過目掩卷曰熟矣師葢未能奇也十有一歲度爲道士仙標玉骨固已稜稜迥出風塵外先生幼生村野未始目吾儒經史與夫道家仙籍閒焚香誦六經百子三乘三十六部衮衮不絕口四遠老人夙學願見眉宇先生坐一室閉目温繹聽者挍無一字遺及長把筆爲文章混然天成尤精風雅句句警策發藥契經如空洞之音焉金陵牧馬公亮遣吏持書置而弗問其師恐告以未善先生曰不然勞我矣自爾偕明眞張鍊師紹英捫蘿上積金峯密天布壇龕火浣而栖二八卻穀以至骨立餐沆瀣奔三景修儀璘瓃珮之法以速輕舉居無何戶外之屨滿顧謂張曰如何比期絕迹而躡我衆不泰多事乎張曰子勿擅八

將擲子之不暇如其擅天下斷有不嗅者何必行先生曰一住一行亦亦各其志奚必同於是旦疊壇而夕渡江將拜混元於亳社禮天師於青城方其歷關而西抵劍門道逢一叟修眉鶴髮方目幘瞳踞坐咄曰少冠奚自曰自華陽復而曰奚適曰如蜀如蜀奚求曰求大藥叟仰天大笑曰少冠不聞陶隱居乎可入也五鍊而丹弗就因然後發三朝浮名之歎遂不成白晝騰踏乃從狗竇一過況汝骨髮未就道僅小成若不潛晦光曜將桁楊汝以仁義劓刖汝以禮樂為天戮民良可哀先生曰投吾鑿窒吾竅命之矣叟於是掐指瞑想曰隱居告余七百年後當有赤子出於茅山殆此應己命先生閉目曰謹執余裾唯覺林梢拂足開目乃坐青城山下遂嗳以金鼎九轉飛精劍法事竟先生曰血胎肉目不識丈人他日容進履如穀城影像可乎叟曰

世號陳鐵腳卽吾矣頃年先帝太宗命遣求藥海上適有偓佺
安期之滯至無及矣言訖失叟所在先生出關欲遂東歸復思
三茅道藏缺譌乃載游瀨鄉校讎太清古本居歲餘常日有丐
徒武姓提敝篋就齋堂石盤倒餘食而去衆訶不動俟先生滌
器已卽相訊問黃衣初臘競舉手揶揄之曰朱茅山尋類此乞
索伍仙遂捨去約先生旦會旗亭酒家話心焉顧謂先生曰汝
眞法器第故習未除不洒濯終汝累能往否先生曰敢不從命
藏睛少選觸耳閧然忽睹闤闠顧謂先生曰此河中府也侵尋
及河截流安涉先生踵之若蹈平陸接岸武欣欣曰信士可教
乎吾水星童子也汝此一行已抵度形太陰然須幽屏不厭深
渺大匠勿示人以璞不爾未易知也殊時復會審究夷微遽背
而去先生愴恨暨還故山刳心剔志寶二師之誨存三守一追

楊許之烈未幾玉清昭應宮成詔選名行工部侍郎薛公暎以
先生名上朝廷遣使召先生表辭尋而宮車晏駕章聖上仙仁
廟嗣復明肅太后垂簾丁晉公謂王冀公欽若並薦章三上使
兩至先生復辭謝表温雅有儒臣高世之風朝廷嘉之故晉公
簡詩曰大隱何妨混朝市三天澄淨謁元君冀公簡詩曰何事
故人違舊約負琴攜鶴待相隨先生繼答詞極清妙二相上之
皇太后追懷華陽洞天爲先帝祈嗣感應之地故特諭二重臣
强起先生府縣敦迫且言得罪先生不得已遂受命敕朱自英
未經朝見百官禁不得通謁雖梁器陶景唐禮吳筠未足方萬
分尋奉旨登寶符閣觀天書累表乞退二聖眷遇方隆以重違
雅尙先生得請東歸故鄉決志精思心馳太空之境矣朝廷賜
勞車蓋相望先是中貴人傳上與太后慰藉語山中百須時奉

恩許一新諸觀先生對道士當岩居穴處勤修上法遵保大茅司命之苦行庶可報國恩若效西方土木莊嚴非老氏慈儉之教唯乞近山立常寍一鎮爲游客行商息肩之所朝廷從之道藏三洞四階靈文寶笈實金繩玉檢之秘傳大法自魏南岳以降逮先生凡二十有三代明肅太后欲踵紫虛故事祈授畢法遙尊朱張爲度保師賜號觀妙明眞建乾元天聖兩觀以旌師資先生於斯不辭當是時琅玕飛精神景三鑪方四轉火矣居一日江甯府遞得蜀州守蕭貫傳所謂道士武抱一書者先生執書泣數行下弟子莫測所以書責姓名顯耀天機暴露之咎意警先生避俗藏身中宵引去猶爲可救文緻藻練綽有可觀縉紳先生簪裳淨侶警其風聲有繪像刻石傳於世所謂武仙童者天聖七年大丹成鼎輒覆丹竈弟子毛奉柔密啟先生視

丹歎息曰桑榆既迫狗竇一過信矣至其年十一月解駕春秋五十有三即夕掩關敕弟子毋入頗異常時夜將半弟子擁鑪壇房候謦欬穴窗朱衣使者執冊立庭下雖儀容甚都光燄鑑人童子諏誰何徐徐答曰眞官下盧文秀帝遣迎朱眞人耳弟子輩牢扃惕息不復出頭之先生問夜對曰視星三鼓須臾又問玉宸鐘聲已答曰未也連問者數四鐘既聲先生呼侍衞曰吾行矣弟子入但見危坐手執祥符所賜玉如意儼然是夕天苦寒先生頂生圓光溫融一室玉體汗浹若珠琲然大斂際有聲隱隱自其棺出法固謂之尸解舉木疑空衣耳前一日陶眞人坐龕無故震者三大眾咸異先生曰若何與汝事繼夕遷神鶴唳旋壇谷鳴若簫凡三日句容權令酷吏也丞相李公迪出鎮遣屬官致詞邀先生俾縣加道修肅候先生過邑不顧而去

令陰銜之還又不少留左右曰縣令朝服道左當下車一見非不顧也顧血腥苦難近耳令聞益恚至是按負租乃盡逐先生徒弟逃難不暇而嘉祥異瑞爲其所抑誣以中丹毒死九重寥廓亦無從而達越明年令去任始克葬反眞之宅卜鬱岡西麓方隅洞之東距李眞人丹井若干步高三尺者是已嗚呼以先生夙淨基修宜無不圓猶有不幸況悠悠之徒後五十有九載歲在丁卯徐先生侍香弟子石致柔年過八十卽囊篋得西劍州道客任懷一錄先生事頗爲疏略漫滅過半矣跪而泣曰先生之道可阨於一時庸拒鬱於千載念可以發潛德之幽光非夫子而誰其意以僕九十歲徧親先生三景弟子謂得之詳僕歸以告吾親曰石氏子之請乃吾素志汝盍表大宗師奉命藻雪涓辰而書乃拜手稽首而獻頌曰繄高陽氏之遺裔兮誕已

字之靈墟紡紫陽之羽褐兮應赤子之讖符度劍嶺之危巖兮執鐵腳之長裾憑黃河以徒步兮躡星童之雙舄方帝三葉之慶祥兮屬春宮之位虛祀高禖以詔弓韣兮洞天輟司命之友于膺玉女之受度兮續元君之紫虛館昭應之隱几兮閣寶符而觀天書上方遵崆峒順下風兮俄冷然而及歸途攀帝恩而戀戀兮奈仙期之敢踰朝辭絳闕而暮復繡嶺兮眞官以降於庭除足三乘圓七果兮將聳身而淩空無揖飈輪御六氣兮竟歸神於清都系曰保深息兮烟霞結廬邈元游兮龍虎驂輿帳迢遙其無蹤存桐柏之丹爐青牛谷冷兮石壇蘚合白榆風蕭兮玉棺劍孤徯虛皇之在宥緜寶籙於宗圖雲陽南郭陳輔造

七閭西山蔡仍書并題額

茅山志云世傳朱觀妙下世時丹藥所誤既得南郭先生陳

輔所作幽光顯揚碑乃知前說之妄先生葢丹未及成而解化南郭先府君少隱茲山師事朱張二先生是事皆目覩非聞而知之也頃沖隱笪君得斯文將欲捐賜金立碑於乾元并一新壇館會沖隱遽解化今養素徐君嗣開壇席當成其志也蔡仍題沖隱先生解化後二年政和乙未歲養素法師徐希和始克立石

笪重光記云是碑自乾元傾圮遂穹然孑立空山廹有明萬歷初載土人碎之散移阿阜將舁煆灰忽雷雨晦冥居人於電光中見有眞人率天丁檢此起立之立微欹示神力不仆也留鏬示日生月化也鏬漸以窗字漸以明今泯然無痕矣葢我祖沖隱建碑昭德之意固不使湮滅耳

大觀聖作之碑 正書今存

大觀聖作之碑　額正書

學以善風俗明人倫而人材所自出也今有教養之法而未有善俗明倫之制殆未足以兼明天下孔子曰其爲人也孝弟而好犯上者鮮矣不好犯上而好作亂者未之有也葢設學校置師儒所以敦孝弟孝弟興則人倫明人倫明則風俗厚而人材成刑罰措朕考成周之隆教萬民而賓興以六德六行否則威之以不孝不悌之刑比已立法保任孝悌婣睦任卹忠和之士去古縣邈士非里選習尚科舉不孝不悌有時而容故任官臨政趨利犯義詆訕貪污無不爲者此官非其人士不素養故也近因餘暇稽周官之書制爲法度頒之校學明倫善俗庶幾於

古

諸士有善父母爲孝善兄弟爲悌善內親爲睦善外親爲婣信

於朋友爲任仁於州里爲卹知君臣之義爲忠達義利之分爲
和
諸士有孝悌睦婣任卹忠和八行見於事狀著於鄉里者鄰保
伍以行實申縣縣令佐審察延入縣學考驗不虛保明申州如
令諸八行孝悌忠和爲上睦婣爲中任卹爲下士有全備八行
保明如令不以時隨奏貢入太學免試爲太學上舍司成以下
引問考驗較定不誣申尚書省取旨釋褐命官優加拔用
諸士有全備上四行或不全一行而兼中等二行爲州學上舍
上等之選不全上二行而兼中等一行或不全上三行而兼中
二行者爲上舍中等之選不全上三行而兼中一行或兼下行
者爲上舍下等之選全有中二行或有中等一行而兼下一行
者爲內舍之選餘爲外舍之選

諸士以八行中三舍之選者上舍貢入内舍在州學半年不犯第二等罰升爲上舍外舍一年不犯第三等罰升爲内舍仍准上法

諸士以八行中上舍之選而被貢入太學者上等在學半年不犯第三等罰司成以下考驗行實聞奏依太學貢士釋褐法中等依太學中等法待殿試下等依太學下等法

諸士以八行中選在州縣若太學皆免試補爲諸生之首選充職事及諸齋長諭

諸以八行考士爲上舍上等其家依官戶法中下等免戶下吏移折變借免身丁内舍免支移身丁

諸謀反謀叛謀大逆子孫及大不恭詆訕宗廟指斥乘輿爲不忠之刑惡逆詛罵告言祖父母父母別籍異財供養有闕居喪

作樂自娶釋服匿哀爲不孝之刑不恭其兄不友其弟姊妹叔嫂相犯罪杖爲不悌之刑殺人略人放火强奸强盜若竊盜杖及不道爲不和之刑謀殺及賣畧緦麻以上親毆告大功以上尊長小功尊屬若內亂爲不睦之刑詛駡告言外祖父母與外姻有服親同母異父親若妻之尊屬相犯至徒違律爲婚停妻娶妻若無罪出妻爲不婣之刑毆受業師犯同學友至徒應相隱而輒告言爲不任之刑詐欺取財罪杖告屬者鄰保伍有所規求避免或告事不干己爲不卹之刑諸犯八刑縣令佐州知通以其事目書於籍報學應有入學按籍檢會施行（按子孫應移補惡上）諸士有犯不忠不孝不悌不和終身不齒不得入學不睦十年不婣八年不任五年不恤三年能改過自新不犯罪而有二行之實者鄰保伍申縣縣令佐審察聽入學在學一年又不犯第

三等罰聽齒於諸生之列
大觀元年九月十八日資政殿學士兼侍讀臣鄭居中奏乞以
御筆八行詔旨摹刻於石立之宮學次及太學辟雍天下郡邑
二年八月二十九日奉
御筆賜臣禮部尚書兼侍講久中令以所賜刻石
通直郎書學博士臣李時雍奉敕摹寫　承議郎尚書禮部
員外郎武騎尉臣葛勝仲　朝議郎尚書禮部員外郎雲騎
尉臣韋壽隆　承議郎試尚書禮部侍郎學制局同編修官
武騎尉隴西縣開國男食邑三百戶賜紫金魚袋臣李圖南
朝議郎試禮部尚書兼侍講實錄修撰飛騎尉南陽縣開
國男食邑三百戶賜紫金魚袋臣鄭久中　太師尚書左僕
射兼門下侍郎上柱國魏國公食邑一萬一千二百戶食實

封三千八百戶臣蔡京奉勑題額

呂志云此碑乃紹興二十四年後縣尹龔濤所建

玉宸觀錢端英兩次題名今存

一紹興三十二年閏月一淳熙十一年四月均在唐景昭碑

側

五瑞圖序跋正書今存

句容五瑞之圖額篆書

漫塘劉宰跋見乾隆志祥異中

寶慶丙戌邗城張君偘來宰斯邑越兩歲而五瑞集焉士民歌誦盈耳蓋自有不能已者漫塘聘君劉先生言語妙天下平昔不輕許可其歸美於感召之所自者信矣山陰王令君亦有跋語曁諸賢序贊連篇累牘未易悉紀大夫初不自矜至有謝同

僚之詩曰賸喜聯官忘爾汝故令元化奪胚胎及惠邑士之詩
又曰山川清美天下稀五瑞同時盍紀碑碑上只言人物盛若
言德政愧無之吁大夫其讓矣哉是歲五月既望免解進士充
縣學學長江千里謹書

呂志云跋正書按張侶稱句容名宦紹興元年開放生池是
年有五瑞之異邑民仿漢仇靖頌武都太守李翕例圖狀刻
石以紀瑞應劉宰江千里二跋刻於其下碑在學宮內侶應作偘

按碑作三列上繪圖中劉跋下江跋亂後仍在學宮

宋句容縣城甎正書陽文今存

淯

祐

乙

巳
年
南
徐
張
知
縣
任
内

塼長九寸博五寸按舊志湻祐五年知縣張榘築城此城甎也光緒辛卯瀛見諸王姓壁上

元僧覺春題名 正書今存

呂志云大德七年刻於崇明寺莊功德記之側

加封孔子詔 正書今存在學宮文見舊志

按此碑係至大元年奉詔三年立石見碑陰目著大德十一年沿呂志例也

加封孔子詔碑陰記 正書今存

□□至大元年欽奉

□□至聖文宣王加封　　第二列

大成二字所在郡　　典史　□元亨

□式克欽承垂之　　典史　□濬

□珉丕昭　　敕授下蜀巡檢權縣丞□艮臣

□□佑文崇化之至懿示　　保義校尉主簿□老

□光斁句容縣因　　承務郎句容縣尹兼勸農事□歹

□來舉大懼闕典　　承務郎達魯花赤兼勸農事□飭

□議構亭樹　　第三列

□視府學爲則　　訓導江聞震

□□三年七月　　教諭劉元明書丹并篆額

□□仝刊石謹誌

碑陰三列上記立碑年月中下記人名此記舊志未收劉元明秩官表亦失載按元碑中元明有泰定閒篆額此三年乃至大三年也碑爲寇毀中斷題亦斫去致有闕文庚子冬月瀛訪得之

崇禧萬壽宮額敕正書今存

朕流觀山圖夷考仙蹟睠曲林之舊館實宏景之故居原其建立之初以處高第弟子及今千載猶想遺風朕將益崇神明用著高尚其建康路三茅山崇禧觀可準元教張嗣師掌教眞人吳全節所請賜號曰崇禧萬壽宮主者施行延祐六年三月日

呂志云此敕元紀不載第是年兩賜僧鈔猶且特書則此敕
之見遺果何故耶

此敕端莊流麗似松雪手筆

崇禧萬壽宮道士陳志新謝表 正書今存

臣志新言伏以六龍時御尊臨大明殿之居丹鳳詔來新賜崇
禧宮之號天錫萬壽聖祀一八睠惟少室之仙實嗣曲林之教
師事陶宏景不言宏道之功君遇唐太宗遂建太平之觀中更
近代始易前名至復振於元風未有盛於今日臣志新誠惶誠
懼頓首頓首欽惟皇帝陛下妙參三極高蹈百王清靜化民夙
慕崆峒之問道齋沐事帝夜虛宣室之受釐譬如北辰端居而
星拱乃睠口顧流觀於山圖崇神明而渙汗於十行之中著高
尙而昇眞於千載之遇光被草木渥照乾坤臣志新俯伏林巒

聽觀綸綍茅峯第一福地敬用揚休虎拜歌萬斯年益虔稽首
臣志新下情瞻天荷聖激切屏營之至謹奉表稱謝以聞臣志
新誠惶誠懼頓首頓首謹言延祐七年二月日宏道明眞沖靜
眞人同主領三茅山諸宮觀庵院住持崇禧萬壽宮事臣陳志
新上表 另行郡人鄭梓材摹刻

續府志云呂志采三茅山崇禧萬壽記下宮門左碑也其右碑刻敕賜崇禧萬壽宮詔呂志亦采之下列有謝表失收句容尚兆山拓得其文補錄於此錢氏大昕游茅山記云茅山宮觀十有二而崇禧實總之卽據此表結銜也

此表在敕下亦似松雪所書

昭靈沈襄王祠記 正書今存

宋昭靈侯沈襄王祠記 額篆書

事物寓於天地之閒廢興各有定數古今之一理也予觀蜀鎮
北有高山昭靈侯沈襄王祠寓其上積有年矣赫赫威靈幽明
不殄忠烈元勳流芳信史兼奉前朝歷代封謚名爵粲然靡所
不載茲不必贅迨今廟食一方福佑斯民坐鎮江面洋洋如在
左右禱祈必應有感則通往來時貴每登其峯瓣香修敬之際
東瞻鐵甕西望金陵兩淮列圖畫之閒直下視長江之險南山
崒嵂路適容峯水光山色亦足以暢敘幽情未嘗不歷覽焉昨
自至元乙亥　皇元平宋之後廟貌依然纖毫無毀非神力
孚佑何克臻此今經四十餘年矣累奉　聖朝頒降　詔
旨祭祀名山大川忠臣烈士乃歲時雨暘不調有司請禱薦獲
感通邑大夫躬親捧檄詣祠欽遵致祭節次覘板明然具存焄
蒿悽愴若或見之況昭昭之不可掩如此夫奈乾旋坤轉歲月

因循古殿廊廡宗桷頹圮風雨凌震杌棿不堪祝師坐視而恇
怩行之實惟艱也況好事者罕遇歲次甲寅延祐元年有市居
湯公名世英一旦奮發素志不憚勤勞募緣各社信士率裨錢
糧顧售工匠涉遠運木搬石鼎新建造前殿山門兩廊共四十
餘間揑塑裝鑾在廟神像三十餘堂大小計一百五十餘尊彩
畫出入隊仗前後擁壁甃砌地面及四圍遮暘門戶軒牖几案
雕鏤花樣器物漆飾裝金俱各輪奐一新不期年而廟成三載
而功畢雖人力之所爲而神功顯著自有不期然而然者矣今
焉立石素非沽譽要功亦爲衆信成功姑以紀歲月延縣香火
永年祭祀云爾歲次延祐七年三月旦日謹題
焚修廟祝許宗旺　許興旺　幹緣張士龍　李文熙　謝
以成　高桂　相　副吳文通

勸緣建造都會首前福州路古田縣丞湯世英

里人吳桂發撰

將仕郎前行宣政院都事蔡杞書篆

進義校尉建康路句容縣主簿董珏

承務郎建康路句容縣尹兼勸農事成天瑞

承德郎建康路句容縣達魯花赤兼勸農事哈剌立石

京口華善甫刊

續府志云呂志佚目據建康志收宋昭靈沈襄王廟碑六朝碑也其詞無攷此碑句容尙兆山訪得之碑製狹而長失其篆額邑人相傳沈襄王卽宋沈慶之攷宋書慶之傳謚襄公其稱襄王由後褒封也碑詞甚俚碑後題名以廟祝募緣撰書爲次末乃及縣官猶是唐宋人上表結銜尊者在後之式

崇禧萬壽宮碑 行書今存

建康路三茅山崇禧萬壽宮記 額篆書

從仕郎鎭江路錄事致仕王去疾撰

前翰林學士承旨榮祿大夫知制誥兼修國史趙孟頫書并篆額

華陽洞天自三茅君以神道設教端人神士不可梯接者代有人焉歷考其閒惟隱居陶眞人立館以處高弟所以啟佑其後人者爲最盛今之崇禧觀隱居曲林館也唐貞觀閒太宗以昇眞王眞人有潛藩之舊且嘗師事隱居遂建太平觀以居之賜田與山贍其學者殆錢餔粟月給所轄宮觀十有二宋政和三年始分田以給之使自養其弟子具載山志宋改太平觀爲崇禧揭虔妥靈有盛無斁式克至於今日廣殿修廊宏宏轗轗榱

題牖桷之飾旛華香火之供千餘年閒其崇奉未有如此之盛者也於皇三君威神在天陰隲默相華陽道派如魯洙泗世有升降道無升降時有顯晦道無顯晦陶眞人之於三君也神交泬寥之上王眞人之於隱居也心授問答之閒緜緜延延往過來續千載如一日皇元肇興天兵南渡神明所扶壇宇如故心遠鄒君道元若造物者擬其人爲時而出叫閶闔於九天之上上方偃武修文以清靜爲壇以慈儉爲宇垂意元教命鄒君道元掌教事盡護諸山厥後東澗洪君宗源復陽楊君元澈碧泉蔡君德溥繼繼承承用保有累朝之寵命皇慶初元春南陽陳君志新入覲上覲天光於清都紫微之閒承九重之殊渥荷眞人之美名上賜金襴道衣以爲身章延祐四年秋南陽君私竊自念崇禧道場自昔總轄諸山實爲上帝垂恩儲祉之所不有

以表章之何以名有尊乞陛崇禧爲宫白之集賢諸公以其事
聞於朝嗣歲陛辭還山上復降香以榮眞歸延祐六年八月二
十二日玉音自天而下賜號曰崇禧萬壽宫元教大宗師上卿
大眞人吳張公嗣師掌教眞人公與有功焉是日也榮光異氣
上燭層霄崇山峻嶺咸有矜色眞人陳志新率羽士稽首再拜
於道之左對揚休命曰明明天子萬壽萬年實與太元司命君
自混沌溟涬開闢之始赤明龍漢浩劫之前俱以願力裁成輔
相以左右民雖今昔殊時幽顯異迹其受命於皇皇后帝則異
世而同符也於戲休哉既而冠巾之衆如出一口而祝之曰陳
眞人自隱居陶眞人立館以來既嘗爲太平觀矣又嘗爲崇禧
觀矣上賜今額甚盛舉也他日秉國史之筆者繫年繫月繫日
大書之曰改觀爲宫自南塢眞人陳志新始其皇恩如天將何

以報塞耶惟我眞人在帝左右必敬必恭早夜以思弼成元功庶其有以答君師寵綏之造而眞人亦有無窮之聞眞人曰三君之靈也吾皇之賜也臣何力之有焉敢不敬恭以從祝規延祐柰年夏四月南鴟君俾去疾紀其事以傳方來去疾謂必有山元卿其人而後爲新宫銘草野之文何足以紀盛事辭不獲命乃舉前說爲之記而又薰沐繫之以詩曰自有宇宙有此山開山者誰高辛氏耿耿祉哉太元君天之輔相民怙恃曲林舊館陶眞人潛德幽光發千祀山圖飛上天皇家雲漢分章來萬里煌煌崇禧萬壽宫巨扁鸞鶱飛羲獻字鳳歌鶴舞鏘鈞韶山川鬼神共懽喜物不疵癘年穀豐乾坤淸夷風日美皇帝怡愉奉太皇萬年億載自今始

大元至治元年正月十有五日建

重修天王寺記 在天王寺今存

重修敕賜天王寺記 文見乾隆志

道一書院山長新安胡炳文撰承務郎建康路句容縣尹程恭書江南諸道行御史臺監察御史張季脩題額泰定二年十月僧妙雲立石

鄉賢祠記 行書在學宮今存

句容縣學鄉賢祠記 文見舊志

新安胡炳文撰門人程益書教諭劉元明篆額泰定三年七月日訓導江聞震立石 鄱陽朱子明摹勒

呂志云按炳文字仲虎學者稱雲峯先生見元史儒學傳時炳文掌書院教從游極盛

南山處士張民瞻墓誌銘 正書今存

故南山鄉士張公墓誌銘

碑在移風鄉柏莊郵石質堅厚字爲風雨剝蝕十存其三書法端麗似摹松雪金石家失收向無拓本書丹篆蓋俱楊姓其名漶漫不可辨辛丑七月始於是郵獲之原文已從張氏家乘錄出載入補志

句容縣學田記 行書額篆今存

句容儒學田籍記

郡邑有學學有田土國家之令典也佝古民湻而俗化工市農

畝之夫皆學也中古聖人敎養之義備而民知學先王之遺制
爾句容繇山名邑爲□慶屬縣學宫弟子典則猶存皆其江東
父兄子弟學之田□畝計一千六百一十八羸山鵠田之□羸
則加其一□八地□百六十□羸在水之塘畝有五羸歲入以
斛計大小麥物九十六羸粟倍于麥羸又加其三十四菽十六
羸楮以貫計□□□十八羸延祐經理士緩於防細戶□爲□
弊而更其舊□□御史□□□□例凡江南學院令有司稽其
田畝之實郡諸侯與邑大夫□□□□諸方□且刻石焉去
年秋艮知承乏于學遂合其儒□□□俾贊其籍並加理焉後
之君子庶有徵諸至順二年春二月十五日敎諭許艮知記延
陵吳□文□□篆額并書縣吏陳應鳳典史陳□輔鄭茂芳句
容縣尉陳獻德李孜進義副尉集慶路句容縣主簿八哈藍沙

承務郎集慶路句容縣尹兼勸農事般貞進義副尉集慶路句容縣達魯花赤兼勸農事那懷樹石學吏江濟監工番昜朱漢刻字

加封孔子父母及夫人并官氏詔　正書在學宮今存

闕里有家係出神明之胄尼山請禱天啟聖人之生朕聿覯人文敷求往哲惟孔氏之有作集羣聖之大成原道統則堯授舜傳之周文王論世家則契至湯下逮正考甫其明德也遠矣故生知者出焉有開必先克昌厥後如太極之生天地如鉅海之有本源雲礽既襲於上公之封考妣宜睞夫素王之爵於戲君子之道考而不繆建而不悖於以敦典而敘倫宗廟之禮愛其所親敬其所尊於以報功而崇德尙篤其慶以相斯文齊國叔梁紇可加封啟聖王魯國太夫人顏氏可加封啟聖王夫人主

者施行

至順二年九月　日

我國家惇典禮以稱文本闔門而成教乃睠素王之廟尚虛元嬀之封有其舉之斯爲盛矣大成至聖文宣王妻幷官氏來嬪聖室垂裕世家籩豆出房因流風於殷禮琴瑟在御存燕樂於魯堂功言邈若於遺闈儀範儼乎其合德作爾褘衣之象稱其命鼎之銘噫秩秩彝倫吾欲廣關雎鵲巢之化皇皇文治天其興河圖鳳鳥之祥可特封大成至聖文宣王夫人主者施行

至順三年六月　日

呂志云元史文宗紀及祭祀志祇載加封啟聖王及夫人而不及幷官氏之封史之闕文也嘉定錢少詹大昕云加封事在至順元年二月戊申碑書至順二年六月葢立石之年也

家語孔子年十九娶於宋丌官氏之女今攷漢韓敕禮器碑
本作并官宋祥符追封及此詔亦皆作并官氏文字明白可
證家語傳寫之誤廣韻先賢傳孔子妻并官氏今本引亦誤
爲丌蓋流俗相傳失其本眞惟石刻出於千載以前者信有
徵也按此說在江甯學宮封孔子父母及并官氏詔後句容此詔失收故後以制詞碑三通當立石之六趺云

加封顏子孟子制正書至順二年九月立

此碑斷裂止存一角在崇聖祠廡下

加封曾子子思制正書

朕惟孔子之道曾氏獨得其宗蓋本於誠身而然也觀其始於
三省之功卒聞一貫之妙是以友於顏淵而無愧授之思孟而
不湮者歟朕仰慕休風景行先哲爰因舊爵崇以新稱於戲聖
神繼天立極以來道統之傳遠矣國家化民成俗之功大學之

書具焉其相予之修齊茲式彰於褒顯可加封郕國宗聖公主
者施行

至順二年九月　日

昔曾子得聖人之傳而子思克承厥統夫中庸之一書實開聖
學於千載朕自臨御以來每以嘉惠斯文爲念萬幾之暇覽觀
載籍至於致中和而天地位萬物育雅留意焉夫爵秩之崇旣
隆於升配景行之懿可後於褒嘉於戲有仲尼作於前孰儷世
家之盛得孟子振其後益昌斯道之傳渥命其承茂隆丕緒可
加封沂國述聖公主者施行

至順二年九月　日

封豫國洛國公制　正書

朕惟三千之徒莫先顏氏曉言往哲式克似之故河南伯程明

道體備至和躬承絕學元氣之會鍾於獨得聖人之道賴以復明繫百代之眞儒豈追崇之可後爰蒐盛典爵於上公於戲緬想德容儼揚休而山立聿新禮命敷渙號以風行服此寵靈益綿道統可追封豫國公主者施行

至順二年九月　日

惟孟氏以來千有餘歲不有先覺孰任其承故伊陽伯程伊川本諸躬行動有師法謂初學入德始乎致知格物謂隨時從道在乎觀象玩辭遺書雖見於表章異數尚稽於封典胙之大國庸示褒崇於戲規矩準繩庶可存於矜式火龍黼黻匪徒侈於儀章懋相人文以對休命可追封洛國公主者施行

至順二年九月　日

劉仙翁冠劍虛室碣篆書左右正書

宗壇初祖大師上眞昇舉後同天眞復降華陽傳玉經寶籙授
元師立宗壇于洞天之北至宋祖師仙翁建宮壇於中山受道
上淸二十五代宗師太中大夫葆眞觀妙
沖和先生諡靜一眞人劉僊翁冠劍虛室
三眞潛神養素壽七十三解眞後　敕賜山建觀藏冠劍于此
至順癸酉上元日徒弟四十五代宗師劉大彬謹書立
續府志云碑長七尺寬三尺句容阮其相訪得之冠劍虛室
如衣冠墓虛室之稱可補金石例據茅山志仙翁名混康字
混康一字志通嘉祐五年試經爲道士紹聖四年敕江甯府
即所居庵爲元符觀別敕三茅山經籙宗壇與信州龍虎山
臨江軍閣皂山鼎峙輔化皇圖與碑稱宗壇合又云大觀二
年四月於儲祥宮元符別觀解蛻則仙翁北宋人也癸酉爲

元統元年碑仍書至順者元統改元在十月碑立於正月也

句容縣恭刻制詞記 正書在學宮今存

句容縣恭刻制詞記

宣聖五十四代孫承德郎江南諸道行御史臺監察御史孔思
立書

通奉大夫江南諸道行御史臺張起巖撰文并篆額

孔子之道萬世準則歷代崇奉有隆無替然未若聖元推尊加號之極其至也國初庶事草創文治未遑太宗英文皇帝建學中都遺國子就學士之通經中選者復其家世祖皇帝敕上都孔廟聖像十二章服暨純以金飾之登用儒先禮聘文學之士學校有官鄉社有師詔旨敦勉箸于令甲武宗仁惠宣孝皇帝加大成至聖文宣王號遣使闕里以太牢祀郡縣廟學敷宣綸

言鑄之貞石昭示永久仁宗皇帝正孔廟配享位以宋九儒暨
先正許魏公列諸從祀文宗聖明元孝皇帝繼志述事加封宣
聖考妣齊國公曰啟聖王魯國太夫人曰啟聖王夫人厥配幷
官氏曰大成至聖文宣王夫人加兖國復聖公郕國宗聖公沂
國述聖公鄒國亞聖公復追封二程子河南伯爲豫國公伊陽
伯爲雒國公朝議刻制中外廟制於是集慶句容縣尹李允中
教諭劉德秀輦石就書刻有日謂宜有紀述以彰昭代佑文之
懿宣聖五十四代孫思立適爲監察御史請之起巖至於再三
起巖嘗承乏冑監累官史局詞垣於紀述爲宜也蓋前聖之道
得孔子祖述憲章而益以顯後聖之心必孔子是則是效而爲
盡善夫師其心必崇其教而不論其世可乎斯道之所以更萬
世而不僘大倫以明生民以安世運以昌一皆原於聖人則尊

其祖以及其配允謂稱情矣況斯道之傳派承所在至於繼絕學而繩墜緒盪除習俗開發我人功加於前德垂於後者尤在表襮也夫以國家重民敎尊聖學擴充旁達無所不用其極則職乎近民而膺承流宣化之任者其整率作新當如何哉繼自今以往凡來游來觀仰瞻奎璧雲漢之章宜知所向矣

後至元戊寅五月　日建

句容縣恭刻制詞記碑陰

都提舉盧昭信　督工儒職

知事李　謙　主奉孔逢吉

知事朱廷瑞　掌儀徐麟孫

生帛局　訓導胡體仁

局副崔伯端　訓導湯　囦

榷局使張應祥　掌品江　淼
典史吳漢杰　儒人江　裕
税司使　司吏蔣　祉　余志道　徐世英
提領大使　尙世榮　夏惟政　莊友仁
副使　湯茂實　朱士良　戎元泰
鄕耆　吳思敬　江　濟
趙　良　陳居簡　典史何　典史朱
杜文盛　劉宗成　尉倒拉沙
鄒友諒　樊　溥　典史郭與立
將仕郎集慶路句容縣主簿張　薄
將仕郎集慶路句容縣主簿張　琛
承直郎集慶句容縣尹兼勸農事李允中

□武校尉集慶路句容縣達魯花赤勸農事丑閭

縣學大樂禮器碑 分書今存

句容縣學大樂禮器之碑 文見乾隆志

賜同進士出身儒林郎江南諸道行御史臺監察御史趙承禧撰文文林郎江南諸道行御史臺管勾曹復亨書朝列大夫江南諸道行御史臺都事姚紱篆額至元六年五月日建

呂志云文筆詳贍書法秀整稱元碑之佳者

縣學大樂禮器碑陰

呂志云碑陰正書紀造祭器之數 詳載乾隆志

重建達奚將軍廟記 正書額篆書今存

重修達奚將軍廟記 文見乾隆志

承仕郎前集慶路句容縣尹兼勸農事林仲節撰文進義副使

尉集慶路句容縣主簿樊嗣祖書并篆額至正二年正月廿二日立

呂志云南史周宏讓梁承聖初爲國子祭酒二年爲仁威將軍城句容以居命曰仁威壘今碑作洪遜益宋人避濮王諱易讓爲遜此撰文者法宋人語而不考史也達奚氏後魏獻帝第五弟之後爲代北著姓見於史者不一其人然以戰功顯者多在西北今碑所云未知何據碑陰正書中有居姓按杜佑通典晉先且居之後以王父字爲氏漢有東城侯居般今錢唐多此姓又有揚姓從才劉氏漢書刊誤云楊氏有兩族赤泉氏從木楊震也子雲從才攷漢郎中鄭固碑云大男孟子有楊烏之才又楊德祖與臨淄侯牋云修家子雲是此揚與楊古本相通也按今句容有居姓而無揚姓

達奚將軍廟碑陰題名今存

重修儒學記正書今存

重修縣學記文見乾隆志額篆書

正議大夫中書工部尚書高昌偰哲篤撰從仕郎贛州路龍南縣尹兼勸農事中山李桓書并篆額至正八年戊子五月吉日立

呂志云碑詞閎整歌亦典雅在元文中堪與晉卿道傳並駕

李桓書亦雄渾有法

小金山寺記正書今存

金山寺道林堂記文見乾隆志碑在上容鄉葛邨

前集賢院學士承德郎興和路判官進士倚南海牙撰太中大夫台州路總管兼勸農事知渠堰事進士焦鼎書正議大夫中

書工部尚書進士偰哲篤篆額至正十年庚寅十月望日立

重建虎耳山龍神廟記正書今存

重建虎耳山龍神廟記額篆書

句容山邑也其地狹其土瘠其民往往介乎兩山閒爲田無通渠之利職溉灌唯陂池其田少不雨輒涸瀰旬則以旱爲虞故雨於夏秋之交恆宜若奉漏甕沃焦釜然先是歲丁酉旱已求益旱民大飢流亡邑大夫陳侯之下車也噢咻以救之箴石以起之民庶其有瘳矣越明年夏秋不雨侯憫懼詢及耆老向所當祀僉謂邑東有山曰虎耳山有龍神祠禱是其可侯遂齋沐往謁祠下比至室毀礒夷鞠爲榛蕪唯殿宇巍然僅存侯駭曰是豈揭虔妥靈之意乎神不顧享休祥弗應其不在茲乎乃告于神曰廢神之祠祀使民不知敬是皆爲邑於斯者之罪民其

何辜神能賜以雨活吾民願率吾民新神之居敢或不虔翌夜遂雨越數日又往禱復雨如是者六雨無不輒應歲以無歉則又告其民如告神者且曰始吾以雨禱茲山神皆答我如響神不可負我當率寮宷以新是祠民聞侯言乃相謂曰我侯于神汲汲若是以我民耳侯不負神民可負侯哉於是概率退而各致其所有材委粟輸不督而集工效其藝役忘其勤凡可以致崇極靡不盡力焉始于辛丑六月成于壬寅十月爲後寢之殿若干楹廊東西序若干楹門若干楹像設供器以次畢舉董是役者邑之崇明寺僧慧德耆老高偉戴誠皆勤而能其事故侯以命之既而咸願刻石紀侯之績且著神惠邑士朱維遂以記來請文惟山林川谷丘陵能出雲爲風雨見怪物皆曰神諸侯在其地祭之水旱疫癘必禜焉稽諸載籍厥有恆典然則是祠

之廢其可不復而忽諸侯之屬意于是非徼福淫祀而知所務矣且憫雨之切不自知其禱之之勤昔者魯侯申憫雨春秋善之以其有志于民也今陳侯出宰百里而畏天裁敬神祀若此非矜卹民隱而能然乎是于法宜書也繼自今侯益推是心政是以立民是以和德馨宣昭假于上下嘉氣充溢豐年屢臻澤及爾民蓋未艾也其于是乎何有乃書其本末如右俾歸而刻之陳侯涿郡人名俊德字克明剛毅善斷明察而敏處事裕如也時縣丞眞定史顯前主簿英六先處艮主簿滁陽王翮典史維揚陳禮亦與有力焉龍鳳九年五月旦日京口俞希魯撰句曲樊傑書江南等處行中書省諮議天台董正則篆額邑民樊横笪志學鄒友諒劉宗成張行簡陳元張仲方史昌宗陳貞笪本可朱縝嚴文富樊烜徐煜朱鼎徐元德戴元高實胡友直王

寶賢田大有王景祥朱養浩巫仲和朱儁潘大有等立石

明重修戟門記 正書今存文見乾隆志

按此碑在元加封曾子子思制碑陰胡儼撰文永樂十五年立

儒學進士題名記 正書今存

句容儒學進士題名記 文見乾隆志

正統十三年戊辰九月南京翰林侍講學士奉訓大夫前兼修國史兼經筵官吉水周敘撰文嘉議大夫應天府尹金台李敏書丹正議大夫資治尹南京太常寺卿會稽徐初篆額

碑分兩列上敘文下進士題名鄉貢題名

禮部欽奉敕旨榜文 正書今存學宮郎臥碑

禮部欽依出榜曉示郡邑學校生員爲建言事理本部照得學

校之設本欲教民爲善其良家子弟入學必志在薰陶德性以成賢人近年以來諸府州縣生員父母有失家教之方不以尊師學業爲重保身惜行爲先方知行文之意渺視師長把持有司恣行私事少有不從卽以虛詞徑赴京師以惑聖聽或又暗地教唆他人爲詞者有之似此之徒縱使學成文章後將何用況爲人必不久居人世何也蓋先根殺身之禍於身豈有長生善終之道所以不得其善終者事不爲己而訐人過失代人報讐排陷有司此志一行不止于殺身未知止也出榜之後良家子弟歸受父母之訓出聽師長之傳志在精通聖賢之道務必成賢外事雖入有干於己不爲大害亦置之不忿固性含情以拘其心待道成而行修豈不賢人者歟所有事理條列于後

一今後府州縣學生員若有大事干於家已者許父兄弟侄具

牀入官辨別若非大事含情忍性毋輕至公門　一生員之家父母賢智者少愚癡者多其父母賢智者子自外入必有家教之方當受而無違斯孝行矣何愁不賢者哉其父母愚癡者作爲多非子既讀書得聖賢知覺雖不精通實愚癡父母之幸獨生是子若父母欲行非爲子自外入或就內知則當再三懇告雖父母不從致身將及死地必欲告之使不陷父母於危亡斯孝行矣　一軍民一切利病並不許生員建言果有一切軍民利病之事許當該有司在野賢人有志壯士質朴農夫商賈技藝皆可言之諸人毋得阻當惟生員不許　一生員內有學優才贍深明治體果治何經精通透徹年及三十願出仕者許敷陳王道講論治化述作文辭呈稟本學教官考其所作果通性理連僉其名具呈提調正官然後親齎赴京奏聞再行面試如

是眞才實學不待選舉卽時錄用　一爲學之道自當尊敬先生凡有疑時必聽講說皆須誠心聽受若先生講解未明亦當從容再問毋恃己長妄行辨難或置之不問有如此者終世不成　一爲師長者當體先賢之道竭忠敎訓以導愚蒙勤考其課撫善懲惡毋致懈惰　一提調正官務在常加考較其有敦厚勤敏撫以進學懈怠不律愚頑狡詐以罪斥去使在學者皆爲良善斯爲稱職矣　一在野賢人君子果能練達治體敷陳王道有關政治得失軍民利病者許赴所在有司告給文引親齎赴京面奏如果可采卽便施行不許坐家實封入遞　一民間凡有寃抑干於自己及官吏賣富差貧重科厚斂巧取民財等事許受害之人將實情自下而上陳告毋得越訴非干自己者不許及假以建言爲由坐家實封者前件如已依法陳告當

該府州縣布政司按察司不爲受理及聽斷不公仍前寃枉者方許赴京伸訴　一江西兩浙江東人民多有事不干已代人陳告者今後如有此等之人治以重罪若果鄰近親戚人民全家被人殘害無人伸訴者方許　一各處斷發充軍及安置人數不許建言其所管衞者官員毋得容許　一若十惡之事有干朝政實跡可驗者許諸人密竊赴京面奏　一前件事理仰一一講解遵守如有不遵並以違制論　一欽奉勅旨榜文到日所在有司卽便命匠置立臥碑依式鐫勒於石永爲遵守

句容縣知縣臣韓鼎欽立試縣丞臣張士林試主簿臣傅珪

按文屬敎令不必入金石然前朝片石掌故所關特與大觀奉律二碑備錄之不徒資摩挲觀玩已也　按臥碑無年月攷秩官表在正統間

怡雲孫處士墓表　景泰五年陳鑑撰正書今存

賜吏部尚書曹義祭葬碑 天順元年立正書今存 以上二碑斷缺未采

重修三聖廟記 正書今存

句容縣重修三聖廟記

賜進士朝議大夫國子監祭酒安成吳節撰文

賜進士資政大夫吏部尚書邑人 曹義書丹

嘉議大夫太常寺卿雲間 夏衡篆蓋

距縣治之東南一里許有三聖廟創自宋元逮今數百載邑人祀之甚嚴然歷世寖久棟宇傾圮莫有能支者迨我 聖天子重光踐祚之又明年己卯天官冢宰曹公敷政優優暇日行樂顧而歎曰神依人而血食今廟貌如此神何依乎乃捐俸金以爲之倡邑宰劉侯暨丞簿以下咸助其費庚辰二月十有七日之夜神亦顯厥靈示以幽明感通之妙遠近聞者爲之驚悚相

與磬其所有而樂助之於是議坊鄉士民錢以璉等市木石鳩工匠開拓故址鼎而新之肇於是年七月不一歲而功成正殿三楹爲架有七山門三閒廊廡各二爲架各五深廣稱之其成可謂速矣蓋由神之靈而民樂趨事殆詩所謂鼛鼓弗驚者也然不可無文以紀其實徵余記之按神世系不聞史傳無可考或者謂其出自三姓長姓徐次姓項又次姓翟皆梗介拔俗嚴毅剛直而志在捍患弭災保障生民故其歿也民爲立祠祀焉洪惟　國家享祀百神凡有功利及人率皆肆加爵秩以寵祀之蓋所以爲民也今神生能澤其民歿能顯其神凡禱祈於祠下者其應如響是宜廟食於茲而永留明祀於無窮也況今廟制一新金碧輝映誠足以妥靈而起人潔虔也耶尙期聿彰神貺庇蔭生民以俟　褒謚之加爵土之封於他日矣姑述其概

用刊於石以昭肸蠁使後之觀者有以知神澤民利物之實云
天順五年歲次辛巳秋九月吉日
文林郎知縣劉義　修職郎縣丞趙琬
將仕郎主簿沈祥　歐陽昇　典史余中

三聖廟記碑陰 正書

句容縣坊鄉助緣施主記 篆書

督工舍人曹謙 以下皆施主姓名

按倉聖廟宋名三聖羅泌路史謂籍算開聰建號爲三聖語嫌附會此廟不詳神之世系相傳以三姓當之然建自宋時安知非祀倉聖乎 府治西舊有三聖廟祀倉聖宋時建今廢見金陵待徵錄 碑稱三姓嚴毅剛直捍患弭災邑人祀之甚嚴曹吳兩公豈無所見而云然今雖廟貌無存而片石屹然自立諦眡良久字跡仿佛可

辨鄉賢手澤當與默庵集共寶之曹尚書詩名默庵集

南京吏部尚書曹公神道碑天順五年李賢撰正書在承仙鄉箭塘山今存

重修龍源道院記成化五年張紳撰正書按以上二碑均斷缺未采

太僕張公神道碑正書在南橋下義壠今存

太中大夫太僕寺卿張公神道碑銘

資善大夫兵部尚書兼翰林院學士知制詔渲安商　輅撰文

通議大夫太常寺卿直內閣經筵國史館官南都余溢亨書丹

朝列大夫山東布政左參議直內閣經筵國史館官會稽陳綱篆額

太僕寺卿張公孟弼以成化辛卯五月戊子卒訃聞　上遣禮官　賜祭命有司治葬事其子恢等奉大理寺卿王公同節狀介太常寺卿余公溢亨乞予銘其墓道之碑按狀公諱諫字孟

弼姓張氏別號守約世爲句容人曾祖仲明祖穀賓皆隱德弗仕篤於孝友父伯安以公貴封文林郎福建道監察御史母孫氏封孺人洪武中伯安與兄伯逵謫戍崇山尋還赤水伯安讀書尚義邊夷敬信鄉邦亦然晚歸鄉里人號曰己山道老公自幼穎敏弱冠即銳志於學初讀於己山從二兄孟昭求師瀘州至而孟昭卒奉其喪歸繼從何教授邦甯於會川何卒公爲治其後事幼子卒賴以還復從劉長史仲珩於蜀仲珩見公年富志銳悉以所學授之時劉忠愍廷振奉使至蜀見公深加器重日與講論奧義大有所得宣德乙卯遂以禮經中雲南鄉試第二人又明年至京因卒業忠愍之門正統己未登進士第觀政工部奉　命修楚王壙區畫中度王親洒睿翰賦贈之歸拜行人未幾丁孫孺人憂哀毀骨立廬墓三年致羣烏來集起復奉

命巡四川茶禁宿弊清革人咸便之明年往陝西掌□□王府喪禮府中財匱公啟襄陵樂平二王各助麥千斛及綵幣馬匹始克襄事諸王皆賦詩爲贈比還進福建道監察御史戊辰往督福建銀課時當草寇殘毀之後民物凋敝餘孽閒作公親率土兵撫捕賊遂解散事竣調任江陰有周姓者父子以土豪被逮至京罪應棄市周素富人莫敢言公獨爲直其子之冤雖謗議喧騰弗爲動景泰辛未監禮闈試防範嚴密人無敢干以私越日　詔下令掌院事者考覈御史等第以聞掌院欲假刑名定去留公曰御史糾劾百司豈徒以刑名爲盡職耶雖韙其言不能用壬申滿考進階文林郎蒙推　恩封贈其父母如制因而懇請歸省時已山尚無恙承顏戲彩鄉人榮之明年已山遘疾日夕侍湯藥弗離側比卒哀痛幾絕及葬復衰絰三載廬

於墓傍部使者欲以上聞公力止之南京□□□丞雲南陶鎔
與公同鄉薦與母妻相繼卒於官且空乏不能舉公力給其子
得以扶柩還丙子春奉　敕提督北直隸學校士風爲變丁丑
朝廷悉罷□提督□公□調□□□雲南道巡歷鳳陽諸處
倉糧禁革奸弊軍民畏服明年陞河南巡察副使斷獄明允人
以不冤嘗分巡南陽等府抑强扶弱至有□□□□□□□□
□□復黃河隄岸事易集而民不勞辛巳秋黃河□□□□不逞
之徒乘間侵掠富民及府庫金帛公率民兵四出掩捕悉置之
法并□責□帥□□之□事□以甯甲申召爲順天府尹先是
莅事者莫敢與部堂抗買辦科差□維聽命公至略奏咸免因
與諸司廷爭不已乃上疏自劾請歸田里不許乙酉京闈鄉試
先是試院工大公以民力重困宜停修造姑營廠房待試郡學

傾圮公以教化所係首捐俸市材撤而新之丙戌御史黃□巡
按京畿□公田故公亦□疏□□之□□□公守萊州□□□
□公至萊遇旱遍禱於神而獲霔足府縣學頹敝東萊祠亦壞
公次第經營悉皆就緒戊子以太僕卿召還公夙夜殫心修舉
職務人有以售馬託善價者峻詞拒之自是干求路絶而馬政
蕃息辛卯春得疾醫藥弗效逾三月而卒距生永樂丙戌九月
己巳春秋六十有六配王氏贈孺人繼沈氏封孺人子男四長
郎恢次慥王氏出次恬□側室何氏出女四長適壽州儒學生
湯鼐餘在室公平生孝友忠信剛方正直治家悉秉祖考遺訓
閨門肅睦教子嚴而有恩與朋友交久而能敬輕財好義急人
之難而賙人之匱敭歷中外三十餘年忠愛之心淸白之操始
終如一至論　國家大事侃侃無所忌事有纖毫利益於民者

郎排衆議行之聞人之善樂於稱道見不善則面斥之以是□
□□鴻□□□所謂篤信自守者矣諸子奉□□□將上以是
年十二月乙酉葬於邑南福祚鄉義壟原先塋之次銘曰　張
氏之先世篤孝友根本既固枝葉並茂乃生太僕爲人中秀問
學能勤德業斯就遏歷仕途清白是守賜葬有墳垂譽永久
成化五年九月
碑在南橋石義壟（俗名張家山）矗立三石中間西向兩旁南北向
南向爲太僕碑字隱約可辨西北二碑則漶漫無字矣光緒
己丑西向碑爲霹靂震碎又有一額書泉臺二字臥沙礫中
按舊志稱太僕結廬墓側蔬食水飲哀號不輟者二載五色
芝於墓傍有羽客至曰繡衣公貴人也惜土星稍偏不能得
正印因出鍼錐之太僕覺微痛而黄冠忽不見攬鏡自窺鼻

端殊正人稱誠孝所致太僕祖觀父逸皆葬此

崇明寺千佛閣記 正書今存

崇明寺千佛院重建寶閣記 額正書

金陵之東九十里有縣治曰句容距縣不一里許有寺曰崇明初附寺列院凡三十有六續併爲一十八焉千佛乃其一也寺興于西晉咸甯中名曰義和宋太平興國中改賜今額迨至國
朝正統九年甲子寺之千佛院僧曰睿哲庵與其徒曰宗祖庭視舊千佛之閣崩壞已久毅然興重建之志卽鳩工掄材闢舊法堂之基而建寶閣功成極其高廣凌逼霄漢仍于是年雕裝三世慈尊洎千佛尊像十二年丁卯復造大小二樓是歲之冬祖睿哲庵已歸寂矣十三年戊辰命工塑裝護伽藍神像七尊十四年己巳師宗祖庭又員寂矣景泰改元庚午有曰福能與

其師弟曰果茂結冝大小樓重新修砌繚院墻垣五年甲戌鼎
新締構法堂一所天順三年己卯捐貲市金釆重裝三聖王像
而福能爲本寺住持者凡幾年矣續退隱養道五年辛巳重修
本寺鐘樓碑亭翻冝俱備是歲募緣笵銅鑄造爐瓶一付重計
五百觔仍以衣資雕裝欝瓶優鉢羅花一對供於千佛閣上復
募緣鑄鐵香爐二座花瓶一對七年癸未抽賄市金裝大聖塔
正面鐵佛一百尊如前勝緣經始至終歷二十年矣成化二年
丙戌伏承本邑福祚鄉檀越王普全捨財鑄觀音銅像一尊高
六尺以觔計者一千六百有餘地藏銅像一尊佛菩薩銅像一
堂共八尊銅太子一尊如前像設安置於法堂永遠供養三年
丁亥秋福能因覩本邑東門外朝宗橋一道年遠崩塌追憶元
朝本院僧妙法永繼之所創造恐湮没先人之功卽與師弟果

茂徒弟興敏興甯同誠協謀出衣資市塼石雖化喙不鳴亦有
願助力者重新修理底于有成甃蒼珉爲闌干植於兩旁橋之
兩頭仍以石平鋪砌墁以圖千載不朽之功其雄偉佳麗有加
於昔當斯聖治之世快覩長虹横跨於河鼉背高浮於水非特
往來者不病涉焉抑亦壯容邑之氣象誠爲美觀也六年庚寅
命工雕裝護法諸天神像二十四尊奉於千佛閣上是年又以
句容鄉敬德庵多年廢弛即出財市木修葺彼之房宇并周圍
墻垣圖振其緒也七年辛卯施財買塼石建造本邑移風鄉紀
華橋并鄉之管場千堰橋又助財建造蔡家橋及鄉之上眞庵
西南地名西澗橋鄉之黄婆橋句容鄉黄千橋又於福祚鄉建
造趙墳橋彭山橋如前橋梁凡八處而徒子徒孫不憚膂力而
助成之今福能慨念先祖先師洎弟果茂經營若千年內之寺

院勝緣外之邑鄉橋道咸獲成功第恐後人無所稽考因紀功
蹟遠來鍾山徵予顯書之予惟吾佛之道天地相與終始日月
同其光明亘古今而長存歷塵刹而普徧興慈運悲拯溺亨迍
自利利他爲事務以化人爲善而遠於惡也嗚呼近世寄吾釋
者十之八九棄本逐末惟嗜利以肥其已肯以已之資而成善
事以利濟於人也哉予知福能師之爲人也克守戒檢不貪生
利其奉口體甚薄其進道業甚勤雖其不貪而衣鉢有餘克成
就勝緣不墜先人之業者豈非宿具大願輪而致然耶觀其所
爲信乎多人稱道其德者誠不誣矣矧予嘗聞成化元年三月
吉旦其竭誠殫敬建五晝夜之齋筵慶造千佛之圓滿爇爐以
香簪瓶以花供設芬馥之伊蒲經翻微妙之貝葉燈燭燦滿天
之星斗幡蓋簇瑞世之鳳鸞靈異薦臻奇祥迭獻由其虔恪感

格天地而致然也故併記之後之人乃以福能之心爲心則必致千百世法運之興山門悠久而光振也勗哉

大明成化十二年歲次丙申夏五月吉旦欽依第一禪林鍾山靈谷寺住持三衢釋文煥用章撰崇明寺前住持福能同師弟果茂勒石金陵施仲賢刊　按朝宗橋即東橋

崇明寺千佛閣記碑陰題名　正書今存

崇明寺千佛院紀先宗事實記　正書今存

崇明寺千佛院紀先宗事實記　額正書

句容崇明寺乃西晉咸甯中郡人司徒訾捨宅創建名曰義和歷世既遠隆替靡常至宋始改賜前額今爲叢林祝聖道場士庶祈福之所也寺有十八院而千佛實爲之冠葉葉以種福田爲心凡諸寺觀祠宇之修建佛像天王之裝塑與夫作橋以通

行商捨田以贍僧衆義之可爲者皆樂爲之嗣孫前住持福能恐泯沒先人之功乃裒集其事實來徵予記之按本院自遠祖守己大敬當元泰定元年甲子各施財裝興敎羅漢一尊普護師堵大範共抽衣資亦裝一尊元統二年甲戌院僧淨觀翻宬本寺天王殿徒弟方廣庵捐貲甃砌天王殿地并硃漆殿柱供桌等器三年乙亥守己施財鑄造鐵香爐一座硃漆完美捨入金華寺是年偕徒法海舟施財翻宬佛殿而法眷道智道果道行道順道圓德明德正德成德義德貴德能德淨皆協相其功至元二年丙子冬本院住持募緣比立惠德懸鐘設齋慶懺圓滿守己捨財造橋告成建大會以慶功緣五年己卯方廣庵施財鑄造大殿前供天鐵鑪一座并偕有空庵捨財各裝羅漢一尊捨入本寺南觀音閣普蘊守廉鑄鐵圓爐一座供桌一張捨

入移風鄉上眞殿歷年滋久桌毀爐存至正六年丙戌守廉妙法各以其師廣庵方公茅齋已公所遺衣資及衆施重新建造本寺大雄寶殿并鑄鐵爐一十二座以供羅漢聖僧及造碑亭二座殿前二石經幢住持永襲勒碑記之今存可攷已公洎其徒妙法妙慶永希嗣法永襲共鑄大殿鐵爐一座守廉裝雕大殿龍牌二面是年復施財建造靑元觀山門一所十年庚寅守廉捐資建造本寺鯨音之樓徒孫永繼嗣惟元璡寶曇咸協力贊成是歲冬本寺妙雲建造寶閣院僧法海舟捐資助緣十二年庚辰歲繼雲罡惟心傳曇竺芳施財雕裝文殊普賢二大士捨入妙雲供養十四年甲午妙法永繼捐資市石建造本邑東門朝宗橋督工僧德成嗣惟實贊助之十九年已亥大敬置造石香爐捨入興教大殿質庵彬公茅齋已公置淨髮田一頃餘

捨入興教寺以贍僧衆國朝洪武二年己酉院僧嗣宗偕徒寶
曇施財裝塑本寺三聖王像及左右侍衞共七尊今福能與其
師弟果茂念累世之功紹衣鉢之傳恆以不墜先人之緒爲心
復雕供桌鑄鐵方爐補入上眞庵殿永充供養及施財助緣修
葺金華寺殿成化九年癸巳福能果茂施灰萬觔助建小干橋
其他艮緣善果率多類此嗚呼世嘗謂創業易而守業難今福
能號無幾果茂號大林同心協力克守先人之業而不墜者誠
難能也矧又能不泯前人所作之功用圖刻諸貞石傳示永久
尤難能也非其孝義存於心者其能然乎斯人也不惟足以爲
吾釋門之貪懦者激亦且足以啟其來葉而勿懈也是爲記
大明成化十二年歲次丙申夏五月吉旦欽依第一禪林鍾山
靈谷寺住持退隱三衢釋印庵文煥用章撰崇明寺前住持福

能同師弟果茂立石金陵楊佐鐫字　按二碑歷言捐建諸橋頗資掌故舊志失收異矣

崇明寺千佛院紀先宗事實記碑陰題名　正書今存

天下宗庭四大字　正書今存茅山

天下宗庭　宏治十年閻永德書

重修東霞寺記　正書今存

重修東霞寺記　額篆書

奉訓大夫知山西沁州事前光祿寺署正邑人魯鉞撰文

句容縣治東去三十里句容鄉伏龍山有寺名曰東霞者南屏三茅之秀經帶河流之清層巒古木環抱成陰誠集一方勝概之地也剏始於大唐寶歷重修於至元乙酉曩時主僧福洪福澤倡率緣謀以成其事迄今又歷三百餘年若佛殿若山門廊廡其棟楹梁桷之屬有蠹朽摧折傾頹而弗支者主寺沙門名

誠源慨神栖之弗甯先業之當繼誠源集徒衆奮然舉事易梁木之朽敗備塼瓴甃砌重整而新之其檀越嚴文鈺袁廣一等輩助貲輸粟領袖一方以贊厥成功比之舊制輪奐雄麗像設尊嚴金碧崢嶸鐘鼓時節益宏前規有足瞻仰載事於正德辛巳歷嘉靖改元而工始就費貲之富工役之繁皆寺主子然經理之豈不良有可嘉者耶誠源性聰慧雖從釋氏教亦諳儒術簡靜澹泊行持清介於諸佛經典之類罔不精通博洽識見超卓同事之人靡有不推敬其能今復新梵宇遠近樂從是宜其成功之速歸然爲一方之偉觀可謂僧流中之傑出者矣夫人之生於天地間至於興建事業貴得其人而尤貴逢其時不得其人不可得其人不得其時亦不可也今東霞之教衆所崇信四方之人挾金懷璧而樂施者肩相摩也闡其教者又況得誠

源之善足以起人之敬慕哉夫東霞之居一心則焚修之衆有歸誠源之名可與先師福洪福澤二公始終傳之而不泯矣是爲記時皇明嘉靖改元孟冬應鍾月吉旦當代住持誠源立賜進士出身文林郎江西道監察御史郡人戴仲綸汝言書賜進士出身奉政大夫兵部職方清吏司郎中金沙于湛篆額

重修廟學記　正書今存

重修廟學記　文見乾隆志

楊廉撰文汪偉書丹嘉靖二年立此碑書似多寶塔惜已斷缺

聖賢道統贊　額篆書文正書今存

聖賢道統之贊

伏羲贊

於維聖神繼天立極仰觀俯察□□□□始造書契以代結

結繩開物成務□□□□

神農贊

聖皇繼作與天合德始嘗百草以濟民疾農有耒耜市有交易澤被生民功垂□□

軒轅贊闕文

帝堯贊

欽明揖遜德協萬邦巍乎成功煥乎文章天地之大日月之光允執厥中道冠百王

帝舜贊

重華協帝授受于唐惟精惟一濬哲文明兩堦干羽九韶鳳凰恭已南面萬古綱常

禹王贊

文命四敷三聖一心有典有則克儉克勤成功不伐善言則拜九州攸同萬世永賴

湯王贊

勇智天錫聖敬日躋建中于民萬邦維懷顧諟明命肇修人紀垂裕後昆道統斯啟

文王贊

天德之純於穆不已肅肅雝雝緝熙敬止後天八卦昭如日星大哉家繫式開太平

武王贊

丕顯文謨丕承武烈偃武修文天下大悅丹書之受洪範之咨百王遺緒一代丕基

周公贊

天生元聖道統斯備制禮作樂經天緯地上承文武下啟孔顏功在萬世位參兩閒

孔子贊

道冠古今德配天地删述六經垂憲萬世統承羲皇源啟洙泗報德報功百王崇祀

顏子贊

天稟純粹一元之春精金美玉和風慶雲博文約禮超入聖門百王治法萬世歸仁

曾子贊

守約而博學恕以忠聖門之傳獨得其宗一貫之旨三省之功格致誠正萬世所崇

子思贊

精一之傳誠明之學聖門嫡派斯道攸託發育洋洋鳶飛魚躍愼德之訓示我先覺

孟子贊

哲人既萎亞聖斯作距詖闢邪正論諤諤堯舜之性仁義之學烈日秋霜泰山喬嶽

總理糧儲兼巡撫應天等府地方資善大夫都察院右都御史後學廬陵陳鳳梧謹贊

大明嘉靖四年歲次乙酉冬十一月既望

按此二石已碎其一卽前志所云書法顏柳篆額尤佳者也

白雲崇福觀記　正書今存

此碑嘉靖七年監察御史邑人曹銓撰因模糊未采

賜右副都御史丁沂祭葬碑　正書今存

此碑嘉靖八年十二月立

葺張孝子常洧之碣記 正書今存

葺張孝子常洧之碣記 文見乾隆志

奉議大夫南光祿少卿後學王暐撰生員江永年書嘉靖十一年立

重刻唐孝子常洧之碑 正書今存

敕唐孝子張府君旌表之碣記

旌表門閭孝子潤州句容縣邑人張常洧居父喪孝感致生芝草一十二莖二莖墳上生並高二寸二分八莖墳側生並高二寸一分蓋闊二寸三分並去墳六步二莖廬左側生並高二寸三分蓋闊二寸右禮部奏得史館牒稱浙江觀察史牒得句容縣申得耆老樊泌等狀前建中四年七月邑人張常洧丁父憂

其年十月披髪徒跣廬于墓側哀毁過禮氣將□□□□年八月中有前件芝草生發禮制已□廬次終身之慼起自因□泌所見有前件至孝感致靈物可以致勸風俗不致□□者縣令判差倉檢覆得狀與村老張懷美欽等檢覆得其張常洧在廬墓□□□□□至今三年矣種植松柏六百芝草見有一十二莖其去墳遠近長短者又差丞徐陟□□得狀並實者又得張常洧表兄朱晤狀其□子張常洧本州具牒史館未蒙聞奏伏聽處分者牒禮部准式者□□史館勘得牒是去年生芝草一十二莖有實者伏以潤州孝子張常洧漸于聖化著純孝之誠通于神明致嘉瑞之應所宜旌表以示寵光庶令州里風俗觀感益勸其本道觀察使□□□□牒事由如前敕旨宜付□□□□二月初六日太尉兼中書令□假中書侍郎平章事臣李

泌奉宣邑人張常洧奉行敕旨如右牒到奉行貞元五年二月
九日司徒兼侍郎門下侍郎潤州給事中雪尚書禮部旌表門
閭孝子張常洧牒奉敕旨如右牒至奉行敕故牒貞元五年二
月十一日令史口積牒主事闞芬員外郎崔元翰
前甯州眞甯縣主簿張琢創立親叔祖孝子旌表碑贊并序將
仕郎守潤州句容縣主簿承瓌撰
昔人有廬于墓三載人到于今稱之況吳郡張生父母旣沒匍
匐墳上寢處苫塊棄絕人事凡卅六年號泣終身故至性感物
精誠動天靈芝繼生嘉祥彙至鄉里狠戾者爲之恭謹暴慢者
爲之孝慈郡縣口聞天子寵以旌表當代著之歌詩又太和六
年姪孫公珽繼以孝行著稱亦廬于墓時職公務于金陵口御
史譚公爲清時名士深用褒美曰張氏至孝已傳三世可以勵

風俗表鄉閭古道之正萃于張公口傳儒業家唯四壁大君之璽書文人之麗藻皆傳諸子孫而勒寘于金石會其諸兄之孫日瑑以經學著口少游太學垂十年有貞介之行事其親以順交朋友以信口帥知之俾主印眞甯疏口滯凝綏懷口口有單父武城之化曁秩滿歸鄉經先人之舊廬懷盛事之未樹喟然歎息霈然流涕乃出琴書車馬以鬻焉取其資結葺廓廡芟夷榛荊咸取敕書寘于貞石使永不泯夫建邦立家唯志與孝有一于此不朽君斯舉也上宣吾君之命下顯爾祖之休盡善盡美矣贊曰天經地義其唯孝焉六順之始百行之先哲人所難爾祖有旃土闕徒立榛口滿阡永錫之道子孫緜延感此口口深用惘然乃紀貞石是昭是宣斯碑既樹厥美方傳俾其不朽永慰荒埏

吳郡孝子張常洧廬墓記前句容縣令李哲撰

大唐吳郡張君紀孝行銘并序朝請郎□行許州許昌縣主簿

仁勇校尉高乎撰

嘉靖丙申歲孟冬立應天府通判洛陽□□□句容知縣古閩

陳文浩縣丞四明楊孫元甯海梁弼典史定海范艮教諭四明

孫隆訓導慈溪錢傑重立石碑文雖經嘉靖時重刻仍多漶漫舊志刪去俟後再行訂正

按此碑文有四道此前二道文也後二見乾隆志

誥贈都察院右都御史王昇王槐制正書今存

此碑嘉靖二十四年立石在王氏祠中制詞未錄

義勇武安王創建神祠記正書今存西門外古武帝廟

武安王神廟碑嘉靖丙辰陳詔撰只存上半截在郭西塘側

碑云嘉靖三十一年海倭入寇騷擾吳下又云詔夢神人爲

子索刀以平倭寇又云賊勢甚强臨陣對敵若有神助又云我軍中有紅衣者甚勇猛是以怯也若與夢兆所感相應未署福建按察司致仕經歷邑人下缺檢科貢表得之乃陳詔也按關壯繆明封武安王

張孝子義臺五大字正書今存

嘉靖壬戌孟冬月

張

孝

子

義

臺

字徑六寸雙鈎勒石右書年月左角缺蓋祠之門額耳今嵌

諸祠後壁閒

重刊熙甯青元觀記 正書今存

江甯府句容縣青元觀重修記

文林郎守祕書省著作佐郎知江甯府句容縣事袁轂撰文

將仕郎守祕書省著作佐郎充三班院主簿張炎民書丹

承奉郎祕書丞監饒州都作院陳晞題額

聖人之教三惟儒釋盛行於中國而道家相盛衰於其閒天下之宮廟名雖有而實廢者十常七八其徒皆彫弊而不甚顯嗟乎老子之道不行於當世固已爲不幸復不行於後世雖然於道固無損然而行不行皆數也三茅於句容爲名山古之所謂神仙瑰瑋之士相望而作宜其爲道家之洙泗縣有青元觀者乃葛仙公之第今其煉丹井猶存予一日訪之俯視其廊廡蒼

苔蔓草若無人蹤仰覿宇棟顛梁欹委若將弗支伏拜而興巍然聖容將爲風雨之所飄其徒旦日無以衣食又何以介福於人以壯其居室哉夫人情莫不趨所同而棄所獨有膏者沃之有暖者就之有飢寒者不肯手半簣之土寸薪之火以救之噫其亦左見之甚矣既而邑人聞令之賢者慨然思被膏無益甯沃其瘠被煖自完甯燠其寒於是僉相率而即老子之宮殖生者以金耕者以粟織者以帛工者獻其巧窶者輸其力不數月而棟宇一新厥成之初有父老相與焚香而祝曰我明明后億萬斯年皇休以全拜而祝曰風雨以時物由其儀桑茂於原稼宜於田卒祝而拜曰惟我父母吏政毋苛子子孫孫目不干戈予聞而嘉其能言有足以自戒者與予又因其祝而申之曰容山故道往來憧憧俾安其行不欹不傾如砥之平一事舉而兼

利於是在自旦而暮訟者在庭簿書在堂心思目營將不自給
惡暇其餘至有百事之可寄也然一寄以往一寄以來是卒無
可舉之事人能充無寄之心於爲吏乎何有使後人知令宜於
民幸而惟令言之聽將日悛惡而又樂成其善事汝民無乇眞
能充是心爾若曰不可教予不敢誣吾民熙甯十年夏四月望
記文林郎守縣尉陸元常　文林郎試祕書省校書郎守主簿
鄭安平　左班殿直監茶鹽酒稅劉鑒立石
觀主張大翼上座李順威監書韓文錫枝仙陳永敖書并篆
嘉靖癸亥菊月九日道會賈正元重立續府志誤作宋碑今更正
按此文乃明嘉靖四十二年重刻石也青元觀宋碑有二一
熙甯十年袁轂撰一咸淳三年花新撰明成化癸卯燬於火
嘉靖癸亥道士賈正元伐石重立俾陳氏永敖書之刻咸淳

三年文於碑陰正元記其顛末

重刊咸湻青元觀記 正書在重刊熙甯青元觀碑陰今存

重修建康府句容縣青元觀記 文俚不錄

宋咸湻三年花新撰王子巽立石明嘉靖四十一年陳一永敖書

賈正元重立

嘉靖御製敬一箴 正書在學宮今存

敬一箴 有序

夫敬者存其心而不忽之謂也元后敬則不失天下諸侯敬則不失其國卿大夫敬則不失其家士庶人敬則不失其身禹曰后克艱厥后臣克艱厥臣五子之歌有云予臨兆民如朽索之馭六馬爲人上者奈何不敬其推廣敬之一言可謂明矣一者純乎理而無雜之謂也伊尹曰德惟一動罔不吉德二三動罔

不凶其推廣一之一言可謂明矣蓋位爲元后受天付託承天明命作萬方之君一言一動一政一令實理亂安危之所繫若此心忽而不敬則此德豈能純而不雜哉故必兢懷畏愼於郊禋之時儼神明之鑒享發政臨民端莊戒謹惟恐拂於人情至於獨處之時思我之咎何如改我之吝思我之德何如勉而不懈凡諸事至物來究夫至理惟敬是持惟一是協所以盡爲天子之職庶不忝厥祖厥親由是九族親之黎民懷之仁澤覃及於四海矣朕以沖人纘承丕緒自惟涼德寡昧勉而行之欲盡持敬之功以馴致乎一德其先務又在虛心寡慾驅除邪逸信任耆德爲之匡輔敷求善人布列庶位斯可行純王之道以坐致太平雍熙之至治也朕因讀書而有得焉乃述此以自勗云

人有此心萬理咸具體而行之惟德是據敬焉一焉所當先務

匪一弗純匪敬弗聚元后奉天長此萬夫發政施仁期保鴻圖
敬怠純駁應驗頓殊徵諸天人如鼓合桴朕荷天眷爲民之主
德或不類以爲大懼惟敬惟一執之甚固天畏敬民不遑甯處
曰敬維何怠荒必除郊則恭誠廟嚴步趨肅於朝廷愼於閒居
省躬察咎儆戒無虞曰一維何純乎天理勿參以三勿貳以二
行顧其言終如其始靜虛無欲日新不已聖賢法言備見諸經
我其究之擇善必精左右輔弼貴于貞忠我其任之鑒别必明
斯之謂敬君德旣修萬邦則正天親民懷永延厥慶光前垂後
緜延蕃盛咨爾諸侯卿與大夫以至士庶一遵斯謨主敬協一
罔敢或渝以保祿位以完其軀古有盤銘目接心警湯敬日躋
一德受命朕爲斯箴拳拳希聖嘉靖五年六月廿一日

嘉靖御註視聽言動心五箴碑　在學宮

程子聽箴

人有秉彝本乎天性知誘物化遂亡其正卓彼先覺知止有定閑邪存誠非禮勿聽

此程氏言聽之要說道視聽乃爲出言之機一或有差患必至矣前言視之之道此言聽之之道夫人之于視或能察之然又恐聽之未善也目視之既善耳聽者須盡其善可也耳目之間視聽之際均爲要焉若聽之不審則無以知其是非故聽言之際當分别其邪正勿使甘佞之言從入其心心既受之必爲誘惑書云聽德惟聰卽此意也蓋人生之于天具耳目口鼻之體口之與鼻無所禁者惟耳目爲重故以視聽爲戒朕論之曰口與鼻之無所禁乃彼知之自然也耳目之于視聽乃彼之不能先覺者也如口嗜味知其甘辛酸苦嘗之自能别也鼻之嗅物

知其好惡嗅之自能擇也目之于色則愛其豔麗耳之於聲則愛其音律殊不知豔麗音律皆人爲之也所以反受其害口鼻之覺乃賢之於耳目也故程氏箴云卓彼先覺知止有定謂既能卓然先覺則自有定向而人君之聽尤當審辨之也書云無稽之言勿聽又云庶頑讒說震驚朕師此皆聽德之要也人君于聽納之閒當辨其忠讒而已忠言逆耳近于違我讒言可信近于遜我不能審擇其患豈淺鮮哉但使吾心泰定不爲諂佞之徒所惑則所納者未必不可所屏者未必不當惟吾心審斷之而已嗚呼審之

按五箴碑惟此可錄餘皆模糊斷缺

聖旨碑 正書在學宮

碑在學宮嘉靖七年少師楊一清奏立御製敬一箴碑及御

註視聽言動心五箴碑於各省學校此碑載嘉靖七年上諭

新建應天府句容縣城記正書在邑廟前樊公祠遺址內碑存下截文載乾隆志

翰林院修撰邑人李春芳撰嘉靖三十四年立主簿萬全曹鎧閬州余意訓導建德汪文典史歸善徐誼生員徐瑚曾□江淵柏鳳鳴　督工陰陽訓術高鈞　坊民居□□嚴□□孔聞詩許□□立石

文星樓記正書在學宮前今存文見乾隆志

儒學諭浙台郡沈升撰文邑人許彥忠篆額邑人張錦書丹歲次巳巳閏六月主簿花佽訓導張問明生員許鸞高寅黃鏊夏珂張應臯陳情夏玑夏諫許懋敬華楫湯武英江鵬嚴本仁

督工耆民劉廷鸞胡詔劉鏊石□文

唐顏魯公祠堂碑記正書今在虎耳山後顏邨文見乾隆志

□□□□□□□中大夫提舉江州太平興國宮德安縣開國伯食邑九百賜紫金魚袋王遂記并書朝奉郎主管臺州崇德觀賜緋魚袋趙若琚題額明隆慶六年歲在壬申正月中澣吉日重立

社公廟碑行書在胄案郵今存文補後

重修社公廟碑記

賜進士第南京戶部四川司主事里人高一登撰文

南京錦衣衞鎭撫司鎭撫里人王　在篆額

湖廣袁州學正里人王　輅書丹

察院題名記正書今存

巡撫南直隸都察院題名碑

兵部尙書前都察院右都御史三原王恕撰

南京吏部右侍郎前國子祭酒晉陵王倎書
國朝之設巡撫官在他處者不可考其在南直隸所可知者永樂庚子則有吏部尚書兼詹事府詹事蹇公義給事中一員通巡應天蘇州松江常州鎮江太平甯國池州徽州安慶廣德十一府州宣德初則有大理寺卿熊公概嘉湖二府而巡之繼熊則有周公忱始則止巡撫應天等十一府州至正統辛酉則併嘉湖二府而通巡焉繼周而後則有李公敏始則通巡應天等十一府州至景泰甲戌以撫內多事請于朝得分巡應天等七府州而鄒公來學則分巡乎蘇松常鎮四府陳公泰則繼鄒以分巡至李公秉復通巡迄今而不變然其職雖有尚書侍郎都御史大理卿之不一其受聖明之簡命未嘗不一惟其歷年有久近才性有不同故其功烈不能無少異也恕承乏于茲五年

有餘才識施爲最出諸公下而其擇善固執爲國爲民之心亦未始不出入諸公閒也噫昔之巡撫于蹇公之前後者今已不得其詳矣今不題其名竊恐後之視今亦猶今之視昔又不得其詳矣故卽其所知題名于石并系以鄉貫職銜以示夫來者云時成化二十年歲在甲辰春三月朔旦應天府二尹于冕府丞張蓬楊守口治中邊甯立石

按應天巡撫都察院題名碑前撫院三原王端毅公始置于留都會同館之別署已百五十餘年嘉靖中倭變起海上遂移鎭蘇州萬歷首元復議還留京會御史口言海防廢弛內地不便控制願仍留姑蘇予時在都下適有代命力言于朝壽咨本兵遂如議得請更鎭句容事載碑記因併刻前後諸公姓名于台門之東文仍王君重其人也遂贅數語以見嚮慕之私云

皇明萬歷四載春王正月二十二日吉郡宋儀望書

按此乃明萬歷朝巡撫宋儀望重立之碑舊志未收亂後數年瀛訪得之碑文後紀察院題名共七十四人其鄉貫可考者僅十二人載入補志茲不贅錄

笪仲拾公墓誌 正書今存

笪仲拾公墓誌碑

墓有銘有誌有神道者其來已久是金石之所以流傳也然誌銘神道往往鋪張文飾夸大其辭所謂誌墓之文千古有譏焉若子孫之於祖宗則無取乎此此余記仲拾府君公之墓之所以紀實而無繁辭歟公諱衍號吳峰行仲拾公博學能文當宋室全盛之時宜乎取功名博青紫與世相角逐焉而乃邁節清風曠懷逸志漱飲泉石聲華闇然謂非含和積養有得於中而

能若是哉迄於今子孫簪纓相繼亦可見其積累之厚矣公始居豐儀笪巷築室棲鳳山讀書其中其後遷於茅莊於其卒也即以棲鳳山宅基爲墓竹樹蒼翳鬱然蔚然望而知其爲有道之藏也歷年雖遠神靈式憑茲卒同族重加封植我子孫瞻仰山容可想見公之儀型焉山以棲鳳名者喻以公棲隱之高也俗名笪家山公墓東嚮沿山麓周迴十一丈東横十一西横十五南豎二十四北豎二十二發祥所肇子孫其敬識之

大明萬歷七年歲在己卯夏四月穀旦十四世孫鳩謹撰

有道闇希言碑　正書在乾元觀今存

有道闇希言碑

昔者夫子繫易於乾之初九曰潛龍勿用何謂也龍德而隱者也不易乎世不成乎名遯世無悶不見世而無悶樂則行之憂

則違之確乎其不可拔此所爲潛龍也他日問禮於老聃曰老子其猶龍乎乘風雲而上天吾不知其所之矣是夫子之於隱者未嘗不深嘉而嚮慕之彼其所以離世絕俗塵視軒冕非苟爲亢而已知微知彰洞悉天人之理惟玄惟默深明造化之原故曰志意修則驕富貴道義重則輕王公揚子雲曰鴻飛冥冥弋者何慕焉言其避患之遠非恆情所及也自昔帝王莫不崇尙其道漢高長揖於黃綺光武折節於嚴陵豈直可以止□抑貪抑亦足以移風易俗不佞行□江左搜訪潛逸於句曲茅峰得一人焉曰闇希言者崆峒問道早聞守□之言□岳棲眞自得長生之訣蕭條巖壑萬慮無以攖其神寄託烟霞六塵不能生其念松形鶴骨可以淩霜雪而禦風寒金液玉符足以蓄至精而成變化易簡而得天下之理樸素而明至道之宗間問以

攝生之旨希言曰虛靜恬淡寂寞無爲者天地之平而道德之至故帝王聖人位焉人能無心於事無事於心忘形以養氣忘氣以養神□□□□□烱然一靈超出萬幻歸性根之太始反未生之已前故能三際圓通萬緣澄寂道非欲虛虛自歸之人能虛心道自歸之矣余又問以治心之要希言曰心無不存之謂照欲無不泯之謂忘當忘之時其心湛然未嘗不照當照之時纖塵不染未嘗不忘是眞照眞忘也纔覺念動即融妄歸眞久之漸入太空則抱元守一在是矣余聞此語不覺恍然自失蓋窮理盡性達於神化之妙即明道定性之書南軒體人之說無以駕希言又謂余曰太元內傳曰大天之內有洞天三十六所其第八是句曲之洞名曰金壇華陽之天天后之便闕淸虛之東窗林屋之隔沓五岳之南門衆洞相通四方交達內有陰暉

夜光日精之根照此穴內明並日月所謂洞天神宮靈妙無方不可得而思議三峯之下有乾元觀一碑乃宋眞人朱自英得道之遺蹟居人斷而爲三將燬於火一夕風雨晦冥雷部將吏扶而立之其靈異有如此者夫仆碑復立是天欲存有道之芳徽佑啟修眞之後學也昔許旌陽云自吾滅後當有八百地僊出世方今主上聖德休明光鏡宇宙太和洋溢元風丕振安知希言非應期而出者乎余故表彰之以徵其無愧龍德之隱云

萬歷丁亥年十月既望

賜進士及第文林郎浙江道監察御史奉敕巡按浙江等處鹽法李天麟撰

乾元觀記 正書今存

茅山乾元觀記

茅山乾元觀蓋有闞蓬頭像云蓬頭者郎希言道人以供口而藏其骨也其徒李合坤既請王元美大司寇贊而傳之矣復請余贊且曰先生知吾師乎竦眉目豐輔重頷腹便便垂見者口於彌勒佛不巾不櫛人稱爲蓬頭盛夏暴日隆冬臥冰寒暑頓忘或問師六十歲乎曰然問百歲乎曰然二百歲乎曰然問口山西人乎曰然問曾爲元時總管乎曰然大都不言其壽與所自出也曾過王司寇弇山園中師言少有妻室淫過成疾遇異人得坐功而不死止記其姓餘俱忘却王公且信且疑獨見其文章愛之不置耳萬歷十六年十月二十三日宿百戶毛俊家三沐登座諸弟子求遺教師曰惟精惟一允執厥中請益曰窮理盡性以至於命吾去矣諸弟子曰師去乾元觀乎師曰太虛我家何必乾元觀乎然其意已屬之矣且觀廢遺碑斷而爲三

一夕將燬於火風雨晦冥雷大作碑復立皆有神異而師復修之建鉢堂五左曰香積廚右曰水雲居堂後小園曰踵息橫列環堂三座曰妙元曰若鏡曰若昧東北有靜室曰麟谿庵葢鴻臚寺丞高君洧所創也庵後卽鬱岡之絕頂觀前有庵曰一眞有池曰洗心大旱不涸其字非人間手筆距池數武有古燕洞八仙石仙橋屏列其右名曰微妙洞天里許卽三吳通衢行人險阻乃搆茶庵爲遠行者憩息之所其名曰甘露庵觀之大畧如此願先生一言以垂不朽余觀三茅所稱華陽洞天金陵地肺蓋天下第一名山而隱逸之士若展上公魏元君者甚衆獨以茅氏三眞君得名耳陶宏景晉之高士也梁武帝召之不出大事必訪山中宰相緣於地靈前後有李明丹井李含光集虛庵而觀創於宋時則因眞宗祈肖生仁宗而主教事者朱自英

也乾元觀之設舊矣其待希言而興乎昔伏羲畫卦始於乾仰則觀象於天俯則觀法於地觀鳥獸之文與地之宜近取諸身遠取諸物而元者善之長也乾道變化各正性命保合太和乃利貞天下之動貞夫一一者卽中也堯舜之允執是也道人臨終而語精一所謂窮理盡性以至於命是也悟門一編孔門洙泗之教孟軻氏七篇之旨也其有得於乾乎其有得於元乎希言深於易者也儒而道道而仙余安能窺其際哉王元美比於洪崖毛仙又進於柱下假令質希言於蓬島然耶否耶江本實李合坤皆高第弟子請勒諸石異代有希言者復出乎當深感於余言

萬歷庚寅年秋日

賜進士第通議大夫南京大理寺卿前應天府府尹奉敕專管

漕務督理廬鳳淮揚糧儲提督四川學校河陽陳文□玉叔撰

門人蔡拱日書丹

句容縣縣丞陳嘉詔立石

乾元觀萬松道院記 正書今存

建茅山乾元觀萬松道院記

余横際而窺蒼宙見人心排而下進而上其熱焦火其寒凝冰其疾俯仰之閒而再撫四海之外以爲勞也竊欲反之而履幽蹈僻慕清靜無爲之風游恬淡樸素之境而未有其地會閒散人希言寄跡句曲訪勝洞天得榛荆中之殘碑復乾元觀之故址鳩庀既竣蜿形其閒余爲冶鐵範鐘勒銘鴻鑪以志不朽已而依觀旁創小庵庵凡五楹周羅以牆仰觀層巒俯闞幽壑松杉行列如蓋如幢鬱鬱杳杳映帶清深勒書而建之匾曰臨溪

道院又曰萬松叢翠昕夕共方外同志范小仙李赤肚李壺天江文谷王小顛五六輩而居而游而蜕紛拏客有過之者曰主人之棲息於此已將以望方丈之雲乎將以履化人之國乎將以憑御風之虛乎將以接希夷之夢入廣成之定乎將以延籛祖之年乎將以駐少君之顏而養羨門之翮乎余曰唯唯老子云常無欲以觀其妙常有欲以觀其竅元之又元衆妙故目無所見耳無所聞心無所知神將守形余之處此固不敢如客所謂亦庶幾遠於哼哼攘攘時下時上或火或冰忽焉俯仰忽焉四海者且客曰信乎杳冥中有精恍惚中有物夫子志之矣請立石以紀之萬歷歲次庚寅仲秋吉旦襄陵御虛道人高洧記

儒學文昌閣記 正書今存

句容縣儒學文昌閣記 文見乾隆志

萬歷二十二年吉月日翰林院修撰焦竑撰生員劉芹陳經曹孝萊王裕張一鵬王泮胡嘉猷等同立

新建督學察院記 正書今存

新建督學察院記 文見乾隆志

余孟麟撰文萬歷二十三年月日立石

奉律亭記 正書今存

三茅山奉律亭碑記

夫移風易俗未有舍禮與法者也說者曰法施已然之後禮禁未然之先夫禮誠禁未然矣皇皇三尺在象魏揭日月而行天使人望而不敢犯顧畏而不敢輕以身試此法之功也豈徒施已然已哉三代而前禮勝法故其刑簡三代而後法勝禮故其律詳蓋至明興高皇帝之所刊定列聖之所闡繹至精至當凜

凛乎不可踰越守土字民之吏奉而行之轉移風俗易易耳句曲有三茅道士所稱第八洞天爲金陵地肺茅君成道處也每歲春夏之交四方之人以祈靈至者輻輳雲集至於婦人女子亦借此爲名趾相錯於星冠羽服之閒恬不爲怪蓋正犯大明律所謂燃燈禮斗褻瀆神明與軍民人等縱令婦女入寺觀神廟燒香之條令太常丁公嘗爲句曲令刻律文於石亭而覆之又請於南春曹及備兵使者皆有禁又騰檄四鄰豫告所部毋犯吾約故終公在邑婦女不敢至公去而防稍弛焉更二十餘年公起家官南中去句曲近邑之士民羣來謁公曰我父母也公亦每念未嘗不在邑人時談及亭事輒曰此風化之原何可忽諸邑諸生輩恐久而湮沒無以稱公所以樹防正俗之意以余嘗爲禮官又攝事其曹請記其事以詔來者余惟在禮婦人

不出中堂夜行以燭待傅姆而通言如此其嚴今吳越閒靚粧艷飾千百爲羣遨遊通衢佳辰勝地留連歡賞墜簪遺履錯雜喧闐此風浸淫被於四遠居民上者不力爲之矯革禮教將蕩然矣公學道愛人孜孜爲善歷官所至問民疾病恐不及而尤加意民風規條曲盡茲防之設非徒爲茲山與一邑計已也蓋將使自江而南家曉戶喻夫戒其妻父戒其女長吏戒其民一洗弊習而更之是公之所爲借律以明禮因禮以立教自邇及遠自著及微其心苦而其功大矣後之令茲土者皆操是心而修其前事使不至因循廢失以虛公之意庶無負於長民之責而茲亭與石與茲山共存焉可也不然貞珉徒樹而過者弗睨皇皇三尺徒爲文具居官奉法之謂何必有任其責者矣亭建於萬歷六年費若干緡皆公所自辦不以及民公諱賓辛未進

士浙江嘉善人萬歷三十三年十一月初四日賜進士出身通議大夫南京吏部右侍郎署禮部事福履葉向高撰

華山雪浪大師塔銘 正書今存

明故華山雪浪大師塔銘　按察司副使鄒迪光撰　翰林院編修董其昌書

夫薄伽氏有三戒有六度有四禪有八解有十地乃至有八萬四千法門而要歸於不二夫二則僞矣近世教法陵夷苾蒭道喪矯誣習僞漸以熾然僞而衣懸鶉其衲綺縠爲袒僞而食蘆菔饗衆珍餤自果晨昕米汁以當法喜僞而語言彌陀大士多羅闍黎居不絕吻退而詖詞讋說娓娓諂諂兩舌多口漫不及戒僞而居止塞兌閉目儼然壁觀與之畫泉刀計居閒托足朱門而唯恐或後也僞而募化口實造像置刹寫經飯僧假以肥橐橐肥而像刹烏有矣甚或僞而說法搆檀百尺巍然高坐伽

黎列侍優婆男女左右環匝膜拜禮聽而曾不能析半義闡片法祇憑故疏殘釋蔓衍其說博衆糧已耳夫僞若此而何以把智炬舉慧刃移寶筏也大師生而開朗於羣兒時便知趺坐十三歲聽講法華至三界無安猶如火宅恍然有悟白父母出家父母故舊族又善知識儔也方嚄唶閧而髮已落矣自剃度後思道本無礙而自礙本無縛而自縛誰云去礙去縛一意盪羣引屏營慮夷城府絕町畦忘形骸外生死泯是非委得喪捐去僞習獨存眞醕師所至以緗縑餽十九施人而十一自御必避炫服而求麤不又一重公案乎無僞衣桑門桂礨施襯不絕合受則受受矣則食人訝其甘鮮而師不屑也無僞食評隲山川抵掌八代六合之內九州以外雲梯相次金湯酬往何所不斐亹而獨不能簧口鼓舌犯綺語之戒無僞言師與之譃浪而譃

涙與之選勝而選勝與之觀歌舞而歌舞事至不推事去無戀至其團焦內照烱然自如二六時不啻瞿曇對面無僞動師亦曾受部大臣請修金陵報恩寺塔不踰歲而塔成不私一鏹至使人亦不私一鏹無僞募師於龍函貝藏無乎不洞徹而實不鑽故昂不墮言筌不落第二義其講法華圓覺楞嚴楞伽涅槃諸經牵敷衍白文發明了義義盡而止亦復不立壇場設高座煩幣帛要人膜拜跪請一茗一爐據梧談論而已不僞而說法夫衆人皆僞而師獨眞其眞也非踽踽而涼膠膠而固侗侗而蒙也不甘不苦不疾不徐不離不即直以天地爲蘧廬四序爲逆旅人事爲芻狗七尺爲寄幻人非人等爲眷屬不知師者以爲狂也慘也我慢也多習氣以導其生徒也而師不知也知師者以爲眞實也解脫也朗暢也自然而然無所矯揉也而師亦

不知也一時與師並竪法幢者有蓮池師人或左袒蓮池右袒雪浪或朝崇雪浪夕貶蓮池而師亦若不知也乃其雙目重瞳高額廣顴肌理如玉則有如來大人相弱齡治詩老而不怠五花不律久且競吐所爲韻語出淸江靈徹數等則有道林材致日讒口張皇有所不愜於當路師一瓢一笠子然南下隱獵人以避其鋒則有六祖智慧師於望亭結茅飯僧不煩詔戒而畚鍤雲興斧斤麕至四方芻粟動以澤量則有空生福德師又不徒逍遙擺脫逌然自在而已師素無疾一日腹瀉謂其徒曰日而行夕而息未有夕而不息者吾其息乎吾其息乎飯僧大事汝等勉之遂坐化於望亭之草庵遺命葬歸雪浪徒孫修因以予與師有支許之契具狀請銘師生於嘉靖乙巳九月九日圓寂於萬歷戊申十一月十五日報齡六十有四僧臘五十有一

銘曰茫茫三界誰爲縛之秩秩坦途誰爲礙之自礙自縛大道以漓惟我法師超邁等倫揮斤區域陶鑄洪鈞執炬不迷遊刃無痕吁嗟沙門習於澆浮家寶不覓衣珠失求狂猿傲象以嬉以遊惟我法師秉德勿滓華符于實表洞其裏貝多璠帙探玄握瀡蓮池西匯雪浪高皴左右其祖人言多多師罔聞知我自爲我尸祝在門雌黃在道調達之口如來莫保師罔聞知一笑絕倒我師登席大法乃興非搏沙黍不打葛藤懵懵長夜爰有慧燈我師委化道不可卽忍草潛輝雙樹變色勒之貞珉詔祀萬億時在萬歷三十六年月日

明廣東參將陳南塘墓坊在土橋鎮北

明廣東參將南塘陳公之墓額正書

一

代

人

豪

殿撰朱之蕃書按南塘名忠金陵人夫人沈氏居倉巷中夫偶他往有盜數十人劈門入將登樓沈持鐵鎗守樓門盜不敢登乃放火燒樓沈見其逼從後窗挾鎗投鄰家得免人謂智勇不遜其夫云見呂纂府志坊額無年月按墓碑萬歷時立

敕建寶華山護國聖化隆昌寺觀音菩薩銅殿碑正書今存文見乾隆志

萬歷乙卯仲冬翰林院修撰焦竑撰

寶華山隆昌寺銅殿碑陰正書今存

妙峰南宗二師造觀音金殿于華山卽以碑文見託俛仰十餘載前諾未踐而妙峰南宗業生西方矣頃乙卯之冬余友黃禮

部徵甫遊華山寺南宗高足喜公以緣事始末請徵甫記之而并以金殿記趣余令人旣感且愧乃搦管成之時周旋其間成此最勝緣者乃喜公之力也特書于此以識不忘云爾澹翁竑

又題

焦太史讚寶華山金殿記乞予篆額爲最勝緣故無能辭聞之金殿莊嚴妙麗殊絕惜乎無緣一往瞻禮意有缺然妙峰發願倡首南宗堅心協助雲山乞文立石三公功業優劣難分豈非總是普賢行願中人耶烏程沈淮漫題

伐材建刹其刹莊嚴鎔金作像其像妙好依稀七滿八平彷彿寶山珠藏内帑捐貲掖廷賜額不稱希有事乎而焦太史者舒此兎毫紀彼鴻烈栴檀海薝蔔林若加而雄金精髮珠火眉若增而麗更成無上義不作第二觀矣曾得謂建造是小果語令

非至道耶南宗上首喜公出堅固心成廣大果其爲功德當亦不在妙峯南宗二師下梁谿增上居士鄒迪光題

余髫齡則已聞華山有銅殿矣時來白下奔走名場弗獲入山瞻禮此焦太史碑文撰于神廟乙卯歲自神宗後爲光宗炎熹宗至我毅宗先帝朝歷三十餘載殿宇寢傚南都檀護合詞請先師三昧大和尚鼎新舊業煥然一新于中結社宏律號曰千華名徧海內余以甲申感先帝鼎湖之變遂哭廟焚書走華山從師剃落因得時時頂禮金殿精工奇特實爲希有顧顯以髫年事佛便聞此殿而卒頂禮于出家之日斯亦異矣今先師已逝金殿儼然焦太史文亦仰對如新但得爲後人者精勤三學成就棟樑足以楮拄末法將見物因人重金殿光明照耀無極矣願與上中下座勉之戊午六月曝經日婁東弟子戒顯和尚

識

寶華山護國隆昌寺碑 正書今存文見舊志

敕建華山護國聖化隆昌寺碑萬歷乙卯禮部郎中黃汝亨撰

寶華山護國隆昌寺碑陰 正書今存

華山隆昌寺新創大殿以移駐銅殿而兼成之妙峰南宗天空茲山三大功臣也南宗上足喜公不惜身命南北蒸途冰道往復乞文勸碑圓成最後功業建立法幢乃叢林之標幟也併爲識之庶不與幻影作逝耳若云文章之無窮則有焦太史在時丙辰立夏日寓生黃汝亨題

同年黃徵甫氏爲華山隆昌寺碑所謂以北統之筆鋒契南宗之心印者雲山喜公發大精進不數年神工輻輳兩碑樹立永鎮山門以垂不朽可續華山慧餤耳江甯顧起元書于歸鴻館

予友妙峯大師悉從法界觀入道故生平建立皆依普賢行願法界心中流出無論一生功德卽銅殿因緣可見矣以峨嵋普陀五臺三山乃三大士菩提爲眞丹利生最勝處師願各範銅殿一座以奉尊像其南海偶以緣阻遂置金陵之華山蓋賴聖祖寵靈故感聖母聖上洪慈爲布金檀越得與三山並緣亦希有其莊嚴妙麗殿堂廣博予以業力遷訛未遑瞻禮適於焦太史黄儀部二大宰官碑文毫端三昧具見一毛端頭現寶王刹詎不信哉三災彌淪而行業湛然蓋願力所持當與法界等矣妙峯遷化相續南宗天空二公亦往付囑南宗上座惟喜續其緒業勤求諸大宰官碑文立石永鎭禪林不亞靈山佛法付囑有在丁巳四月五日憨山德清題于毗陵舟中

隆昌寶刹以銅殿興至懷宗中法嗣彫零殿宇塵坌適先師三

昧大和阻風龍潭進山隨喜慨然鼎興準形家言移舊向而新之不五載梵宫壯麗儼若金城實萬世不朽業也今慈顔雖逝殿閣峨然觭讀前碑又增一段奇緣矣婁東弟子戒顯敬書時戊子夏六月六日

丁公生祠記　正書今存

丁公生祠記　文見乾隆志

翰林院侍讀學士江甯顧起元撰翰林院檢討邑人孔貞時書翰林院侍讀學士邑人王祚遠篆額萬歷丙辰仲秋月

丁公生祠記碑陰　正書今存

常司訓先生去思碑　正書今存

敬之常先生去思碑　文見乾隆志

翰林院檢討孔貞時撰翰林院侍讀王祚遠書知句容縣事羅

廷光立

茅山鬱岡重建乾元觀記正書今存

茅山鬱岡重建乾元觀碑記

賜進士及第中順大夫詹事府詹事兼翰林院侍讀學士江甯

顧起元撰文并書

茅山之東北有望若負釜而立者曰鬱岡山下有乾元觀宋觀妙眞人朱自英景德中爲眞宗祈肖應而敕建者也歲久廢墜荒途灌莽旁午蒙翳嚮之遺構杳無可尋第餘幽光顯揚一碑巋然獨存而已蕘夫牧豎復掊而碎之仆於地一夕而風雨霆雷交作其上彷彿有神工爲之呵護者比霽而人往眡之則碑之碎者已復完而屹峙如故矣於是聞且見者知仙靈之窟宅爲大力者爲夜□之藏卽此石且比於金檢玉函不使其與斷

礎殘瓴甓削於野火燎原之內乃萬歷丙戌中道人閻希言自武當來胥宇而善之一時之卿大夫慕道嚮風者相與協力歸其侵地搆靜室以贍羽流之四輳者其徒江本寔又翦山之荊棘雜植松柏桃杏以萬計於是鬱岡之勝頓還舊觀而門殿固尚未創也閻希言逝而李徹度者來其道行頗與希言埒公卿大夫以問眞修往還者益盛於希言時於是謀舉觀之舊址一爲之新其事遂傳聞禁中天子爲給賜道藏全部俾供奉於觀於是命其徒李教順者主營建工甫集而徹度飄然去游吳越閒已轉而入欽將終隱於三天子都不復至於是教順毅然身荷其事奔走南北公卿大夫各中貴人之門庀材鳩工手足胼胝不敢告休教順道行高妙人所欽服凡有募建輻輳如歸戊申春余一履其地大殿甫訖無何而山門及廊廡之屬咸燦然

有成功乃至像中設途塈之事亦既無復遺力矣嗟乎自有乾元觀以來五百有餘歲矣福地之靈爽自如而迎仙之館禮斗之台已交滅於烟嵐浩渺中而不可問又況於隱君之齋室與元靜之五亭乎卽欲指其遺跡而從而撰之亦如蘿封之字不再□而已失矣希言徹度繼以□力振之僅搆其端而不能竟教順獨以一人肩之遂底乃績自非志宏法廣力闡元氣不□世才崇教惟善孰能與於此哉固知豐碑之斷而復合者神先告之非弔詭之論也昔陸敬游處於華陽□□館□營□□域堂壇宏敞樓□□□官行私止並有栖憩繕築之勞莫非伊力隱居賴之開已連石方諸教順何以當兹刻其眞心內固德行外彰又不徒以筋力殫於棟宇者哉余幸斯觀之廢而復興而教順之功固不可沒也遂因其請不辭而爲之記以告後五百

年之主斯山者萬曆四十有四年丙辰夏五月吉日立

道人江文谷碑 正書在茅山今存

道人江文谷傳

余不談外道而外道中矢眞心能苦行者未□□□□樂與之惡吾儒巧飾夸毗者多而俗學日僞反不若外道之守眞也惡吾儒競華逐利者多而士風日偷反不若外道之茹苦也道人江文谷蓟州玉田人早歲棄家學道於閭希言希言者余嘗見其矯健而嬉嬉也見其遨游而落落也見其心似已灰之木而身不繫之舟也以三茅爲棲眞之地以乾元爲脱骨之場其□□繫而死之日以觀事授之江知其必能以眞心了首緣也必能以苦行攝眾心也今閭之去十有四年而觀宇深□門徒甚眾四方焚修者日不下數十人精誠之感上徹慈宫比者欽頒

道藏表鎮山門爲聖天子祝延萬壽所以界內山廣百畝勢頗遼曠經理爲□本植桃李以萬松竹以區培之則靡盡靡□□□□□如蓋如林荒土已爲沃土莽野頓成奥樊蓋不知歷幾風霜以迄□而道場而率爲華陽冠已非之志□□□□□之靈若有相於江者乎歲晚爲觀化之巨題曰活死人墓夫人生未嘗無死形骸爲有盡也人生未嘗無生□□□未盡也死而不死生而不生非釋氏輪迴之說乃老氏煉形守氣之珍也道人其達此哉嗟乎道人吐納於翠微蒼靄閒而今之沈錮世網者弗如道人胼胝於蓺圃灌畦事而今之趦趄□墦者弗如道人廣緣普度於懸鶉戴笠之輩而今之纖嗇死守於錢神金穴之累者弗如問其人則頎然而長者軀乎尨然而藜者貌乎蓬其首乎軒其齒乎纍然歷寒暑而不解者百納之衣乎若其虔

口口虛守靜之旨娓娓於修眞口行之嚴卽囓櫱茹荼未足喻其苦摧金破鐵未足喻其堅也總之是觀之興未替也口前有閻後有江而繼江者又屬之王合心也余之爲是傳以誌江也亦以惕王也萬歷四十六年戊午金沙景素于孔兼撰嗣教李教順書丹

新建華陽書院記 正書今存

新建句容縣華陽書院記 文見乾隆志

經筵實錄總裁邑人李春芳撰文提督福建學政丹陽姜寶書丹提山東學政吳門袁洪愈篆額今已斷缺

重建聖祠寢室記 天啟二年孔貞運撰余合書鄭三益篆額今存

重建歸善庵碑 天啟六年正月王祚遠撰許胥岳書楊應舉施石今存

按上二碑俱漶漫不可錄

永禁開窰穿鑿碑正書在縣治東十五里鎮山街東二里許大路今存

陵山察勘總督京營戎政左柱國太傅成國公朱

中軍都督府少傅新樂侯劉

禮部尚書兼翰林學士林

爲遵奉欽依禁約事照得漢口塘南北行龍東西分水至泥水

岡坤艮行龍巽乾分水緜百錢岡謝培長巷上交掘河止皆係

眞正龍脊永禁開窯穿鑿如犯者以故違禁旨參拏如律究擬

其謝村鋪竹堂頭神子岡俱近龍身亦不許開洩取罪

崇禎十五年二月日立鎮山村大路茅山乾元觀前有明崇禎開禁山碑

華陽洞楊一清詩刻題名今存

楊一清華陽洞題壁五絶一章詩見乾隆志

雪浪大師塔銘正書今存

雪浪大師塔銘

昔梁蕭之論荆溪以爲明道若昧煥然中興聖人不作其閒必有命世者出焉我明正嘉之際講律獨盛於北方無極和尚起自淮陰傳法於通泰二公具得賢首慈恩性相宗旨歸而演法南都而其門有雪浪恩公憨山清公出焉一車兩輪掖無極之道以濟度羣有而法道煥然中興向非命世而出則何以臻此謹按憨師所撰雪浪大師傳而序之曰師諱洪恩姓黃氏金陵民家子爲兒時雖隨戲弄遇佛禮之塾師以句讀課之領之而已極師講法華規矩於報恩寺師年十三從父往聽傾耳會心留十日不肯去母使父趣歸師袖翦刀禮元奘大師髮塔自翦頂髮手提向父曰以此遺母父慟哭師瞪視而已爲小沙彌頎然具大人相一日設齋踞第一座首座呵之師曰此座誰坐得

座曰通佛法者坐得師曰如是則我當坐座曰汝通何佛法師曰請問座舉座上講語師信口肆應無不了了一衆驚異曰此郎再來人也憨師少師一歲並得度於西林長老同參極師比肩握手如連珠珏玉見者以爲無著天親也師年十八分座副講佛法淹通乃留心義學聽極師演華嚴大疏五地聖人於後得智中起世俗念學世間技藝涉俗利生嘗言不讀萬卷書不知佛法博綜外典旁及唐詩晉字研朱益丹帷燈晝被不知者以爲滯淫諦中也憨師從雲谷和尚縛禪天界寺師見其枯坐可以聽講曰用如三家村土地作麼憨曰古德有言自性宗通回觀文字如開門落臼耳師曰果如此則我兄也憨師苦南方輭暖決計北遊師苦留之憨給師入城辦嚴冒大雪攜一瓢長往師還寺痛哭久之游嵩少入伏牛抵京師上五臺覓憨師於

冰雪堆中腰包罨飯誓共生死憨謂之曰人各有志亦各有緣兄之緣在宏法以續慧命不當終老枯寂江南法道久湮當上承本師法席荷擔囑累爲人天眼目庶不負出世因緣也師然之相與鄭重而別極師宏法以來三演大疏七講元談師盡得華嚴法界圓融無礙之旨本師遷化夾補其處游泳藏海囊括川注單提本文盡掃訓詁稱性而談標旨言外恆教學人以理觀爲入法之門先是講肆糾纏教義如抱椿搖櫓略無超脫及師出世炤遮雙顯總別交光摩尼四現一雨普霑學者耳目錯互心志移奪如法雷之破蟄如東風之泮凍說法三十年黑白衆日以萬計閒游杖錫四衆圍繞徧山水爲妙聲化樹林爲寶網東南法席未有盛於此者也嘉靖四十五年報恩燬於雷火師與憨師三日哭誓以興復相肩荷憨雖在臺山東海未嘗頃

刻忘報恩也憨羅難赴南海師見浮圖露槃欹傾沿門持鉢行乞都市高門縣薄金錢雲委凡三年而竣事塔高二百五十尺安三輪處高七十尺架半倍之樞木從空而下如芥投針不差絫黍當塔心木下師嘔血數升塊然趣定風鈴彤角如有鬼神護持萬眾驚歎咸以爲願力冥感也晚年接海眾於望亭草庵朝則齋飯晚則澡浴夜則說法二利并施四眾歙集未幾示微疾集眾告别弟子乞師垂示師曰中空如花本無所有說過甚麽問滅後用龕用棺師曰坐死龕子臥死棺材相錫打瓶且莫安排沐浴更衣端坐而逝萬歷戊申十一月十五也俗壽六十四法臘五十一弟子奉全身還葬於雪浪山師高顙朗目方頤大口肌理如玉講演撤座方丈單牀默修壁觀嘗於長城山中正定二日林木屋宇皆爲震動心下如地坦無邱陵不立崖岸

不避譏嫌論詩度曲見聞隨喜鮮衣美食取次供養已而飯惟羹豆臥則蒭秆捨茶則擔水出汲飯僧則斧薪執具人以爲悶現少異而不知其行已有常也嘗駐嘉興楞嚴寺愛其池木清嘉作精舍三楹經營浹月手自塗塈落成三日飄然而去終身不再至焉其逍遙擺脫皆此類也紫柏可公精持毗尼心頗易師憨師以出家因緣告之可公悚然曰殆窺基後身也余自毀齒即獲侍瓶錫丁未偕李長衡扣師笙亭瞻嚮之餘心骨清瑩始悔嚮者知師之淺也傳法弟子耶法宗三明歸空格空瑞林光逝覺法終隱匡山歿後講演者巢松浸一雨潤在三吳蘊璞愚在都下若昧智在江西碧空湛在建業心光敏在淮南南北法席師匠皆出師門信乎中興之盛也蒼雪法師徹公潤公之法子闡法吳下者也追惟祖德請余爲塔上之文余何敢辭繫

之銘曰法道下衰如世中否誰其振之命世蔚起極師南來記莂儼然賢首慈恩二燈並傳有兩駒齒化爲龍馬拏攫碧落蹴踏天下憖往曹溪經星南流浪駐江表斗柄斯昭智炬高明德瓶云侍經江論海逢源會委帝網金相刹海鑑光華嚴法界涌現堵牆講樹敷花談叢落實舍利腹貯狻猊口出以其緒餘莊嚴相輪雀離浮圖示見矗雲歌樓酒坊禪燈法席三車一乘鴻爪牛跡大布而衣一脉而居霜降水落白月空虛禪律對待經論緐興密師四戰人無得名法幢歸然義天嘗朗窺基非來雪浪不往

陳鳳梧詩碣 大茅峯龍王殿嵌壁今存

登大茅山　陳鳳梧

丹崖翠壁紫雲巔恍惚元文誦五千白晝風雷生殿外中宵星

斗落峯前試看喜客泉頭月別是華陽洞裏天習靜工夫如有得何須物外覓神仙

晉馮少君碑 在白土鎮西關帝廟中今存

按事載乾隆志軼事中

以上均據今存者箸錄苦心搜剔頗獲遺珠第非金石專家體例未善疏謬實多識者諒之

續纂句容縣志卷十七上終

補遺

重修社公廟碑記 行書在瑯琊鄉胄寨邨今存

粵稽古聖王創建社稷所以報禮於土穀也蓋土穀切於民生其神之司若事者厥功偉矣故不特天子舉禋祀之典府郡重壇壝之設下比於鄉黨亦必有一鄉一里之廟享焉茲固天地閒正氣靈爽民物攸賴雖極其崇奉殆非諸凡淫祠擬也吾鄉胄寨村創有社公祠舊傳肇自晉唐始蹟曠遠蓋不可考矣大都宋元以來搆葺匪一其規模雄麗固以甲於羣鄉第於歲月風霜率多傾圮候值隆慶閒里中彥士王周呂數人等合志興修倡義糾舉鄉人均感神功莫不傾心應募而樂趨厥事捷於桴鼓或輸財穀或致木石羣工濟濟晨夜展力於是朽蠹盡徹而頹儆頓完復卽隙地增立退寢以厚其所附於廟基之北焉

經始於庚午仲春之吉告成於壬申之秋則見殿宇崢嶸環墉聳固廊楹戶牖煥然一新不啻舊觀已也噫廟貌尊嚴神靈侑妥水旱疾疫咸資捍禦吾鄉民庶尙其永綏於祜哉余家世黨人也先考賈於山東之淸平遂占籍焉適承簡命分職南都耆長以廟成徵記余不敏直敘其事之顚末云惟神降鑒廟食茲地億萬斯年佑我苗裔締造維艱創始弗易革故鼎新前功之繼巖巖磐固高墉峻宇社稷靈長山河帶礪佑我後人世繼其美奕奕重光有隆無替皇明萬歷元年歲在癸酉季春吉日立

賜進士第南京戶部四川司主事里人高一登撰文南京錦衣衛鎭撫司鎭撫里人王在篆額湖廣袁州學正里人王畧書丹

續纂句容縣志卷十七下　　邑人張瀛分纂

金石下

督學簡公重建句容縣學明倫堂碑記

學校教育人才風化所出　聖道洋洋日月經天江河沛地美教化而敘彝倫一道德而同風俗功垂萬世矣　皇清綏定以來崇　文廟右師儒彰志貞教彬彬麟麟之姿煥然蔚起當代作人不旣薪標著美耶句邑建學始于唐遷于宋修于元屢修于明歷考碑志繇來舊哉往者論秀書升其間三事九列濟濟鉅公偉業文章足光天壤近因兵燹歲饑澤宮茂草明倫大廈風雨摧剝凜凜有崩折之懼而科名亦復稍遜前此青烏家言句曲屬金陵左臂稽其形勝揖茅嶺控長江居吳會建康之衝六代遺風景物光華蘊隆虎炳而樹幟文壇者每每南

轅北轍謂之何哉華陽乃文衡駐節之區南平　簡公以天部
行檢之玉尺秉歐陽校士之冰衡通省皆沐恩膏吾容特蒙垂
注謁　廟登堂目擊榛蕪憮然動念即發養廉之鏹若干緡倡
始振興更囑有司教屬子衿共襄厥事邑令周君賢侯也亦捐
俸若干爲助學博許君砥行修文楷模多士量力捐輸諸紳各
捐助有差許君更率俊彥數輩勸募弟子員之急公與素封之
好義者共得若干緡由是庀材鳩工以經始丹之雘之以圖終
峻宇巍然諸廢具舉自堂而降如兩廡如道義門以及櫺星門
戟門外至泮水左右宮牆靡不修葺堅好登降進退爾詩說禮
幸有其地非直爲觀美也昔文翁修建學宮士習之化至比鄒
魯漢史稱之今日之事雅化不媿美乎　公才不世出開誠布
公取士明允羣空伯樂茅茹彙征十四郡兩沾化雨江南北淬

勵傾心雖其才之獨優實其學之粹美歷覽試牘正音程朱孔孟針芥相符韓斗藜光士林仰止猗歟盛哉句邑諸生蒙公加意樂育科舉額外有增江甯府屬入泮數獨減相沿已久 公適代[redacted]覲比例特 請郡縣咸得增額吾容遊泮者撥府又多一名且月課切劘丹黃甲乙士之沐澤深且渥矣惜鄉舉寥寥不滿 公望竊念句曲科名甲于他邑如孔相國之及第曹大參孔內翰張公榜之鄉會掄魁未可一二更僕數且元燈炳煜昔之首臚唱者李文定也冠南宮者先嚴君也弁冕賢書者

本朝甲午之朱子獻醕也巍名在前繼美豈曰無人乎公之惓惓于修舉蓋欲操縵鼓篋之英春絃夏誦輝耀先達也造就深心甯在一時已哉 公尤以利濟爲懷疫癘則設藥局以療民疾饑饉則捐貲以救民生愛民如此愛士更切因思至誠能

勤培養所及必有天時人事之符應我　公樂育之化凡百衿
珮詠歌斯堂出入斯門者聖賢是法先民是程誠其所存端其
所學高山以勤景行養正以成聖功天道彰明旂常著績又不
第掇巍名爲靑紫地而已學宮永賴　公實望之馨俎豆洽輿
情　公之明德遠矣邑侯學博均藉是以施不朽也周君業已
遷擢林君相繼綰符龔黃接武會逢落成隨覩采芹而色喜行
將次第整施其振興乎黌序者葢未有已矣堂之修舉始于已
酉之冬閱一載告成詩曰新廟奕奕記曰美奐美輪亶其然乎
學博許君就而與謀備述始末以勒諸石余樂觀盛事遜謝不
獲乃忘固陋敬爲之記康熙十一年歲次壬子九月穀旦
賜進士出身文林郎前湖廣長沙府知醴陵縣事邑人楊元勳
撰文　賜進士出身文林郎前湖廣衡州府知常甯縣事丁酉

楚闈同考試官邑人張芳書丹并篆額原任句容縣知縣歷雲
南姚州知州周歷長句容縣知縣林最縣丞高自謙典史曹戢
定儒學教諭舉人許庠紳士江五岳黃暹士張炅王家擢楊延
炤張玉珩劉宏科胡嶙及耆民張大治等同建

句容縣學尊經閣碑記

漢儒匡衡嘗言六經乃聖人所以統天下之心指善惡之歸明
吉凶之分通人道之正使不悖于本性者也故審六藝之旨則
天人之理可得而知草木昆蟲可得而育我　國家稽古右文
重熙累洽　聖祖仁皇帝纂輯羣經折衷至當剖疑析奧
炳若日星　皇上纘承聖緒天縱多能抉三禮之菁英搜四
庫之奇秘　文淵儲蓄超越前朝復以　御纂諸經及子史
百家有關典要者頒賜天下學校于是尊經之閣不爲虛設而

茅檐下士咸得枕饋寢食于其中典至隆也　恩至渥也容邑
學宮創始于唐歷宋元明至我　朝而規模大備制度彌宏惟
是歲久失修而尊經一閣尤爲頹壞可舉于甲寅孟冬蒞任謁
廟徘徊閣下者久之念非革故鼎新不可時往龍潭倉署未及
舉行至春漕務甫畢卽就商于馮成兩廣文及闔邑紳士有王
君周南裴君于東慨然以爲已任爰卽擇吉興工尅期趨事存
舊料者十之二庀新材者十之八製不加高而棟宇輝煌儼立
霞表事不滋擾而丹漆炳曜頓改舊觀既而大成殿東西兩廡
明倫堂并閣前之敬一亭閣左右之啟聖殿忠孝祠亦皆次第
甃葺莫不鞏固完美舉工將及半載計費白金一千五百兩有
奇公捐不足則王裴二君輸已財以足之夫以余之涼德薄行
一念甫動而從而和之者如響斯應苟非諸君子平日履仁蹈

義見善必爲沐浴于　聖朝之雅化者深豈能成之易而且速有若是哉則繼自今邑中士蹌蹌而來者釋菜釋奠習禮觀射之餘登斯閣也瞻眺旁皇顧名繹義定必奮志窮經束身修行上不負　累朝教育之恩下亦不虛科目得人之盛則余與諸君子所拭目而俟之者也余雖不文敢不援筆記之以爲後來者劵知句容縣事庚午科舉人古申任可舉撰文句容縣儒學訓導雲間馮金伯書丹訓導成文燦縣丞魯宗泰典史邱南林及本邑諸紳士同立

大清乾隆六十年歲次乙卯仲冬穀旦

重修句容縣學記

聖朝重道崇儒振學校以化民成俗雖在遐方僻壤罔不横經鼓篋奉至聖爲依歸矧江南文獻之邦密邇省垣冠蓋所萃顧

可坐視泮宮陊隤而弗圖修起乎句容縣學昉自唐開元而改建於有宋元豐二年自後屢壞屢修乾隆末曾加繕葺歷年已久日就傾圮道光十四年秋震澤張君履司諭茲土慨然以勸捐重修爲已任既得請於府遂與訓導陳君廣鉞及督事等徧勸士民醵費約得三千金經始於十六年四月歷三年之久次第竣事自夫子廟堂以及崇聖忠孝鄉賢名宦諸祠明倫堂東西齋舍魁星閣泮池石闌石坊一律完固丹彩煥然張君丐余記其事以諗多士予惟孟子言庠序學校皆所以明人倫禮記言大學之道在明明德蓋順先王詩書禮樂以使謹循乎父子君臣夫婦長幼朋友之節而意以誠焉心以正焉身以修焉由灑掃應對進退之末上達乎盡性至命之原古之學者如是今之學由古之學也造士之要不外乎誦習經書講明義理務在

身體力行而不徒爲口耳之學則學之道得已張君經明行修其教士也懃懃懇懇著學箴六首曰抗志曰植心曰砥行曰稽經曰練務曰屬文本末兼賅内外具備士子悦服湻厚之俗以光贊
聖天子一道同風之盛治其爲功豈淺鮮哉故樂爲之記道光十九年歲在屠維大淵獻孟夏之月
誥授光祿大夫經筵講官協辦大學士吏部尚書國史館副總裁教習庶吉士蕭山湯金釗撰文并書
重修華陽書院碑記
知縣事鄧炬撰
長沙張祖翼書
句邑舊有華陽書院爲明萬歷中華陽宋公講學處距今三百年葢倏廢倏修而風教屢易矣方其肇建也講陽明艮知之學

一時校官弟子蒸蒸觀聽稱盛事焉夫陽明之學尊朱子者以爲異說要其立身自有本末功業軒天地忠孝感金石雖其再傳而有流失在陽明固無可議也況良知本於孟子其原固甚正乎士自早歲授經出應科舉苟卽所學發爲文章以翼經傳其所誦服者聖人之典籍考言則行自修齊以迄治平覘乎其進之在不離其宗而已今廷臣疆吏上封事於朝人士議於下欲舉天下書院因其學而兼泰西之學易大傳曰變通者趨時者也史公稱有法無因時爲業故曰聖人不朽時變是守儻所謂與時遷移應物變化者耶而其序君臣父子之倫列夫婦長幼之別物有本末事有終始聖人之道必莫與易也自明張居正毀天下書院爲公廨院改爲學使院　國朝雍正十年學使駐省會知縣朱楚望始復其舊咸同以來燬於粵寇乃購城西

民宅爲之觀茲院之廢修遷徙則人材盛衰學術升降可知也大亂戡定奄有三紀官斯土者休養生息日不暇給今忝長是邦以爲文教不興士氣不振有司責也於是修講學之堂橫經之舍俾士之秀良有志者遂其慕學奮興之願庶幾砥廉隅立風義學有經術通知時務以企前賢興學之遺意焉是爲記光緒二十有三年歲次丁酉春仲既望立石

按本朝石刻不下數十種除見前志及散見各門外均甄錄全文俚鄙及殘缺者概不闌入華山塔銘數種文長不能備錄有專志可攷也

章憲里碑引

許汝敬先生諱彥忠以名甲第秉憲雎陳湖東粵西三省政聲赫然當國者方擬大用先生即拂衣歸里賙貧恤困隻字不入

公門爰是崇祀鄉賢俎豆百世曩時先生繡衣坊爲民居回祿株連焚燬茲衆建閘門先生舊坊基也不及今表章之恐就湮沒明熙附居同里景仰先哲敢敬題閘門曰章憲里以表章憲節志不朽云順治己亥孟夏吉旦立後學張明熙拜手書

廣西桂林營守備李君墓誌銘

嗚呼孰能無死鴻毛之死爲輕必得其名馬革之名尤重若李君者可謂不爲其輕而得其重者矣君諱廷揚字步墀江蘇句容縣人也父春元公嫻習武略起家孝廉北平鼎胄萬戶之侯未封忠武華宗三代之師莫及君生有異稟長承義方然諾不輕任俠自憙克纘弓治之業益究韜鈐之秘凡蒲苴弋篇王圍肘法軒轅營陣太公陰符靡不心會櫜籥神行肯綮關養繇基之弩七札洞穿耳甘興霸之鈴萬人辟易年二十五舉於鄉中

道光戊戌進士爲京提塘官君既仕都會徧結時賢騎射之餘留意往籍垂青擇交敦尚氣節研朱判史雅慕忠孝或於孤臣孽子蒙難家國則隕涕交頤或於僉壬羣小竊弄威福則怒髮上指或於大帥寄命戎馬殺賊則拔劍起舞或於豪儁負氣侘傺失時則廢卷歎息品藻羣倫糾抉幽隱必循名以責實亦略迹而原心蓋君于馳驅許國之初已矢慷慨成仁之志矣道光二十五年以任滿除廣西桂林營守備銀刀領隊尊於千夫之長牙璋治兵翕然七萃之士材官擊技皆訓之如子弟農隙講事復敦之以詩書組練既嚴跿跔無慝見重上游行當大用二十七年奏調懷融未及之任會楚匪雷再浩之變土匪李世德應之竊據西延跳梁弗靖烏合之徒蠭起甚夥節度使鄭公稔知君才檄往偵之君不憚嶮巇直逼巢穴帥三百貔貅之卒略

數萬貔貅之衆於時朔風嘯野淡月麗天木落不聲山瘦有骨行至梅溪溪水湍急危橋一木不絕如髮懸崖千仞峭聳對面征伀者欲退通倪者欲逃君大聲疾呼策衆並進旣達彼岸猝與賊遇輕騎當先短兵相接九上九下以少勝多再接再厲有前無卻無何賊衆大至我兵不支猶復奮典韋臨危之戟鬚髯盡張抽光弼陷陣之刀神色不變洎乎臥彪之羣旣盡紙鳶之信復沓身受數創手刃數賊力竭氣窮墜崖以死嗚呼哀哉夫志足以勤王室不以事之成敗論也身足以爲國殤不以秩之崇卑論也或謂君年不過强仕職不過偏裨畢命小醜賫恨重壤旣昧盲左量力之旨且悖鄒嶧傷勇之訓不知明哲保身懦夫之所藉口見危授命烈士之所殉名彼夫夷吾就縛頫首請囚于禁被禽崩角乞命瑣瑣者流卑卑勿道若君之含玉不葸

蹈刃如飴始則免冑以進等赴難之葉公繼則孤立無援類殉節之周處一軍覆没非若趙括將兵之多空誇格鬥不踵李陵降虜之辱推其志早決易水不還之志誓其心何減睢陽爲厲之心而目論之儒指測之士且斤斤焉置喙之弗衰不亦重可悲哉初君之之任廣西也或尼之曰提塘膴仕守備瘠缺也辭隆就窳趨苦避甘以計揆之毋乃左甚君笑曰昔齊女諷義於懷安豫州傷心於髀肉吾之此行正幸得尺寸之柄以報犬馬之效耳嗚呼君之志又豈可與一二俗人言哉君既死之逾月賊平於崖下得君屍面目一如生時嗟乎膏塗戰壘幸歸先軫之元血漬荒原不滅萇宏之迹鐵杖討冦先頂黃衫成買赴仇遑恤豬戶節度使鄭公哀之同君死是役者外委彭文志馬端春麻學謙等三人皆以　上聞如例議卹君生於某年月日死

於道光二十七年十月十二日得年四十子某以某年月日卜葬於某原君之友周孝廉楟禪以君之事實繪爲圖冊徧徵詩文吾友潋浦舒燾爲之傳若記周君不以予爲不文委以銘墓之役嗚呼黃封宣祭碧葬招魂白骨一坏青山千古坡前鳳落痛哭將軍柱上鶴鳴歸來故國黯黯石頭城郭近鄰謝太傅之墩茫茫京口波濤遙配卞忠貞之墓爲之銘曰戢戢守戎而以身赴忠也生爲人傑而死爲鬼雄也高峯峨峨溪水淙淙捕賊於此退足以守而進足以攻也淙淙溪水峩峩高峰援絕於此未展其志而竟殞其躬也我爲揮淚銘此幽宮俾後之男子而而得守戎之風也桐城許奉恩撰時道光某年月日

曲靖知府陳君墓誌銘

皇清誥授中憲大夫候選道曲靖府陳君墓誌

寶應劉恭冕譔文

蘄水郭階書丹

君諱立字卓人又字默齋江蘇句容人家世服田潛德弗燿父啟瑞國學生本生父輔邑諸生績學樂善教子有法君幼穎異讀書能求是道光甲午鄉試以經學淹博中式本省舉人辛丑會試成進士授庶吉士改刑部主事累官授雲南曲靖府知府時以道梗不克之任流轉東歸所至賓禮先後受事皆刑名至重君處以詳慎於喪服變除宗法淆異多能折衷協於禮律少所受學皆名師江都梅先生植之授君詩文詞得其義法江都凌先生曙儀徵劉先生文淇授君公羊春秋許氏說文鄭氏禮君兼通之而於公羊用力尤深鉤稽貫串成公羊疏七十六卷又他著作已成者有爾雅舊注白虎通疏證說文諧聲孳生述

句溪雜著各若干卷君學爲通人位爲大夫而起居節儉同於寒素語言謙樸疑於不文忘賢與勢於君見之烏乎如君者豈易及哉君生嘉慶己巳五月二十一日卒同治己巳十月二十二日得年六十有一娶任氏再娶徐氏皆先君卒側室李氏子一汝恭縣學生女一適同邑兵部員外郎趙淦汝恭以君卒之明年卜葬君縣東孝義鄉孫塘頭之原述遺行來徵文君久居於外汝恭又生晚故君行事多不能詳因最其政學之略爲之誌且銘之曰志未遂兮學則存行已佚兮名則尊故人多宿草兮予懷壹鬱以誰言同治年月日陳鑑勒石

三茅元符萬寧宮免徵香印銀碑

江南江蘇松常鎮淮揚七府徐州一州承宣布政使司布政使加二級佟彭年撰

間之山有靈異仙侶安宅焉事有利濟後人規隨焉古聖王立國必表其山川之在封域者載諸祀典歲時玉帛必虔以其福於民故食報於無疆也予自癸卯夏分藩吴會發郡邑志讀之乃知江南幅員數千里所謂名山大川者無限而棲眞羽化代有靈跡則莫如句曲茅君暨諸眞之灼著於道書者也其間宫觀殿閣彌山堩谷不可指數而元符萬甯宫實爲有宋以來祝釐地寶篆珪劍頒之御府隸在秩宗環山數百里閒白叟黄童持香幣請福澤奔走恐後主者藉其所入歲以二十六金上之祠部名曰香印銀此舊例也祠部紀其數於籍而返其銀於山曰以助茨修亦舊例也　皇清御宇督師內院洪公諮訪故事以爲安用是往返徒勞遂達祠部免徵永爲定例立案不移內院洪公之有造於茲山甚盛舉也黄冠未知本末有舞文之

書因而竊之是不特洪公之德意宜亦神靈之所不容也己酉秋予提調省闈道經句曲集道士周承文袁本廉謝敬恩等諭以免徵之由乃得奸吏竊銀狀承文等因請勒石垂之永久遂書以付之君子謂予推洪公之意以介延景福以資名山之利養以絶吏胥之覬覦予庶幾告無罪於山靈云康熙八年十月吉立屬吏江甯府句容縣知縣周歷長立鬱岡道人笪重光書

重修崇明寺大聖塔記

周穆王時游大夏佛告以彼土古塔在鎬京之東南是秦漢以前中國已有經塔矣如來化身以舍利分散弟子及諸□□阿育王緣是達於□□寺屬中土者洛下齊丹陽會稽各有阿育王塔焉晉僧惠達望長干氣色因就禮拜掘地得銀函盛三舍利句容靈山福地密邇長干自西晉咸甯司徒晉捨宅爲寺迄

今千四百年宋太宗太平興國中監立木塔安奉僧伽法像元祐癸酉改建石塔塔聳七層巍峩鉅麗高出雲表直逼諸天西瞰秣陵咫尺相望金碧交輝與長干浮圖光彩掩映洵人天之標表有情之所共皈依也塔據勝地諸佛護持神力顯現屢著靈異每值興修卽大放光明如紫煙如火焰從各門出團結塔頂衝射雲霄久而弗滅又或賓興之歲邑中得雋多人亦放寶光證驗不爽非佛舍利安貯其中安能現茲瑞相不一而足乎建塔以來歲歷五百遇損加修難可殫紀余髫年見大中丞開府吾容牙兵數百人每夜飲博塔中探取鳩鴿遺火不戒樓板扶欄榱桷等盡遭焚燬萬歷甲辰頭陀許合中有道士也勸募增修未四十年風雨凋殘復就圮壞七級之東南角崩墜而相輪摧蝕金頂無光最可危者柱木枯朽無力撐持以致塔頂欹

斜漸就傾跌而塔前之香花殿亦幾廢焉崇禎辛巳元旦千佛院僧可祇居士趙眞金慨然發心謀之宿儒江君砥亟圖鼎新廣行勸募萬衆忻忻踴躍樂助捐貲者繦負趨事者子來於是落相輪拔頂木鐵則搆洪爐而冶鑄之木則擇堅好而更易之頂益加高輪益加厚鎔鐵數萬觔用木數千章金頂舊重六十八觔者增其重百有八觔鍍黃金二十兩香花殿徹底葢造旁復置僧寮數間以居焚修之苦行者百廢具興纖悉備舉則始於崇禎癸未五月洎　大清順治丙戌六月訖工丁亥二月十九日起建道場四月八日滿散以落成焉費金錢以若干計其他委積及餘利錢穀江君詳志之無煩縷縷是役也倡始者可祇趙眞金也領袖大衆始終總其成者江君砥也司錢穀出入兼行督工者鄉耆劉奕揚王敷政□□成張大信王希賢張

學義王士章等也主領其化募及司飲食出入者端相院僧德慶經藏院僧紹贊北觀音院僧繼浩東禪堂本心等也捐輸者鄉紳少宰王公祚遠中翰楊公瓊芳也不肖熙亦同事焉己亥首春江君無爲返棹謁余而言曰夫大聖一塔由宋迄淸歷世之久遠也若彼佛光法照表異而著靈也又若此今茲之舉開通邑之具瞻百千年之勝事不有紀也將恐久而漫滅誰復知今日起事之根因落成之歲月曁好義任勞之宰官居士比邱優婆塞等輩乎大書而永勒之是在長者矣余曰唯唯熙不佞言雖無文敢不質言其事以資後人攷鏡焉是爲記

賜進士中憲大夫福建按察使司副使興泉兵巡道加太僕寺少卿前浙江糧儲道副使廣東分守嶺南道參議吏部稽勳淸吏司員外郎邑人張明熙薰沐拜手稽首謹書順治六年歲在

屠維大淵獻夾鍾月哉生魄吉旦邑紳前吏部右侍郎王祚遠
前內閣中書楊瓊芳鄉耆江祗劉奕楊等同立

敕建寶華山隆昌寺戒壇銘

紹南山宗繼興第三代住華山苾芻讀體製

佛弟子梁谿何以莊書

若稽戒壇由致佛在舍衞國住祇園中時比丘樓至請佛立壇為比丘受戒佛聽於園外院東南置一戒壇為僧受具公所法敕既頒十六國境諸僧伽藍遵奉隨建斯乃發起之緣自後登壇僧法界三一一如律苟有乖違則受者不得戒臨壇人犯罪厥言出金口文載龍藏凡聖同軌更無異轍此土肇始南山宣祖於唐高宗麟德二年在淨業寺建石戒壇依律授受如制宏化撰製圖經後義淨律師目覩西域之盛事杖錫東埵以效行

譯百一羯磨云五天壇場安在寺中間處時諸學司景仰南山崇秉芳規或國王賜以帑金或檀越布其淨施在處建壇受戒禮度未敢弛廢宋代以來莫不皆然迨至明初永樂間我鵝頭神祖於燕京西山建壇開戒化導未久仍返竺乾遂因內監以猥媟爲所施遺玷法門故爾封閉今臨安昭慶寺仙林寺及姑蘇開元寺咸先德所建戒壇至今古蹟猶存奈何律席後嗣無繼致使聖制頹毀羯磨失宗 體質產滇隅稟賦正信自萬里乞求近圓二持勉攻數載誓扶斯道寤寐不忘既承師命委囑以宏傳盍不躬行而匡正始於 國朝順治四年歲次丁亥四月三日與護鵝珍之嘉士同守繫草之英賢結界立壇倣古更今每逢夏際安居坐草則迦絺慶賞凡遘因緣放戒登壇入室盈籌嚴訓五篇不落三過厥止作之模範由是復興於中懷之

初志今遂乎半又於康熙二年歲在癸卯三月十六日鳴椎共議擇院外東南閒處解舊結新界相無紊石壇層級上下分明於是月廿日初夜分陰雨晦暝山嵐迷障倏然壇殿交光五色直沖雲霄峯岐顯翠萬松環抱羣樓朗如白晝經時始散一衆瞻欣同聲讚善毗尼久住瑞兆若斯誠五濁之希有也願同住諸子欽四依而進道遠五邪以資形虛往實歸紹隆弗替庶乎桑田屢改長存立石之基沙界時遷無爽布金之地恐迷斯結辰乃爲銘曰羯磨法在聖教不淪式傳金口是敬是遵於戲中廢司宏乏繩我祖我父乘願續興孤掌碣石壇建華峯宗紹南山振起頹風冀後賢而追跡略刊紀乎斯文

時

康熙二年十一月望日

依學戒弟子等同勒石

建造大寶華山護國隆昌寺妙峯三昧見月三大師行略之碑

銘

維我迦文百千萬刼日奔走塗泥玅選端環異舊之行以建勝法幢而山川刹宇乃因以益著於人間維華山之靈曰帝師啟居佛詔我此地大弘波羅提木义示制則後及衰以興赫然而隆曰護國聖化隆昌寺額「　」聖天子之至孝奉「　」皇太后之深慈　捐帑遴材　賜名著額始於妙峯大師得三昧大師而盛得今見月大師而他山無不仰首寶華如月出空如石壁陡直負絕道徑如豎麾懸牙車蓋抑止帝不與赦賞之權梵光勃窣大江南會合山川之氣歸諸玆山先是　朝俞妙師之請冶銅爲殿得未曾有金交輝聚寶地玅嚴頂匯覆載以堅林土

木休閒於退位戀戶几筵閒偃禽湧水異獸呈花於是諸方欽紫磨之輪並睹千佛現黃雲之宅矣三殿鼎立獨普門補陀未果卜送移迎月智行信其安居悲慈逾夫本境亶有然歟□

慈聖太后□神宗皇帝各　賜大藏一部滲金墖一座衣鉢稱是妙峯大師者戒光旭起定水宵澄歷諸行如歡喜園花親羣生等菴摩勒果避蟲代鴿入獸隨鷗是謂僧龍遂稱　國

寶　賜紫之典再及三昧大師乃受四衆之皈爰結千華之社幢蓋鐘鼓盈谷彌山師古心律祖之嗣子也先是毘尼久淹古和尚中興至師益廣王逸少有云蹔廢虛遠之懷以救倒懸之急我如來蓋曰必領戒標哉且無辱吾法令夫律者尺寸之事布帛菽粟之業也律不顯光修士起怠空蝗粱黍拓滅歲華令人惋怛不須臾忘慨任其事者將辭千古之責詎乎昧公入滅

在側不少龍象獨以衣鉢付見月大師取銑於金擇瑤於玉昆竹既著鳳音乃彰上中下座昔所未精方便勸進至安居自姿之法晦失六百餘載如法躬行古模廷立俎豆斯不又羯磨布薩因誤襲訛逐時授而違藏教深用惜憫攻軌辨微僉曰耿耿制止其不可誣師炎暑窮寒晝夜戒祓從不知枕被何物午停熄炊時丁荒歉粥弗克饘旦過充滿經旬坐留叉山下饔囊提抱就食師皆驩顏分濟不問次朝之飢寍自刻減日閒得一粥而訓講膜拜之餘衆務同並行德震播即衣食兩事已若古大士示化垂踪維有放廢懈弛跛其戶庭彷彿其聲影獨憒起立有去僞適眞頡頏龍蛇之懷乃迄市悍荒危婦人孺子鮮不咨嗟太息以爲當吾世一人羣尊通信知戒子之不煩攢單丐貲知叢林養老病不得入金求也知方丈室不應蓄一食用長物

衆乃循循共住革別同堂食飯毋敢私取食毋割方以處也知
後續主持不異親疏惟德是司不得有雲仍孫子踞竊隨大雄
萬衆而廢之命也先是有憚其嚴詭圖巧祟激衰老曾爲師尊
證者覆面戟手騁情破壞師貌愈和曰吾面可唾雞肋可拳不
可衆衲杖鉢祖道之容一人衣食齊民之適不可共座尊嚴下
階陶縱也不可法等跖說而師無異乎木主也久之橫戾有加
遂謝去之宛陵余夕聞宵馳登山安衆惡始畏避次之凌晨肩
輿走宛凡十日請師以歸內關之疾既痊神明肅清余求懺師
前日此護持過非他人咎師爲破顏師載修般舟三昧九十日
不臥不坐惟此三昧一名佛立詩云仰止援往輿來即表說宣
師昔行猶足風起豈現世之光嚴不若殊代之俯仰以故聞輿
傳聞遙域勇赴如渴兢泉遂亦如師初年繭足萬里求大戒時

攀睿化而升堂奉鴻規以入室生平累身匡徒痛法運在昜之大過販舌膏脣以口諂道終欲以不言愧之而已而勢子援闊爲佛孤子師猶曰吾與玅老人吾先師爲山始事不敢謂後無人也師文如支遠二公可以文名畫佛有吳道玄之遺不以畫名寺初創連閣四周凡五十三楹用表南詢銅殿配位二石殿表慈悲所在智行兼融工皆未畢大殿㑶樸不數十年陊圮點落三昧大師下荆蜀之材盡礎柱之用選吉遷向徵費僦工殿閣羣寮舒光耀彩師益完舊增新架綘栭於山巓綴雲楣於林表寶方慶成而祇明器界之深因弗謍桂蘭之綺構修圮名刹度興曷勝數記古今第以人重且久耳文不周行識訶千載爲可深懼妙師諱福登晉之蒲州人昧師諱寂光揚之瓜州人師諱讀體滇之楚雄人銘曰

天子大孝　梵相乃弘　乃冶其銅　以爲梵宮　誰實啟之
大師妙峯　爰有昧公　爲律之宗　爲人中龍　以是有終
匪懼匪繇　匪孤立弗嚴　懷霜握冰　竭命以前　惟我見師
寒月在天　應器方服　接餓薇形　佛立三昧　湛思深冥
數千年來　爰正律經　以返先型　勤義安下　惕智處寡
急忠鞭馬　虛稼死野　弗穀弗獨　鬼詈其假　調御曰嘻
依於寶華　有嚴其師　高峯嶷嶷　示度規之　惕士之門
盡氣窮時　其永道祺　命我蒙士　暴厥孤子　行若此
匪有終與始　聞可洗耳　言足礪齒　今日之禱　剪爪及肌
維茲行危　無時不悲　請以我詞爲尸　筆騰於碑
崇禎十七年歲在甲申春正月上澣癸未進士原任河南道監
察御史石城學人陳丹衷涉以氏拜撰

大清順治十八年歲次辛丑秋八月吉日勒石　原任浙江案
察使萊陽宋琬荔裳氏篆額
康熙三十年歲次辛未仲夏穀旦寶華第三代定菴德基率衆
重立繡水學人王概安節氏敬書

重修銅殿香亭石臺記

重修石臺者先師老人之願也莊嚴銅殿者爲戒子大莖而殿主省白之佐也繪山水於闌干者白下之巨來支來二戒子筆也工用之費資糧之助者十方檀護歡喜而發心也落成而紀其事載其功傳其人以示後世者定菴基也昔基於戊子季冬隨侍老人禮大士畢老人俯仰而歎曰嗟乎詩云壽無金石固其固者尚不足恃耶胡爲乎銅殿亦韜光而石臺漸剝落也夫有形者必壞信斯語矣乃顧基而言曰吾欲新之惜老矣年弗

待也未幾老人入滅基謬繼師席謹佩斯言不忘夙夜庚申冬戒子大莖聞之進曰殿而銅固美其質矣曷文焉某請募金而飾之於是勤勞五載而功克就寶氣飛騰金容照耀增日月之光華益烟霞之彩色頗成勝地因造香亭而供之廣其臺而葺之作爲闌干而圍繞之石皆白光潤如玉巨來伯仲龔子半千門人也深得其師畫意繪之闌干筆墨靈動疊嶂清流儼然環列登斯臺也近觀重美備具遥視萬壑盤旋莫不稽首皈依肅然尊仰信可樂也自經始及今告竣歷十有二載先老人之願遂矣諸子之勞著矣檀護之施永供於大士前而弗朽矣予不愧蕪詞而紀之深冀夫後之登覽者觀感興起其保前人之功常令金光射日香篆飛空寶殿亭臺莊嚴端麗與吾戒珠並燦爛於天地間而無窮盡也其庶幾乎

康熙三十年歲次辛未季夏穀旦寶華第三代定菴基撰

奉
旨重修寶華山慧居寺碑記　趙洪恩

寶華山在江寧府屬之句容相傳爲梁寶誌公道場世遠頹廢明萬歷閒妙峯禪師安奉大士像尋奉敕建銅殿號聖化隆昌寺　國朝順治二年律師見月爲三昧法嗣建受戒石壇康熙癸未　聖祖仁皇帝南巡　敕賜慧居寺額丁亥復巡幸　賜蓮界雲額於銅殿精持梵戒額於戒壇葢茲剎之冠於東南百四十餘年矣雍正十二年冬不戒於火延燒堂屋六十餘閒余節制茲土奉　旨興修於是捐資率屬鳩工庀材既具既戒百工踴躍從事無敢後先經始於雍正十三年六月朔日歷半載而告竣重建樓房六十九捌建樓房亭廊五十四

修飾大殿戒壇左廂一百九十二崇樓傑閣修廊曲房宏敞嚴邃有加前觀第見嶺樹川雲頓呈光彩金姿寶相愈顯莊嚴從此宏開法會永奠山靈皆託
聖天子之洪福也恭惟
聖祖仁皇帝暨　世宗憲皇帝仁育義正整萬民於萬幾之暇留心釋典闡發禪機直臻微妙迺我　皇上紹述休明覲光揚烈而於僧衆獨嚴戒律凡以使緇素者流不藉圓通爲方便之門不假義疏爲講說之地眞實力行務登彼岸搬柴運水立見如來所以體道明教護持法戒者殆歷千百億世而未有艾也又豈徒琳宮之巍煥爲足照耀不朽哉至一切工費計白鏹一萬餘兩又置買香火洲田及常住器皿計白鏹二千兩時捐俸出資余與前鹽院高公及司道等官總其成者前布政司使李蘭督修爲江寗知府張華年承辦爲原興化令艾元復等

例得並書緣僚屬請勒石以垂永久故爲之記時乾隆元年歲次丙辰仲秋月

華山定水菴記　　薛正平更生

定水菴者妙老人華山之下院也妙老人者臺上妙峯禪師神廟呼爲眞正佛子者也老人開山以銅殿供普門大士遂與白華相望一日老人經行江上見民居數椽背山臨流下臨龍潭有古杏扶蘇拂雲花時繽紛如百鳥銜來天女散擲怪石峙其旁扳緣而上可趺坐眺望老人樂之曰衲子之南北往來者必經於此或疾風甚雨日之夕矣無所置足搆得之擬詰旦過老人北歸遂復不果楚璽禪友老人之孫解院務退居焉璽公年少時英敏出羣自下山鍵戶焚棄筆研如愚若訥似不識一字者然名公高士過之必繾綣不忍去抑又何耶昧大師禮老人

像發願竭力鼎新煥然改觀四方衲子依提木义而住者不遠數千里重趼而至爲四天下戒壇第一壐公喜曰某甲無他長以一念精誠感動大師入山瓦礫化爲寶宮差不負老人之囑累耳曩者老人植杖怪石謂某甲異日有肉身菩薩住山爲余完此未了公案今某甲老矣公爲我識之石余曰山中堂頭和尚非昧大師之南岳青原耶老人之言遂成讖云遂力疾口占命逢兒書之楚公名某生緣某地某氏子年幾依老人剃度少余十歲爲余慧命昆季戒月妙老菴時順治十三年丙申仲春年八十有二

寶華山聖性大師塔銘 有序

二品頂戴江蘇淮揚海兵備道署江南鹽巡道翰林院編修謝元福撰并書

大師諱印宗字聖性號朗圓寶華山十五派法嗣也本姓劉氏
如皋人幼懷貞敏長益神奇夙悟通靈歸依正覺年十九祝髮
於定慧寺割欲求道茹苦持堅愛淨三循力索妙門之賾行苞
四忍深窮奥業之原寶華敏公鑒彼眞誠爲授具戒贊其堅固
密付法宗心攝冥機頭陀苦行以爲空談法海未晰宿津於是
問道花臺求眞蘭若遍歷峨嵋終南普陀五台九華諸名勝雲
門雪竇討頓漸於兩宗火宅化成講菩提於三藐禪心眞契遊
不滯方法供隨緣食無過午或會話於無影樹下或安生於沒
囊袋中薄憩麋臺旋經虎阜祇園檀越留錫布金法侶闍黎皈
心繞足大師三年常住一盋譢征言往京師廣閱大藏古錐七
百探消息於虛空靈瀆三千洄光明於上下湘鄉曾文正公早
於京邸知其派出寶華歲在上章三江作督遂給諭帖延請住

持大師丕振宗風闡揚法籙啟四大衆講無上乘三教貫通九句說法妙辯天逸奧旨河懸道貌森嚴致難者汗流知悸式禪陰護登堂者冥發爾興於是澤雉聽經山精請戒閻浮皆存佛性頑石亦知點頭寶華山者七佛道場十方梵住紅羊闖刧白馬飛灰大師矢願匃金發心托鉢集千花於一器寶乞龍宮寫滿月之眞容描煩鸞手於是銀繩密界璇鏡重懸白鶴盤空疑驚舊錫丹雷映曉高挂新旛寮開靑豆之房厨熟伊蒲之飯腰包踵接來瞻身毒之威儀挂搭游方共享華嚴之富貴或偶攖歉歲不藉口停單寄半果以研磨蜒分阿育望高門而募化粟供如來弗敢墮舊規違祖訓寺有藏經燬於兵燹大師以爲心鐙罷照難尋覺後之因意樹終迷疇識西來之道迺胼手胝足謁　聖主於丹墀負袠褰裳返靈文於金地拳伸寶藏特留

刱利之神書手建層樓用度毘尼之秘笈於是僧徒衹服遐邇
來歸選佛傳衣燔頂受戒詎道高魔大德至妖生恃羅刹以欺
人波興弱水賴鳩摩之護法寃雪戴盆月因暈而常明鏡以磨
而愈皎時當疆圉合肥傳相特諭兼住持浮槎山甘露寺大師
廣長不爛規矩維嚴入逍遥園隨開講席聚盂蘭盆普度羣生
因以道里云遥有難兼顧乃命高徒接住仍返舊居法雨慈雲
瀰淸猷而遠暢飛輪御寶緬峻業而遐昭悟澈眞如心通無礙
嘗廣集大衆預示幽期又屬諸弟子云昔於終南見布袋和尙
空中示予當生内院數十年來惟此爲心末後一事爾等虔心
誦佛經以助吾願覺形骸之非實早示涅槃知來去之有因不
忘本相以光緒十七年四月十九日坐化靈城偃色梵宇積輝
素侶悲纒緇徒慟結郎以本年十二月十二日塔於本山龍岡

之陽背未面丑青樹已列白林自凋追送千人銜哀四部下官
有慚慧業曾識維摩仰教肆之慈悲得無生之清忍弟子浩淨
等思陳盛美屬寫勝因以爲祇洹慧基神返毗城之國定林超
辨文存劉勰之碑迺撰斯銘昭茲來許其詞曰緬哉佛性皇矣
能仁塵根永謝貝樹長春有大法師厥惟開士穆穆風儀堂堂
容止來緣宿締妙悟圓慈華年未冠梵偈先持飲水聞香如荼
如薺仁不讓師識究名理餐烟宿雨戴月披風舟尋六度筏訪
三空鍊杵爲鍼磨甎成鏡祕密聲聞菩提果證白足行乞黃面
稱癯披金聖蹟杖錫名區鷲嶺徵文猴江粹典源探地軸奧窮
天辯庵希花窟廬結華山高懸寶鑑益闡旃檀地構紅巾寺餘
赤燼飛革新圖法鐃重震元裝願篤羅什經翻長留佛藏永鎮
山門翼教江南蜚聲皖北道俗趨塵王侯憑軾然鐙示兆徧吉

依禪波羅離日兜率生天陽燧輝晨慈缸炳夜狂象承覘毒龍
式化七華妙覺三慧倭傀崇山遽隕梁木先摧繡礎常存瑚碑
不朽懿範英猷天長地久光緒十九年月日建

續纂句容縣志卷十七下終